ISBN 0-8267-0011-X

ABS-1987-250-1,250-CM-2-08523

PRELIMINARY AND INTERIM REPORT ON
THE HEBREW OLD TESTAMENT TEXT PROJECT

COMPTE RENDU PRELIMINAIRE
ET PROVISOIRE SUR LE TRAVAIL D'ANALYSE
TEXTUELLE DE L'ANCIEN TESTAMENT HEBREU

VOL. 4

Prophetical Books I
Isaiah, Jeremiah, Lamentations

Livres prophétiques I
Isaïe, Jérémie, Lamentations

*

Committee Members
Membres du Comité
────────────────

Dominique Barthélemy
A.R. Hulst
Norbert Lohfink
W.D. McHardy
H.P. Rüger
James A. Sanders

Secretaries
Secrétaires
────────────────

Adrian Schenker
John A. Thompson

United Bible Societies
Alliance Biblique Universelle
New York 1979

Preliminary and Interim Report

on the Hebrew Old Testament Text Project

This preliminary and interim report of the international and interconfessional Committee of the Hebrew Old Testament Text Project, sponsored by the United Bible Societies, is both tentative and summary. It is being made available to Bible translators and scholars on a periodic basis, so as to provide a summary analysis of the continuing work of the Committee. Judgments recorded in this and subsequent reports are, however, subject to revision as the work of the Committee progresses. When the review of Old Testament textual problems is completed, a full scientific report will be published. This will consist of several volumes, in which will be presented a full list of the significant textual data, a complete discussion of the reasons which formed the basis for the decisions of the Committee, and more extensive advice to translators and exegetes concerning related problems of meaning. But in view of the urgent need to supply Bible translators with the preliminary judgments of the Committee on a wide range of textual problems (Old Testament translation committees are now at work in more than 150 languages) a summary listing of important problems, suggested solutions, and reasons for the textual decisions has been regarded as essential.

Basis for Selection of Textual Problems

In view of the practical goals of this project, the selection of textual problems has been governed by two considerations : (1) the textual problems should involve significant differences of meaning, that is to say, they should be exegetically relevant, and (2) they should be those which are likely to come to the attention of Bible translators as the result of their consulting one or more of the five most widely used texts in modern languages, namely, the Revised Standard Version (RSV), the Jerusalem Bible in French

(J), the Revised Luther Bible in German (L), the New
English Bible (NEB) and the Traduction Oecuménique de
la Bible (TOB).

Most of the textual problems treated in this preliminary report are noted in the apparatus of the
Third Edition of the Kittel text of the Hebrew Old
Testament, and hence the reader of this report may
consult the Kittel text for supplementary textual evidence. When the RSV, NEB, J and TOB texts depart from
the Massoretic text, there is usually some indication
of this in the margins of the respective translations,
but this is not always true.

In this and subsequent preliminary reports a number of textual problems in the Hebrew Old Testament
will not be included simply because all five of the
translations employed as a basis for the selection of
variants have followed the Massoretic text. However,
before the Committee concludes its work a number of
additional textual difficulties will be studied and
the results will be reported in the full scientific
report. In this way, the Committee hopes to provide
a wider range of problems and greater balance of view-
point.

Even some of the textual problems noted in the
five "base" translations are not included in this report, since the distinctions in meaning are so slight
as to be relatively unimportant. For the most part,
these involve such minor differences of meaning as :
(1) shifts of first, second, and third person in direct and indirect discourse; (2) differences between
singular and plural, when no real distinction in meaning is involved; (3) minor differences in the spel-
ling of proper names; and (4) alternations between
Yahweh and Adonai, which are quite common, but which
pose no serious problems of interpretation.

Basic Principles Employed by the Committee

In working out principles and procedures for the
analysis of textual problems in the Hebrew Old Testament, the Committee found it necessary to recognize
four phases in the development of the Hebrew text.
(1) The First Phase, consisting of oral or written
literary products in forms as close as possible to

those originally produced. Literary analysis is the
means primarily employed in attempts to recover these
types of texts usually called "original texts".
(2) The Second Phase, consisting of the earliest form
or forms of text which can be determined by the appli-
cation of techniques of textual analysis to existing
textual evidence. This text stage may be called the
"earliest attested text" (attested either directly or
indirectly). (3) The Third Phase, consisting of the
consonantal text as authorized by Jewish scholars short-
ly after A.D. 70. This text stage may be called the
"Proto-Massoretic text". (4) The Fourth Phase, called
the Massoretic text, as determined by the Massoretes in
the 9th and 10th Centuries A.D., and for all practical
purposes essentially identical in vowel pointing and accentuation with that which exists in the principal manuscripts of the schools of the Tiberian Massoretes.

In the treatment of various departures from the
text tradition as found in the Massoretic text, the
Committee has attempted to ascertain what is most likely to have been the form or forms of the Second Phase
of Hebrew Old Testament text development. In line with
this purpose, the Committee has employed in its work
those basic principles of text analysis which have been
generally accepted as applicable to all such research.
Certain of the more common factors involved in such analysis are enumerated in a following section, and in this
Interim Report they are referred to by numbers in order
to provide the reader with at least an indication as to
some, though not necessarily all, of the more important
factors which entered into the judgment of the Committee
as it dealt with the different forms of the text.

Special Features of This Report

The textual problems treated in this report are
listed in order by chapter and verse. In each instance
the form of the Massoretic text is given first, followed by one or more textual and/or conjectural variants,
given in most instances in Hebrew. Square brackets indicate that in the absence of direct Hebrew witnesses
the text is reconstructed. However, no attempt is made
to indicate the complete Hebrew or versional evidence
(in most instances some of this is available in the
Kittel apparatus, and in the full report all the relevant textual data will be given).

Immediately preceding the form of the text which
the Committee has regarded as best representing the
text of the Second Phase, the letters A, B, C, or D
are employed to denote the degree of probability for
such a form. A rating of A indicates that this form
of the text has a very high probability of representing the text of the Second Phase. A rating of B indicates that there is some doubt about the validity of
this form, while a rating of C suggests that there is
considerable doubt. A rating of D marks the form of
the text as being highly doubtful, or in other words,
as having a relatively much lower probability. This
system of rating from A to D is essentially similar to
the practice employed by the New Testament Text Committee which prepared the Greek text published by the United Bible Societies.

In those instances in which the members of the Committee were divided in their judgment as to which of
two or more variant forms of the text was most probable,
the majority decision is marked in the same way as in
those instances in which there was full agreement.

Each variant form of the text, given normally in
Hebrew, is followed by a literal translation, first in
English and then in French. In turn this is followed
by renderings in the "base translations" : RSV, J, L,
NEB and TOB, with certain supplementary expressions
placed in parentheses, if these are necessary for understanding the translation.

After each variant there follows a listing of some,
but not necessarily all, of the factors which prompted
the Committee to decide either for or against the variant, and insofar as possible these factors are given
in the order of their importance. In a few instances,
the reasons for a particular decision are so specific
that the series of factors is supplemented by a brief
description of certain other considerations which prompted the Committee to decide as it did. In those instances in which there are special problems of translation,
advice on the translational difficulties is added.

The renderings which are suggested in the advice
to translators should, however, be regarded not as mo-
dels for translation into various receptor languages,
but only as bases for such adjustments as may be required in satisfactorily rendering the meaning of the text.

Factors Involved in Textual Decisions

If all the different forms of a particular text are carefully compared (without attempting to determine the literary or archeological factors which may have given rise to existing textual differences) it soon becomes evident that there are two distinct but complementary types of factors which are relevant for determining which form of the text is likely to have been original and which form or forms are secondary. The first type of factors may be regarded as essentially descriptive of the structural relations between the different forms of the text, and as such may serve to help evaluate the relative worth of the textual forms. The second type of factors may be viewed as causal in that they attempt to explain the reasons for certain alterations in the text. These factors may be called factors of modification.

A. Factors of evaluation

Three factors of evaluation have been employed by the Committee :

1. Narrow basis for a variant form of the text = Factor 1. If a form of the text occurs in only one tradition, for example, the Targum, Syriac, or Vulgate, one is less inclined to regard it as original than if it occurs in more than one such tradition. On the other hand, in treating textual evidence, one must not count text traditions, one must weigh them. That is to say, it is not the number of textual witnesses but the independence of their witness which is important. For example, sometimes the text of the Syriac version is important, but often this version simply follows the Septuagint or the Targum, and therefore in such instances it cannot be counted as an independent witness.

2. Deceptive broad basis for a variant form of the text tradition = Factor 2. In certain instances a variant form of the text may appear to have a broad base, in that it is represented in a number of different textual traditions, but a closer examination of the situation may reveal that these traditions have all followed the same interpretive tendency. This frequently happens when an original text contains an

obscurity which can be readily removed by what seemed
to early scribes or translators as an obvious improve-
ment. But instead of being independent witnesses to
some earlier Hebrew form of the text, these alterations
are all secondary and dependent, not upon the particular verbal form of some text, but upon a special way
of interpreting the obscurity.

3. Dependence of a variety of text forms upon one earlier form = Factor 3. When an original text contained
a particularly difficult expression (either inherently
difficult or rendered such through the loss of background knowledge necessary to understand its meaning),
different scribes and translators often resolved the
textual problem in quite diverse ways. Accordingly,
one must look for a "key" to explain how the diverse
forms may have arisen. Beginning with this one"key"
form of the text one can often readily describe how
the other forms developed, while beginning with any
other form of the text would result in a hopelessly
complex description of developments.

These evaluative factors are complementary and may
lead to opposite judgments in apparently similar situations. Hence they must always be supplemented by at
least one or more of the causal factors (called "factors of modification") which have given rise to the
changes in question.

B. Factors of modification

If the actual textual situation is considered to
be the result of a historical development which produced variant text forms under the influence of different causes, then the causes involved may be desig-
nated as "factors of modification". From this genetic
perspective such factors are viewed as the reasons for
textual alterations.

Two kinds of modificational factors must be distin-
guished : (1) the conscious alterations made by scribes
and translators (Factors 4-9) and (2) the unconscious
or "mechanical" errors (Factors 10-13). The conscious
alterations made by scribes and translators can be summed up under the following six headings listed primarily in the order of their importance and frequency :

1. Simplification of the text (easier reading) = Factor 4. When a text was particularly difficult, there was a tendency for ancient scribes and translators to simplify the text by employing contextually more fitting lexical, grammatical, and stylistic forms (these modifications are often spoken of as "facilitating"). This is not the same as adjusting the form of the text to the translational requirements of the receptor language nor is it equivalent to introducing some preferred interpretation. It is only the amelioration of what seemed to be unnecessary difficulties. This tendency toward simplification means, however, that quite often the more difficult text may be regarded as the better, since one may readily explain why a complicated form is made simpler, but find it difficult to explain why a clear, simple text would have been purposely made more complex.

2. Assimilation to parallel passages = Factor 5. Some variant forms of a text arose because ancient editors, scribes, or translators, assimilated the text of one passage to that of a similar or proximate passage, usually with the apparent purpose of attaining greater consistency. Some of the more common types of assimilation include assimilation to more explicit details given in a nearby passage, assimilation of described action to a previous account of plans or command for such action, assimilation to the form of a passage which has greater literary of theological importance, and assimilation to the recurring grammatical and lexical forms of a particular passage. There are also many instances in which repeated content, instead of being presented in a more concise form (as is so often the case), is reproduced with precisely the same wording which it has at the place of its first occurence. Whenever it seems clear that an assimilation has occurred, the unassimilated form is presumably earlier.

3. Translational adjustments to the text = Factor 6. In order to produce satisfactory translations in ancient versions such as Greek, Syriac, and Latin, it was often necessary to make certain adjustments in the forms of the receptor language, since a literal word-for-word reproduction of the Hebrew text would have been unacceptable. Therefore, when there are differences between the renderings of the ancient versions and the traditional form of the Hebrew text, one must always try to ascertain (1) whether such differences can

be explained on the basis of the linguistic requirements of these ancient receptor languages or on the
basis of the stylistic peculiarities of ancient translators or (2) whether there was some different underlying Hebrew text which formed the basis for the versional tradition.

4. Interpretive modifications = Factor 7. In some instances a particular form of the text may appear to
be essentially interpretive. That is to say, certain
ancient editors, scribes, or translators may have
thought that the underlying text should be changed or
amplified to conform to certain views, primarily theological. Or they may have wished the text to state
explicitly a meaning which was not completely clear.
Such variant forms of the text which would have arisen
in later phases of textual development cannot be regarded as valid alternatives.

5. Misunderstanding of linguistic data = Factor 8.
Knowledge about certain features of biblical grammar
and lexicography, including related practices of ancient copyists of manuscripts, were sometimes lost
(in certain instances even by the time of the earliest
attested text). As a result certain alterations were
made in texts, because the meaning of these passages
had become obscure. But evidence from (1) the Hebrew
language in particular, (2) related Semitic languages
in general, and (3) the language, style, and peculiarities of the ancient versions helps in many cases to
recover the original meaning of a difficult text and
thus to determine the original form of the text.

6. Misunderstanding of historical data = Factor 9.
Over a period of time certain elements of the historical and cultural settings of the Old Testament which
were understood and tacitly presupposed by the biblical authors as the normal conditions of their life
and speech, disappeared or underwent important changes.
Consequently many texts based on such patterns of be-
havior became unintelligible to later readers. Such
misunderstandings of old texts led to textual alterations, which were designed to give a sense to passages
that had become obscure. Newly recovered evidence concerning ancient biblical and Near East cultures and
civilizations, their laws and customs, and cultic,
military and political life assist scholars in reco-
vering the meaning of obscure texts and thus distinguish earlier textual forms from the later modified forms.

The unconscious alterations that brought about textual modifications in the course of text transmission may be summed up under four points :

1. Accidental omission of similar letters, words, or sentences = Factor 10. When scribes copy manuscripts they may accidentally omit sequences. For example, if two phrases end with a similar sequence of letters, the second of the phrases may be accidentally dropped. (This is technically called homoeoteleuton.) Conversely, if two expressions begin with similar sequences of letters, scribes may also accidentally omit the first expression. (This is technically called homoeoarcton.) In some instances, two sequences may be entirely identical (sometimes in Hebrew the consonants may be identical, while the intended vowels, and hence the meaning, may be quite different), and the accidental omission of one of these by a scribe is not infrequent. (This is technically called haplography.)

2. Accidental repetition of identical sequences = Factor 11. In contrast with accidental omission of expressions, there is also the relatively less frequent possibility of accidental repetition of the same sequence of letters. (This is technically called dittography.)

3. Other scribal errors = Factor 12. There are many other scribal mistakes, such as confusion and transposition of letters, false separation of words and sentences (in many old writings there was no indication of word or sentence separation), and dropping out of letters; sometimes the consonantal scheme of a word was badly interpreted (since Semitic writings do not always note all the vowels in a word, there exist ambiguous words and phrases which can be interpreted in more than one way); sometimes there were mistakes based on confusingly similar sounds (when copyists wrote from dictation); and finally, there are other errors difficult to explain.

4. Conflate readings and doublets = Factor 13. Another type of error is on the boundary line between the unconscious scribal errors and the intentional interventions of Factors 3 and 6. Difficult texts were sometimes accompanied in manuscripts by short explanations or alternative readings. Often they were put between the lines, over the difficult passage, or in the margins of the manuscript. Some copyists unfortunately

did not carefully distinguish between the text and
such glosses, but wove them together in the body of
the text. This led to expanded text forms, as well as
to doublets. Sometimes also a textual form underwent
modification but the corresponding unmodified, original form was not deleted. An earlier form and a later modified form then existed side by side, and finally both became part of the text. The resulting
text is called a conflate reading.

All these factors of modification may be said to
have a positive and a negative aspect. They explain
both why a given textual form is the result of some
later alteration arising during the history of the
transmission of the text and why the opposite text
form is the more original one. Thus all the causative
factors, stated above in a negative way, that is as
revealing the secondary character of certain textual
forms, can be stated positively as indicating why features of the rival text form are original. For example,
Factor 4 (Easier Reading) may be positively restated,
namely, that the more difficult or harder reading is
generally a sign of the more original text form. Simi-
larly, Factor 5 (Assimilation) can be reformulated as :
the distinctive, dissimilar form is more likely to be
original than an assimilated form. Likewise, Factor 7
(Interpretive Modification) is equivalent to saying
that a text which does not easily fit into an interpretive framework of a textual tradition has a stron-
ger claim to authenticity than texts conforming to it.
Since these factors are always used in this report to
determine the rejected (secondary) readings, they are
expressed here in the negative form. In listing the
factors which were involved in the Committee's decisions no attempt is made to discuss the procedures of
textual analysis nor the manner in which various combi-
nations of evidence are evaluated. These matters will,
of course, be discussed in the full scientific report.

C. Additional factors

Two further elements may be added although they
cannot be regarded as factors of the same kind as
those mentioned above :

1. Conjectural form of the text = Factor 14. When a
form of the Hebrew text seems particularly awkward

(either because of the grammatical forms or the unusual words involved), scholars have sometimes suggested an alternative expression which seems to fit the context better. Sometimes this involves only a change in the order of words, a shift in the order of letters, a different division of words and phrases, or simply modifications in vowel pointing. In other instances it may involve rather radical rearrangements and substitutions. But in view of the fact that the Committee was asked to analyze the textual rather than the literary problems of the Old Testament, it would be outside the terms of reference adopted by the Committee to propose suggestions which are purely conjectural, that is to say, those which are not reflected, either directly or indirectly, in some existing forms of the Old Testament text, whether in Hebrew or in the various ancient versions.

In rejecting a particular conjecture, the Committee several times gave only a B or C rating to the preferred reading, but such a rating does not indicate any favorable attitude toward the conjecture. Rather, such a rating indicates only the intrinsic difficulties involved in the chosen reading, which cannot be said with certainty to be the original form of the text.

2. Inexplicable texts = Factor 15. In certain cases the most satisfactory text which can be ascertained by the use of principles of textual analysis may nevertheless be quite inadequate, either because of some early scribal errors or simply because the background data necessary to understand fully the meaning of such a text no longer exists. In such instances it is necessary to recognize the unsatisfactory nature of the selected form of the text, but at the same time to provide translators with advice as to how they can best treat the difficulties. In most cases they are advised to follow the lead of one or more of the ancient versions, despite the fact that such a versional solution is admittedly secondary.

Factors 14 and 15 will sometimes occur in this report because modern translations make use of conjectures, and a few Old Testament passages seem to resist any truly satisfactory judgment about the original reading and its plausible explanation.

As one may readily see from the above listing of factors involved in textual judgments, a number of these are related to one another in a variety of ways. For example, if one is concerned with the distinction betweeen intratextual and extratextual evidence, that is to say, the evidence which comes from actual biblical texts and that which is derived from outside such textual materials, then obviously Factors 8, 9 and 14 are primarily extratextual, while Factors 1-7 and 10-13 are based essentially on the forms of the Old Testament text. Often several different factors are involved and it is not always easy to determine which has caused the alteration.

The form and contents of this report may lead to certain misunderstandings unless the reader remains constantly aware of the preliminary and limited nature of the report and the restricted scope of the Committee's purpose. For example, the fact that in so many instances the readings of the Massoretic text are preferred, might suggest some underlying, or even unconscious, bias in favor of the Massoretic tradition. But this is not the case. All the evidence relating to each textual problem has been carefully analyzed and evaluated, and if the reading of the Massoretic text has been chosen in any particular instance, it is only because it appears to be the most valid form of the text which can be determined by the methods of textual analysis. All these matters will be clearly explained in the final technical report, in which both methodology and procedures used by the Committee will be described in detail.

Certain misconceptions about the Committee's work can arise if one is not fully aware of the significance of the Committee's goal, namely, to determine the most valid form of the text for Stage II ("the earliest attested text"), as mentioned in the first part of this introduction. Some persons may feel that the Committee has been too conservative and that it should have made constant use of literary analysis in order to establish an Urtext (Stage I). Such a text, however, would not only be highly speculative and controversial, but it would also be entirely unsatisfactory as a basis for the numerous Old Testament translation projects now being undertaken in various parts of the world.

It is also possible to misunderstand the purpose
of the translational notes in this report. The Committee does not in the least suggest that the proposed
translations given for each recommended reading are
to be followed literally. Rather, they should be treated essentially as underlying bases which can serve
as starting points for such modifications as may be
required by particular receptor languages. They are,
however, given in a more or less literal form, since
only in this way can the reader appreciate fully the
relations between the base form in the Hebrew and its
semantic content, or meaning. It is possible that a
translator will be disappointed because he does not
find in the report a discussion of the exegetical difficulties associated with particular text problems and
he may even imagine that the Committee may have over-
looked such matters. He may be assured, however, that
the Committee has in each instance endeavored to take
into consideration all the related exegetical compli-
cations, with special attention having been given to
those cases in which a recommended reading of the Massoretic tradition poses special problems for interpretation. All of these matters will be fully treated in
the technical report and the basis for the Committee's
decisions can then be seen in the light of all the related considerations.

As has already been noted, the form and contents
of this report are provisional, but these tentative
summaries of the Committee's work are being published
periodically in order to serve the needs of translators who have urgently requested this type of help.
The Committee welcomes comments on any of the problems
or issues mentioned here. Communications may be addres-
sed to the Committee in care of the United Bible Societies, Postfach 755, 7 Stuttgart 1, BRD.

Compte rendu

préliminaire et provisoire sur le travail d'a- nalyse textuelle de l'Ancien Testament hébreu

Ce compte rendu préliminaire est le fruit du travail accompli par le Comité international et inter-
confessionnel pour l'analyse textuelle de l'Ancien
Testament hébreu, Comité que l'Alliance Biblique Universelle a pris l'initiative de réunir. Ce compte
rendu qui n'est pas définitif veut porter périodiquement à la connaissance des traducteurs et des spécia-
listes un résumé des résultats auxquels le Comité arrive au fur et à mesure que son travail progresse.
Les résultats énoncés sont d'ailleurs susceptibles de
révision selon les progrès ultérieurs du travail du
Comité, réserve valant pour ce rapport-ci comme pour
les autres qui vont suivre. Après que l'ensemble des
difficultés textuelles de l'Ancien Testament aura été
étudié, les résultats en seront publiés dans un rapport scientifique développé. Celui-ci comprendra plusieurs volumes et présentera toutes les données textuelles qui entrent en ligne de compte. Il fournira un
ample exposé des raisons qui ont conduit le Comité à
ses jugements. Enfin il développera davantage les in-
dications sur la manière dont les passages doivent
être compris et traduits. Cependant on a cru faire
oeuvre utile, en attendant la publication du rapport
complet, d'en donner dès maintenant un résumé préliminaire. Comme il y a actuellement, en effet, des co-
mités qui sont en train de traduire l'Ancien Testament
en plus de 150 langues, il est urgent de mettre à leur
disposition une aide capable de les orienter dans les
difficultés textuelles. Voilà pourquoi on propose dans
ce compte rendu un nombre important de difficultés textuelles, accompagnées du jugement provisoire du Comité,
des suggestions faites par celui-ci et de l'indication
sommaire des raisons qui ont motivé les jugements du
Comité.

Critères pour la sélection des difficultés textuelles

Etant donné le but concret de ce travail d'analyse textuelle, la sélection des difficultés textuelles devait remplir deux conditions : (1) Les difficultés textuelles devaient toucher le sens du passage, ou, en d'autres termes, elles devaient avoir une portée exégétique. (2) Elles devaient être de celles que chaque traducteur très probablement rencontrera au cours de son travail. Or, comme les traducteurs consultent presque toujours une ou plusieurs des grandes traductions modernes, il est vraisemblable qu'ils rencontreront les difficultés textuelles dont font état les traductions les plus répandues : la Revised Standard Version (RSV), la Bible de Jérusalem (J), la Revidierte Lutherbibel (L), la New English Bible (NEB), la Traduction Oecuménique de la Bible (TOB).

La plupart des difficultés textuelles, discutées dans ce compte rendu préliminaire, apparaissent d'ailleurs dans l'apparat critique de la Biblia Hebraica de Rudolph Kittel en sa 3e édition. Aussi le lecteur pourra-t-il compléter les données textuelles sommaires de ce compte rendu par celles que fournit cet apparat. Du reste, quand RSV, NEB, J, TOB s'écartent du Texte massorétique, elles l'indiquent d'ordinaire dans une note. Mais ce n'est pas toujours le cas.

Dans ce compte rendu préliminaire et en ceux qui le suivront, on ne prendra pas en considération un certain nombre de difficultés textuelles, en des cas où ces cinq traductions modernes servant de base à la sélection des difficultés ont adopté toutes le Texte massorétique. Avant d'achever son travail, le Comité examinera cependant un certain nombre de difficultés textuelles supplémentaires, et les résultats de cette étude feront partie du rapport scientifique complet. De cette façon, le Comité espère élargir la problématique et arriver à un équilibre plus exact dans ses jugements.

A l'inverse, il y a des difficultés textuelles qui, bien que figurant dans les cinq traductions de référence, seront néanmoins laissées de côté dans ce compte rendu, car elles ne mettent pas vraiment en cause la signification du passage. Ces cas n'engagent pour la plupart que comme de légères modifications de sens (1) des passages de la 1e à la 2e ou à la 3e per-

sonne dans les discours, directs et indirects; (2)
l'oscillation entre singulier et pluriel sans réel
changement de signification; (3) des différences mi-
neures dans l'orthographe des noms propres; (4) les
fluctuations entre YAHWEH et ADONAY qui ne sont pas
rares, mais ne posent pas de sérieux problèmes d'interprétation.

Les principes et les méthodes du Comité

Quand le Comité a voulu définir ses principes et
ses méthodes en vue de son travail d'analyse textuelle
de l'Ancien Testament hébreu, il a été amené à distinguer quatre stades dans le développement du texte hébreu. (1) Le premier stade est celui des productions
littéraires orales ou écrites envisagées en des formes
aussi proches que possible des productions originales.
C'est surtout l'analyse littéraire qui sert à reconsti-
tuer ces états textuels qu'on désigne couramment comme
les "textes originaux". (2) Le deuxième stade est celui
de la forme textuelle la plus primitive (ou des formes
les plus primitives) qui soi(en)t attestée(s) par des
témoins existants. Ce sont les techniques de l'analyse
textuelle qui servent à déterminer ces formes. On pourrait appeler ce stade celui du "texte attesté le plus
primitif" (que cette attestation soit d'ailleurs di-
recte ou indirecte). (3) Le troisième stade est celui
du texte consonnantique que les savants juifs ont rendu normatif peu après 70 après J.-C. On peut appeler
ce stade celui du "texte proto-massorétique". (4) Le
quatrième stade enfin est celui du "texte massorétique",
c'est-à-dire de la forme textuelle que les Massorètes
ont déterminée aux 9e et 10e siècles après J.-C., et
qui peut être pratiquement représentée, quant à la vocalisation et à l'accentuation, par les principaux manuscrits des écoles massorétiques de Tibériade.

Lorsque des leçons rivales viennent concurrencer
celle qu'atteste la tradition textuelle massorétique,
le Comité chargé de les départager a essayé de déterminer celle ou celles de ces leçons que l'on peut considérer comme caractéristique(s) du deuxième stade du
développement du texte hébreu de l'Ancien Testament.
Pour ce faire, le Comité s'est servi dans son travail
des principes d'analyse textuelle ordinairement recon-
nus comme applicables à ce genre de recherches. Quelques-uns des facteurs qui sont le plus fréquemment pris

en considération par l'analyse textuelle seront énumé-
rés plus bas. Dans ce compte rendu provisoire ils recevront des numéros d'ordre par lesquels ils seront
cités pour fournir au lecteur quelque indication sur
les données principales qui ont orienté le jugement
porté par le Comité sur les diverses formes du texte.

Les caractéristiques de ce compte rendu

Les difficultés textuelles que ce compte rendu
discutera seront énumérées dans leur ordre biblique
selon les chapitres et les versets. Pour chaque difficulté, on donnera d'abord le texte massorétique. Ensuite viendront une ou plusieurs variantes textuelles.
Celles-ci seront pour la plupart des formes textuelles
attestées par des témoins, mais parfois ce seront de
pures conjectures. On les donnera presque toujours en
hébreu, et, si ce texte hébreu a dû être reconstruit
parce qu'il n'est pas attesté par aucun témoin hébraïque, il sera placé entre crochets. Dans ce compte
rendu provisoire, on n'a pas voulu donner l'ensemble
des témoins anciens, hébraïques ou écrits en d'autres
langues. Pour cela l'apparat mentionné de Kittel donne
souvent des informations, et le rapport complet fournira toutes les données requises.

En regard de la forme textuelle que le Comité a
jugé être la plus représentative du second stade de
développement textuel, une lettre majuscule A, B, C
ou D indiquera au lecteur le degré de probabilité que
le Comité attribue à son jugement. Ainsi, la lettre A
signifiera-t-elle qu'il est très hautement probable
que cette forme soit la plus primitive parmi toutes
les formes textuelles attestées, tandis que la lettre
B indiquera une grande probabilité du même fait avec
cependant une certaine marge de doute. L'adjonction de
la lettre C à une forme donnée la caractérise comme
étant probablement la plus primitive, mais avec un co-
efficient de doute considérable. Lorsqu'en revanche
une forme de texte est marquée par la lettre D, elle
présente quelques chances d'être la plus primitive,
mais cela demeure très incertain. Un système de quatre
lettres, A - D, indiquant le degré de probabilité de
la solution adoptée a déjà été employé pour l'analyse
du texte grec, conduite par le Comité du Nouveau Testament et publiée par l'Alliance Biblique Universelle.

Il est arrivé au Comité de se trouver en désaccord
sur les jugements à porter entre des formes textuelles
concurrentes. Ce compte rendu n'a retenu que la solution majoritaire sans indiquer ni qu'il y avait une po-
sition minoritaire ni quelle elle était.

Chaque forme textuelle, normalement donnée en hébreu, sera suivie par une traduction littérale, en
anglais d'abord, puis en français. A cela s'ajouteront
les traductions modernes qui servent de référence :
RSV, J, L, NEB, TOB. Un contexte un peu plus large sera cité entre parenthèses si le sens le requiert.

Après chaque forme textuelle rejetée, les facteurs
ayant conduit à leur rejet seront indiqués. Sans que
l'on prétende être exhaustif dans l'énumération de ces
facteurs qui ont déterminé le jugement du Comité, on a
essayé cependant de les donner dans l'ordre de leur importance. Dans quelques cas particuliers, la liste des
facteurs sera complétée par un résumé d'autres consi-
dérations qui ont joué un rôle dans le jugement du Comité. Quand une forme textuelle soulève des questions de
traduction, elle sera pourvue de suggestions appropriées.

Notons cependant que les traducteurs ne devraient
pas interpréter ces suggestions comme des modèles de
traduction à imiter, mais seulement comme des interprétations correctes du sens qui pourront servir comme
point de départ à des traductions justes et heureuses
du texte biblique dans les différentes langues.

Les facteurs entrant en ligne de compte dans les jugements sur les formes textuelles

Lorsqu'on compare soigneusement les diverses variantes d'un texte donné (sans essayer de comprendre
les causes littéraires ou historiques qui ont donné
naissance à ces variantes), on remarque tout de suite
deux séries distinctes, quoique complémentaires, de
facteurs permettant de déterminer quelle forme a des
chances d'être la plus primitive et quelle est la
forme ou quelles sont les formes qui sont dérivées.
La première série est surtout descriptive et considère
les relations existant entre les différentes formes
textuelles. C'est par-là qu'elle peut servir à appré-
cier la valeur relative de chacune des variantes. La
deuxième série de facteurs est génétique, car elle
énumère les causes qui ont produit des altérations
textuelles. On pourrait appeler les critères de cette
seconde série des facteurs de modification.

A. Facteurs d'appréciation

Le Comité a fait appel à trois facteurs d'appréciation.

1. Etroitesse de la base d'une variante textuelle = Facteur 1. Lorsqu'une variante ne se rencontre qu'en une tradition du texte biblique, par exemple, dans le Targum, la Syriaque ou la Vulgate seulement, on donnera moins de poids à cette forme que lorsqu'elle se rencontre dans plusieurs traditions. Cependant, en analyse textuelle, il ne s'agit pas de faire l'addition des traditions textuelles. Il faut peser celles-ci. Cela veut dire que ce n'est pas tant le nombre des témoins textuels qui compte que l'indépendance de leur attestation. Ainsi, la version syriaque, bien qu'étant importante quelquefois, n'est souvent qu'un reflet de la Septante ou d'un Targum et ne peut être comptée alors comme un témoin indépendant.

2. Largeur trompeuse de la base d'une variante textuelle = Facteur 2. Quelquefois une variante semble s'appuyer sur une large base parce que plusieurs traditions textuelles différentes l'attestent. Mais un examen plus attentif de la situation peut révéler que ces diverses traditions ont toutes cédé à une même tendance d'interprétation. Cela se passe fréquemment là où un passage obscur pouvait être rendu clair par un changement qui s'imposait aux anciens scribes et traducteurs comme une amélioration évidente du texte. De la sorte, au lieu d'être des témoins indépendants de quelque texte hébraïque plus ancien, ces nombreuses formes textuelles identiques ne sont que des témoins secondaires. Elles dérivent en effet non de quelque archétype textuel, commun à elles toutes, mais d'une même manière obvie d'échapper à une difficulté textuelle.

3. Dépendance de diverses formes textuelles à l'égard d'une forme unique plus primitive = Facteur 3. Quand une expression d'un texte primitif offre une difficulté particulière (que cette difficulté soit inhérente au texte ou qu'elle tienne à la perte de certaines connaissances prérequises pour en déchiffrer le sens), il arrive que différents scribes et traducteurs se tirent de cette difficulté par des moyens très divers. Il s'agit donc de trouver la clef qui explique cette diversité. Une fois cette forme-clef découverte, il est souvent possible d'expliquer comment à partir d'elle on

est allé en différentes directions pour chercher une solution à la difficulté qu'elle recélait. Aucune autre forme textuelle ne fournirait un point de départ permettant de rendre compte avec aisance de la complexité des développements.

Ces trois facteurs d'appréciation sont complémentaires. Ils peuvent conduire à des jugements opposés en des situations apparemment semblables. C'est pourquoi ils doivent s'accompagner toujours au moins d'un facteur génétique (ou "facteur de modification") qui indique la cause des divergences en question.

B. Facteurs de modification

Lorsqu'on envisage la situation textuelle présente comme le résultat d'un développement historique qui a donné naissance à des variantes sous l'influence de causes diverses, on peut alors appeler ces causes d'altération du texte "facteurs de modification". Dans cette perspective génétique, de tels facteurs motivent en effet les altérations du texte.

Il y a lieu de distinguer deux espèces de facteurs de modification : (1) Les changements conscients dont sont responsables les scribes et les traducteurs (Facteurs 4-9) et (2) les erreurs inconscientes ou "mécaniques" (Facteurs 10-13). Les altérations conscientes à la charge des scribes et des traducteurs peuvent se regrouper dans les six catégories suivantes énumérées dans l'ordre de leur importance et fréquence.

1. Simplification du texte (leçon plus facile) = Facteur 4. Lorsqu'un texte était difficile à comprendre, les scribes et les traducteurs tendaient à simplifier le texte. Dans ce but ils faisaient choix de mots ou de formes grammaticales et stylistiques s'insérant de façon plus coulante dans le contexte. (On appelle de tels changements des "leçons facilitantes".) Cela n'est pas la même chose que d'adapter le texte original aux requêtes de la langue dans laquelle on le traduit, ou d'introduire dans le texte une interprétation tendancieuse. Cela revient plutôt à l'amélioration de passages qui semblaient être grevés de difficultés inutiles. Cette tendance vers des textes plus coulants donne aux textes plus difficiles une meilleure chance d'être primitifs. Car, à la lumière de cette tendance,

on s'explique aisément pourquoi on a simplifié une
forme compliquée, mais on ne voit pas comment on au-
rait délibérément obscurci un texte clair et simple.

2. Assimilation à des passages parallèles = Facteur 5.
Certaines formes textuelles divergentes ont vu le jour
parce que d'anciens éditeurs, scribes ou traducteurs
ont assimilé un passage biblique à un autre qui était
semblable ou se trouvait dans le proche voisinage.
L'intention de ce procédé était d'arriver à une plus
grande cohérence. Voici quelques types d'assimilation
plus fréquents : assimiler un passage plus condensé à
son parallèle plus détaillé, assimiler l'exécution
d'une action à l'ordre donné ou au plan énoncé de cette action, assimiler un passage moins important à son
parallèle littérairement et théologiquement plus important, assimiler les choix de mots ou les tournures
grammaticales à celles des passages semblables.

3. Altérations textuelles requises par la traduction
= Facteur 6. Lorsque l'on entreprit de traduire la
Bible en grec, syriaque, latin etc., il fallut quelquefois faire subir au texte quelques adaptations requises par ces langues dans lesquelles on traduisait.
Une transposition littérale et mot-à-mot de l'hébreu
en une autre langue eût en effet été intolérable.
C'est pourquoi, lorsqu'on relève des différences entre
le texte hébreu traditionnel et les versions anciennes,
il s'agit de déterminer (1) si elles relèvent des a-
daptations requises par les langues dans lesquelles
on devait traduire, ou par les particularités de style
propres à chaque traducteur, ou bien (2) si elles supposent qu'un autre texte hébraïque se trouvait sous
les yeux des traducteurs.

4. Modification du texte pour des motifs d'exégèse =
Facteur 7. Dans certains cas, la forme particulière
d'un texte est le résultat d'une exégèse spéciale que
l'on en donnait. En d'autres termes, certains éditeurs
anciens, scribes ou traducteurs, croyaient devoir modifier le texte reçu en le changeant ou en l'amplifiant
pour le rendre conforme à certaines conceptions, prin-
cipalement théologiques. Ou il arrivait aussi qu'ils
voulaient un texte qui exprimât plus clairement un
sens qui n'en ressortait qu'imparfaitement. De telles
formes divergentes du texte, lorsqu'elles sont nées
en des stades tardifs du développement textuel, ne
peuvent évidemment être préférées aux formes textuel-

XXVI

les qui ne trahissent aucune préoccupation exégétique
de cet ordre.

5. Mauvaise compréhension de certaines données linguis-
tiques = Facteur 8. Au cours de certaines époques, il
est arrivé que l'on perde la connaissance de certaines
données de la grammaire et du vocabulaire bibliques
ainsi que de certains procédés employés par les co-
pistes des manuscrits. (Ces connaissances étaient parfois déjà perdues à l'époque du texte attesté le plus
primitif.) Des textes devenus de ce fait inintelli-
gibles ne purent demeurer à l'abri de corrections qui
semblaient s'imposer. Mais les connaissances dont nous
disposons actuellement dans les domaines (1) de la
langue hébraïque en particulier, (2) des langues sémi-
tiques apparentées en général, et (3) de la langue, du
style et des particularités des traductions anciennes
de la Bible, aidant, dans maint cas, à retrouver le
sens original d'un texte difficile. Ainsi devient-il
possible d'identifier la forme primitive d'un texte.

6. Mauvaise compréhension de données historiques =
Facteur 9. Chaque auteur présuppose dans ses oeuvres
un grand nombre d'éléments de vie qui composent le
monde historique et culturel dont il est issu. Ce
sont les conditions normales dans lesquelles il vit
et parle. En progressant, l'histoire cependant modifie,
ou emporte même, ces conditions en les remplaçant par
d'autres. Par conséquent, des lecteurs postérieurs,
ignorant les conditions du passé, risquent de ne plus
comprendre le sens des textes nés dans le passé. De
telles incompréhensions des textes anciens devenus
obscurs donnèrent occasion à des changements textuels
visant à leur rendre un sens. Cependant, les découver-
tes faites depuis lors dans le domaine de la culture
et de la civilisation du Proche Orient Ancien et du
monde biblique permettent parfois de redécouvrir le
sens original des textes obscurs. La redécouverte des
lois et des coutumes anciennes, de la vie cultuelle,
politique et miliraire peut rouvrir l'accès de certains textes énigmatiques, permettant ainsi de distinguer les formes textuelles primitives de celles qui
ont subi des modifications subséquentes.

Les altérations inconscientes qui ont abouti à la modification de la forme du texte, peuvent se ramener aux
quatre types suivants :

1. Omission accidentelle de lettres, syllabes ou paroles semblables = Facteur 10. Lorsque les scribes
copient des manuscrits, il arrive qu'ils omettent par
mégarde des séquences. Par exemple, quand deux phrases
se terminent par la même séquence de lettres, la
deuxième peut tomber par une méprise du scribe. (Cette
méprise s'appelle techniquement homéotéleuton.) Inversement, lorsque deux phrases débutent par la même séquence de lettres, la première phrase peut tomber,
victime de l'erreur d'un scribe. (Cela s'appelle techniquement homéoarcton.) En d'autres cas, deux séquences sont parfaitement identiques (en Hébreu, il arrive
que les consonnes soient identiques tandisque la vocalisation prévue, et par conséquent le sens, diffère
du tout au tout). Les scribes laissent parfois tomber
une de ces deux séquences par erreur. (Cela s'appelle
techniquement haplographie.)

2. Répétition accidentelle d'une séquence identique
= Facteur 11. A l'opposé de l'omission accidentelle
d'expressions, une erreur inverse, moins fréquente
il est vrai, consiste à répéter une séquence de lettres.
(Cette erreur s'appelle techniquement dittographie.)

3. Autres erreurs de scribes = Facteur 12. Il existe
de nombreuses autres erreurs de scribes, telle la
confusion, la transposition ou l'omission de lettres
ou de groupes de lettres et les fausses coupures entre
mots ou entre phrases (dans beaucoup d'anciennes écritures il n'y a ni coupure entre les mots ni ponctuation
de la phrase). Parfois on interprétait mal le schéma
des consonnes d'un mot (puisque les écritures sémiti-
ques n'ont pas toujours noté les voyelles des mots,
elles offraient des mots et des phrases ambigus, c.-à-
d. ouverts à plusieurs interprétations). Quelquefois
aussi des erreurs provenaient de sons phonétiquement
voisins (lorsque le scribe copiait en écoutant la dic-
tée d'un texte). On rencontre enfin d'autres fautes
de copie difficiles à expliquer.

4. Leçons gonflées et doublets = Facteur 13. Une autre
espèce d'erreurs se situe à la limite entre erreurs de
scribes inconscientes et intervention délibérées sous
l'influence des Facteurs 3 et 6. Des textes difficiles
portaient dans certains manuscrits de brèves explications (gloses) ou des leçons concurrentes (variantes)
inscrites sur les marges ou entre les lignes au-dessus
du passage faisant difficulté. Or, certains scribes

malheureusement ne prenaient pas la peine de distinguer
soigneusement entre le texte et ces gloses. Aussi in-
corporaient-ils ces éléments étrangers dans la trame
même du texte. Le résultat en était des textes ampli-
fiés et des doublets. En d'autres occasions, le texte
subissait une correction, mais on omettait d'ôter du
texte la forme primitive qu'on venait de remplacer par
la forme corrigée, si bien qu'alors les deux formes
l'une plus ancienne et l'autre plus récente et modifiée,
existaient côte-à-côte, et devenaient, avec le temps,
toutes les deux partie intégrante du texte. Le texte
qui en résulte s'appelle leçon gonflée.

Tous ces facteurs de modification peuvent être re-
gardés sous un aspect positif ou négatif. Car ils ex-
pliquent pourquoi telle forme du texte est le résultat
d'une altération survenue au cours de la transmission
du texte et disent en même temps pourquoi la forme textuelle opposée est primitive. Ainsi est-il toujours
possible de présenter les facteurs de modification soit
négativement comme ci-dessus, c'est-à-dire comme révé-
lateurs du caractère secondaire de certaines formes du
texte, soit positivement, c'est-à-dire comme preuves
de l'authenticité des formes textuelles rivales. Par
exemple le facteur 4 (leçon plus facile) dirait en
termes positifs qu'une forme du texte plus dure ou plus
difficile a généralement davantage de chances d'être
sa forme originale qu'une forme plus aisée. Ou de façon semblable, le facteur 5 (assimilation) serait en
termes positifs : la forme textuelle caractéristique ou
dissymétrique a un meilleur titre à être la forme primitive que la forme semblable ou symétrique. Ou de même
le facteur 7 (modification pour des motifs d'exégèse)
équivaut à observer qu'un texte qui répugne à l'une
des options exégétiques typiques d'une tradition textuelle, offre par là même une meilleure garantie d'authenticité qu'un texte qui est parfaitement conforme à
cette option. Puisque dans ce rapport cependant les
facteurs seront toujours indiqués à propos des leçons
rejetées, c'est-à-dire secondaires, ils y seront formu-
lés sous leur aspect négatif. En énumérant dans ce rapport les facteurs qui ont joué un rôle dans les décisions du Comité, on n'a voulu ni décrire l'analyse textuelle que le Comité a faite ni développer les motifs
précis de son jugement dans chaque cas. Cela est réser-
vé bien sûr à l'exposé détaillé du rapport scientifique.

C. Deux facteurs supplémentaires

Deux autres motifs intervenant quelquefois dans
le jugement du Comité, méritent une mention ici quoi-
qu'ils ne puissent être considérés comme des facteurs
de même type que les précédents.

1. Conjectures = Facteur 14. Lorsqu'un texte hébreu
apparaissait spécialement étrange (que ce soit dû à
sa structure grammaticale ou à un vocabulaire insolite),
des érudits proposèrent parfois d'autres expressions
qui semblaient correspondre mieux au contexte. Quelquefois ils se bornèrent à changer l'ordre des mots,
à déplacer des lettres, à couper différemment les
mots et les phrases ou à modifier simplement la ponctuation vocalique. Dans d'autres cas, ils arrivèrent à
des changements et substitutions assez radicaux. Le
Comité étant chargé cependant d'analyser les problèmes
textuels, non les problèmes littéraires, de l'Ancien
Testament, ne pouvait entrer dans ce domaine des suggestions purement conjecturales. Car celles-ci entraî-
neraient le Comité hors des limites qu'il s'est fixées
lui-même puisque les conjectures ne se basent sur aucune forme existante du texte de l'Ancien Testament,
c'est-à-dire sur aucune forme attestée directement ou
indirectement soit par l'Hébreu soit par les différentes traductions anciennes.

Quelquefois le Comité a voté en donnant la qualification B ou C à une leçon en face d'une conjecture.
Un tel vote n'attribue jamais une inclination du Comité vers cette conjecture. Il indique plutôt la difficulté inhérente à cette leçon choisie qui ne peut
pas prétendre avec certitude à être la forme originale
du texte.

2. Textes inexplicables = Facteur 15. Il existe des
cas où la forme du texte que les principes de l'analyse textuelle permettent de considérer comme la
meilleure ne donne cependant pas un sens très heureux.
Car il se peut que se soit déjà glissée dans cette
forme quelque erreur de scribe très ancienne, ou que
nous ne comprenions plus pleinement toutes les données
présupposées par ce texte. Dans de tels cas, force
est de reconnaître le caractère insatisfaisant de la
forme textuelle choisie. Dans ces cas difficiles, on
proposera aux traducteurs des solutions à adopter. Le
plus souvent on leur recommandera de s'inspirer de

l'une ou de plusieurs des traductions anciennes, quoi
que celles-ci aient adopté des solutions sans aucun
doute secondaires.

Les Facteurs 14 et 15 se juxtaposeront quelquefois
dans ce rapport parce que les traductions modernes
ont donné accès aux conjectures dans leur texte, à
propos de quelques passages de l'Ancien Testament qui
semblent résister à tout jugement vraiment satisfai-
sant sur la forme originale du texte et son interprétation plausible.

En passant en revue ces différents facteurs énu-
mérés, on se rend aisément compte que plusieurs d'entre
eux sont reliés les uns aux autres de multiples façons.
Par exemple, si on les classe en critères intérieurs
au texte et extérieurs à lui, c'est-à-dire en critères
que fournit l'étude des textes bibliques existants,
et ceux qui viennent d'ailleurs, alors les facteurs
8, 9 et 14 sont surtout des critères extérieurs au
texte, tandique que les facteurs 1-7 et 10-13 se fon-
dent essentiellement sur l'étude des textes de l'Ancien Testament eux-mêmes. Il n'est pas rare d'ailleurs
que plusieurs de ces facteurs entrent en ligne de
compte. Il n'est pas facile alors de déterminer celui
ou ceux qui ont réellement causé l'altération du texte.

La forme et le contenu de ce compte rendu pourraient donner lieu à des malentendus, si le lecteur
ne restait pas constamment conscient de son caractère
provisoire et limité et du but restreint que le Comité poursuit. Ainsi, le grand nombre de cas où le Comité donne sa préférence au texte massorétique, pourrait
éveiller un soupçon : N'y a-t-il pas là un préjugé,
peut-être inconscient, en faveur de la tradition massorétique ? Cela n'est pas le cas. Pour chaque problème
l'ensemble des données a été examiné et pesé avec soin,
et si c'est la leçon du texte massorétique qui a été
choisie en tel ou tel cas, ce fut pour l'unique raison
que ce texte apparaissait le meilleur selon les critères dont use l'analyse textuelle. Tout cela sera jus-
tifié clairement dans le rapport technique final qui
exposera en détail les méthodes et les démarches du
Comité.

Certains malentendus pourraient surgir si l'on oubliait le but visé par le Comité. Celui-ci se propose de déterminer la meilleure forme textuelle de la deuxième période (le texte attesté le plus primitif), comme on l'a précisé dans la première partie de cette introduction. Il n'est pas impossible que quelques lecteurs jugent le Comité trop conservateur et se demandent pourquoi le Comité n'a pas constamment recouru à l'analyse littéraire afin d'établir un Urtext (première période). Un tel texte cependant ne serait pas seulement hautement conjectural et partant objet de multiples controverses, il serait en plus totalement inadapté pour servir de base aux nombreuses traductions de l'Ancien Testament que l'on projette ou entreprend dans les différentes parties du monde.

Il se peut aussi qu'on se méprenne sur le sens des traductions fournies aux traducteurs dans ce rapport. Ce n'est nullement dans les intentions du Comité de vouloir inviter les traducteurs à suivre textuellement les suggestions de traduction qui accompagnent chaque leçon retenue. Celles-ci sont bien plutôt des bases correctes à partir desquelles les traducteurs peuvent concevoir l'expression adaptée qu'exigeront leurs langues particulières. Si l'on donne cependant ces traductions sous une forme plus ou moins littérale, c'est pour que le lecteur puisse se rendre pleinement compte du rapport existant entre la forme de base hébraïque et son contenu sémantique ou son sens. Peut-être le traducteur sera-t-il déçu parce qu'il cherchera en vain dans ce rapport une discussion des difficultés exégétiques liées aux problèmes textuels. Il pourra même croire que le Comité ne s'en est point préoccupé. Qu'il soit assuré, au contraire, que le Comité s'est efforcé de tenir compte de toutes les implications exégétiques des problèmes textuels. Il a accordé une attention spéciale à tous les cas où une leçon retenue de la tradition massorétique soulève des difficultés particulières d'interprétation. Toutes ces questions recevront un traitement développé dans le rapport technique. C'est alors qu'on pourra juger des décisions du Comité en ayant sous les yeux toutes les données qui entrent en ligne de compte.

Il a déjà été noté que la forme et le contenu de
ce compte rendu ne sont pas définitifs. Si on a déci-
dé de publier périodiquement ces résumés provisoires
du travail du Comité, c'est pour seconder les traducteurs qui ont réclamé avec instance cette aide dans
les difficultés textuelles. Le Comité accueillera
avec reconnaissance toute suggestion à propos des
problèmes et questions traités ici. On voudra bien
les adresser au Comité : United Bible Societies,
Postfach 755, 7 Stuttgart 1, BRD.

Foreword to Vol. 4

The typing of this first part of the Prophetical
Books was done by Bernadette Schacher, scientific
secretary at the Biblical Institute, University of
Fribourg, Switzerland. Eugene Nida, Pierre Casetti
and Dominique Barthélemy read and corrected the
manuscript.

An appendix at the end of the volume adds a few
further textual problems.

Adrian Schenker   Fribourg, 6th of March, 1979

Préface au Vol. 4

La dactylographie de ce volume est l'oeuvre de
Bernadette Schacher, collaboratrice scientifique
à l'Institut Biblique de l'Université de Fribourg
en Suisse. Eugene Nida, Pierre Casetti et Dominique
Barthélemy ont relu et corrigé le manuscrit.

Le volume se termine par un appendice avec quelques
problèmes textuels supplémentaires.

Adrian Schenker   Fribourg, 6 mars 1979

```
                    ISAIAH
              ISAIE  /  ESAIE
              ==============


J           = La Sainte Bible, traduite en français
              sous la direction de l'Ecole Biblique
              de Jérusalem, nouvelle édition,
              Paris 1973.

L           = Die Bibel oder die ganze Heilige Schrift
              des Alten und Neuen Testaments nach der
              Uebersetzung Martin Luthers, 3. Aufl.,
              Stuttgart 1971.

NEB         = The New English Bible, The Old Testa-
              ment, Oxford 1970.

RSV         = The Holy Bible, Revised Standard Version,
              New York 1952.

TOB         = Traduction Oecuménique de la Bible,
              Edition intégrale, Ancien Testament,
              Paris 1975.
```

1.7

A זרים (2°)
   of strangers
   d'étrangers
     RSV : by aliens
     J*   : d'étrangers
     TOB*: par l'envahisseur (en note : "Litt.
        ... d'étrangers...")
[סדום] (=Brockington)
   of Sodom
   de Sodome
     NEB*: as Sodom
     L   : Sodoms
  Fac.: 14
  Rem.: The expression may be interpreted as : "like
    an overthrow ⟨which strikes⟩ barbarians".
  Rem.: L'expression peut être interprétée ainsi :
    "comme un bouleversement ⟨s'abattant sur⟩ des bar-
    bares".
  Transl.: (an overthrow) of strangers
  Trad.:   (un bouleversement) d'étrangers

1.12

  לִרְאוֹת פָּנָי
    to be seen ⟨before⟩ my face
    pour ⟨vous⟩ faire voir ⟨devant⟩ ma face
      RSV : to appear before me
      J   : vous présenter devant moi (?)
      TOB : vous présenter devant moi (?)
      L   : zu erscheinen vor mir
  Fac.: 7
C [לִרְאוֹת פָּנָי] = לראות פני (=Brockington)
    to see my face
    pour voir ma face
      NEB*: to enter my presence (in note : ("Lit.
        to see my face.")
  Rem.: The MT has undergone a correction of scribes,
    as in Ps 42.3 and in 1 Sam 1.22. The same cor-
    rection of scribes occurs also in several places
    of the Pentateuch, see Ex 23.15 (vol.1) and the
    Remarks 2 and 3 there. (Another similar correction
    led to a change in the MT of Ps 84.8 [see there
    in vol.3].) All these corrections eliminate the
    active meaning "to see God's face" by replacing it
    with the passive meaning "to appear before God's
    face". While in the Pentateuch and in 1 Sam 1.22
    there are no textual witnesses attesting the ori-

ginal, i.e. uncorrected, form, in Psalms and here
in Is such witnesses exist. By their means it is
possible to go back to the original form in these
places.

Rem.: Ici le TM a été l'objet d'une correction de
scribes, comme en Ps 42.3 et en 1 S 1.22. La même
correction de scribes se rencontre dans plusieurs
passages du Pentateuque, voir Ex 23.15 (vol.1) et
les Remarques 2 et 3 à cet endroit. (Une autre
correction semblable a entraîné le changement du TM
en Ps 84.8 [voir le passage dans le vol.3].)
Toutes ces corrections visent à éliminer le sens
actif "voir la face de Dieu" en le remplaçant par
un sens passif "apparaître à la face de Dieu".
Alors que les passages du Pentateuque et de 1 S
1.22 ne sont attestés que dans la forme corrigée
(et donc secondaire), dans les Psaumes et ici en Is,
des témoins textuels existants permettent de remonter à la forme originale.

Transl.: to see my face
Trad.:   pour voir ma face

N.B. In 1 Sam 1.22 the Committee did not vote. In any
case, since in this place there is no witness
for the uncorrected, original text form, this
could be reached only by conjecture (NEB). Conjectures, however, are beyond textual analysis
as it was defined by the Committee.

N.B. En 1 S 1.22 le Comité n'a pas donné de vote. En
tout état de cause, puisque, en ce passage, il
n'existe pas de témoins textuels pour le texte original non-corrigé, celui-ci ne pourrait être at-
teint que par conjecture (=NEB). Or les conjectures sont au-delà de l'analyse textuelle telle que
le Comité l'a définie.

1.17

אַשְּׁרוּ חָמוֹץ A
    correct opression (imperative plur.)
    mettez de l'ordre dans l'oppression
        RSV : correct oppression
        J   : redressez le violent
        TOB*: mettez au pas l'exaction
    אשרו המוץ = [אַשְּׁרוּ חָמוּץ] (=Brockington)
    help the oppressed (imperative plur.)
    aidez l'opprimé
        NEB : and champion the oppressed

        L   : helft den Unterdrückten
Fac.: 6
Rem.: The expression "חָמוֹץ" means the man who wrongs
   people by his trade.
Rem.: L'expression "חָמוֹץ" signifie l'homme qui lèse
   les autres dans le commerce.
Transl.: make the exploitioner do what is right
Trad.:   faites marcher droit l'exploiteur

1.20

B חֶרֶב תְּאֻכְּלוּ
     by the sword, you will be devoured
     par l'épée vous serez engloutis
       RSV : you shall be devoured by the sword
       J   : c'est l'épée qui vous mangera
       TOB : c'est l'épée qui vous mangera
       L   : so sollt ihr vom Schwert gefressen werden
   חרב תאכלו =[חֶרֶב תֹּאכְלוּ] (=Brockington)
     locust-beans, you will eat
     des caroubes, c'est ce que vous
     mangerez
       NEB*: locust-beans shall be your only food
Fac.: 14
Transl.: you will be devoured by the sword
Trad.:   vous serez engloutis par l'épée

1.21

B מלאתי
     full of
     pleine de
       RSV : she that was full of
       NEB : once the home of
       TOB : remplie de
       L   : sie war voll
   [ציון מלאתי]
     Zion, full of
     Sion, pleine de
       J* : Sion, pleine de
Fac.: 5,4
Transl.: full of (justice)
Trad.:   pleine de (justice)

1.29

B יבשׁו
     they will be ashamed
     ils seront confus
        J   : on aura honte
תבשׁו (=Brockington)
   you will be ashamed
   vous serez confus
      RSV : you will be ashamed
      NEB*: (the sacred oaks...) shall fail you
      TOB : vous aurez honte
      L   : ihr sollt zuschanden werden
   Fac.: 5,4
   Rem.: It is possible to interpret the difference bet-
      ween the 3d person "they will be ashamed" in the
      first part of the V. and the 2nd person "you are
      so delighted" at the end of the V. in two ways :
      either the 3d person is impersonal "they will be
      ashamed, i.e. one will be ashamed", or there is a
      figure of speech : first the prophet speaks in
      general about the idolatrous people who will be
      ashamed, and then, suddenly he goes on, adressing
      his hearers directly and identifying them with
      this general category of idolatrous worshippers
      "they will be ashamed (of the oaks) : in which you
      are so delighted !".
   Rem.: On peut interpréter le passage de la troisième
      personne "ils seront confus" à la deuxième "vous
      aimez tant !" de deux manières : ou bien la 3e
      personne est impersonnelle "on sera confus", ou
      bien il s'agit d'une figure de style : d'abord le
      prophète parle en général des idolâtres qui vont
      être confus, et ensuite, brusquement il s'adresse
      directement à ses auditeurs en les identifiant aux
      idolâtres dont il vient de parler en général "ils
      seront confus (des chênes) : que vous aimez tant !".
   Transl.: one will be ashamed / they will be ashamed
   Trad.:   on sera confus / ils seront confus

1.31

B החסן...וּפֹעֲלוֹ
    the strong one ... and his worker / his work
     le fort... et son ouvrier / son ouvrage
       RSV : the strong ... and his work
       J   : le colosse ... et son oeuvre
       TOB : l'homme fort ... son travail
       L   : der Starke ... und sein Tun
[החסן...וּפָעֳלוֹ] (=Brockington)
    the strong one ... and his work
     le fort ... et son ouvrage
       NEB*: the strongest tree ... and what is made
          of it
 Fac.: 6
 Rem.: Two interpretations may be given for this expression : either "the strong one ... and his work",
  or "the strong one ... and his maker".
 Rem.: Deux interprétations peuvent être proposées
  pour cette expression, soit "le fort ... et son
  oeuvre", soit "le fort ... et son fabricant".
 Transl.: See Remark
 Trad.:   Voir Remarque

2.6

B מקדם
    from old / from the east
    depuis longtemps / de l'Orient
      J*   : depuis longtemps
      TOB : par l'Orient
[קסמים מקדם]
    diviners from the east
    devins de l'Orient
      RSV*: diviners from the east
 Fac.: 14
[מקסם מקדם]
    divination from the east
    divination de l'Orient
      L   : Wahrsagerei wie die im Osten
 Fac.: 14
[מקדים] (=Brockington)
    traders / hawkers
    commerçants / colporteurs
      NEB*: with traders
 Fac.: 14
 Transl.: (they are full) of what <comes> from the
         Orient
 Trad.:   (ils sont submergés) par l'Orient (litt.
         ils sont pleins de ce qui vient de l'Orient)

2.10

B גאונו
   of his majesty
   de sa majesté
      RSV : of his majesty
      NEB : of his majesty
      TOB : de sa majesté
      L   : (vor) seiner ... Majestät
   [גאונו בקומו לערץ הארץ]
   of his majesty, when he rises to terrify the earth
   de sa majesté, quand il se lève pour effrayer la
   terre
      J* : de sa majesté, quand il se lèvera pour
            faire trembler la terre
   Fac.: 5
   Transl.: of his majesty
   Trad.:   de sa majesté

2.12

C ועל כל-נשא ושפל
   and upon/against all ⟨that is⟩ lifted up, and it
   becomes low
   et sur/contre tout ⟨ce qui est⟩ élevé, et il sera
   abaissé
      J   : sur tout ce qui est élevé, pour qu'il
            soit abaissé
      TOB : contre tout ce qui est ... et altier et
            qui sera abaissé
      L   : und über alles Erhabene, dass es erniedrigt
            werde
   [ועל כל-נשא וגבה] (=Brockington)
   and upon / against all ⟨that is⟩ lifted up and
   high
   et sur / contre tout ⟨ce qui est⟩ élevé et haut
      RSV*: against all that is lifted up and high
      NEB*: for all that is high and lifted up
   Fac.: 14
C ונשא ושפל
   and lifted up and low
   et élevé et abaissé
   Rem.: In this case the Committee was divided. One
   half voted for the MT with a C rating, while
   the other half voted for the reading of the first
   manuscript of Isaiah from Qumran (Is[a]), with a C
   rating also. If the MT is original, there occured
   in Is[a] an omission (Fac.: 13); if, conversely,
   Is[a] is original, MT has an expanded text (Fac.:
   13). The interpretation of the MT is the following: "and against everything ⟨which is⟩ lifted up,

and ⟨which⟩ will be lowered down", while the reading of Is^a would be as follows : "and lifted up,
and it will be lowered down".

Rem.: Dans ce cas, le Comité se trouva divisé. Une
moitié de ses membres vota pour le TM avec la
qualification de C, alors que l'autre moitié vota,
avec la même qualification C, pour la leçon du
premier manuscrit d'Isaïe de Qumrân (Is^a). Si le
TM est original, Is^a a perdu deux mots (Fac.:13);
si inversement Is^a est original, le TM a été
gonflé par deux mots (Fac.: 13). L'interprétation
du TM sera la suivante : "et contre tout ⟨ce qui
est⟩ élevé et ⟨qui⟩ sera abaissé", celle de Is^a
sera : "et élevé, et il sera abaissé".

Transl.: See Remark
Trad.:   Voir Remarque

2.19

A וּבָאוּ
    and they shall come
    et qu'ils viennent
        RSV : and men shall enter
        J   : pour eux, ils iront
        L   : da wird man ... gehen
    ובאו =[וּבֹאוּ] (=Brockington)
    and come (imperative plural)
    et venez
        NEB : get you (into caves)
        TOB : entrez
    Fac.: 14
    Transl.: and they shall come
    Trad.:   et qu'on vienne

3.10

B אמרו
    tell ! (imperative plural)
    dites !
        RSV : tell
        J   : dites
        TOB : dites
    [אשרי] (=Brockington)
    happy !
    heureux !
        NEB*: happy
        L   : Heil
    Fac.: 14

Transl.: say/declare (concerning the just)
Trad.:   dites/déclarez (à propos du juste)

3.12

ונשים
  and women
    et des femmes
      RSV : and women
      TOB*: et ce sont des femmes qui
      L   : und Weiber
  Fac.: 8
C ונשים =[ונשים] (=Brockington)
  and usurers
    et des usuriers
      NEB : and usurers
      J* : et des exacteurs
  Transl.: and usurers
  Trad.:   et des usuriers

3.13

B עמים
  peoples / the peoples
    des peuples / les peuples
      J   : les peuples
      TOB : les peuples
 [עמו] (=Brockington)
  his people
    son peuple
      RSV*: his people
      NEB*: his people
      L   : sein Volk
  Fac.: 4
  Transl.: the peoples
  Trad.:   les peuples

3.24

B כי-תחת יפי
  for instead of beauty / branding instead of
  beauty
  car au lieu de beauté / une marque au lieu de
  beauté
    NEB : and branding instead of beauty
    J   : et la marque au fer rouge au lieu de beauté
    TOB[X]: une marque infamante au lieu de beauté
    L   : Brandmal statt Schönheit
 תחת יפי בשת
  instead of beauty shame
  au lieu de beauté la honte
    RSV*: instead of beauty, shame
  Fac.: 8
  Transl.: a branding instead of beauty
  Trad.:   une marque ⟨au fer rouge⟩ au lieu de beauté

4.5

B כִּי עַל-כָּל-כָּבוֹד חֻפָּה
    for over all the glory a canopy / has been covered
    car par-dessus toute la gloire un dais / a été cou-
    vert
    RSV : for over all the glory there will be a
          canopy
    J   : car sur toute gloire il y aura un dais
    L   : ja, es wird ein Schutz sein über allem,
          was herrlich ist
כִּי עַל-כֹּל כָּבוֹד חֻפָּה =[כִּי עַל-כֹּל כָּבוֹד חֻפָּה] (=Brockington)
    for over all, the glory, a canopy
    car par-dessus tout, la gloire, un dais
    NEB : for glory shall be spread over all as a
          covering
    TOB*: et au-dessus de tout, la gloire du
          Seigneur sera un dais
Fac.: 14
Rem.: Two interpretations of this expression may
  be suggested : either "for higher than all glory,
  a canopy will be set up" or "for upon all the
  glory ⟨there is⟩ a canopy". In the first case
  "חֻפָּה" is interpreted as a verb in the passive
  form, in the second as a noun.
Rem.: On peut interpréter cette expression de deux
  manières : soit "car plus haut que toute gloire,
  un dais sera érigé", soit "car sur toute la gloire
  ⟨il y aura⟩ un dais". Dans la première interprétation, חֻפָּה est un verbe dans une forme passive,
  dans la deuxième, c'est un substantif.
Transl.: See Remark
Trad.:   Voir Remarque

5.1

A שִׁירַת דּוֹדִי
    the song of my beloved / of my love
    le chant de mon bien-aimé / de mon amour
    RSV : a love song (see Rem.)
    J   : le chant de mon ami
    TOB : le chant du bien-aimé
    L   : ein Lied von meinem Freund
שִׁירַת דּוֹדִי =[שִׁירַת דּוֹדַי] (=Brockington)
    the song of my love
    le chant de mon amour
    NEB : my love-song
Fac.: 14

Rem.: RSV may mean to translate the MT, although
    its text could also rest upon another textual basis.
Rem.: RSV entend peut-être traduire le TM, quoique
    son texte pourrait aussi supposer une autre base
    textuelle.
Transl.: of my beloved / of my friend
Trad.:   de mon bien-aimé / de mon ami

5.9

B באזני
    in my ears
    dans mes oreilles
        L   : es ist in meinen Ohren das Wort
[באזני נשבע] (=Brockington)
    in my ears, (the LORD...) has sworn
    dans mes oreilles, (le SEIGNEUR) a juré
        RSV : (the LORD...) has sworn in my hearing
        NEB*: (the LORD...) has sworn in my hearing
        J   : à mes oreilles, (Yahvé...) l'a juré
        TOB : à mes oreilles a retenti le serment (du
                SEIGNEUR)
Fac.: 14
Rem.: This short expression may be interpreted
    either as "<it came> to my ears (i.e. of me, the
    prophet) : O LORD of hosts :...", or as "<it came>
    to my ears <of me>, the LORD of hosts :...".
Rem.: Cette brève expression peut être interprétée
    de deux manières : soit "<c'est venu> à mes
    oreilles (c.-à-d. aux oreilles du prophète) :
    O SEIGNEUR Sabaoth...", soit "<c'est venu> à mes
    oreilles <à moi> le SEIGNEUR Sabaoth :...".
Transl.: See Remark
Trad.:   Voir Remarque

5.13

B מְחֵי
    people of (hunger)
    gens de (faim)
        J   : des gens (affamés)
        L   : (und seine Vornehmen) müssen (Hunger leiden)
מֵחֵי (=Brockington)
    dead ones / dying ones of (hunger)
    des morts / des mourants de (faim)
        RSV : are dying of (hunger)
        NEB : are (starving) to death
        TOB : (l'élite) mourra de (faim)

Fac.: 8
Transl.: (his/their nobles will be) hungry people
Trad.:   (et ses notables deviendront) de pauvres
         affamés

5.17

B כדברם וחרבות מחים גרים יאכלו
     as in their pasture, and ⟨in⟩ the ruins the rich/
     fatlings, wandering are eating
     comme en leur pâturage, et ⟨dans⟩ les ruines
     les riches/les bêtes grasses, errant, broutent
          TOB*: comme en leur pâturage et des chevreaux
                à l'engrais brouteront sur les ruines (?)
[כדברם וחרבות מחים גדים יאכלו]
     as in their pasture, and ⟨in⟩ the ruins, the
     fatlings, the kids are eating
     comme en leur pâturage, et ⟨dans⟩ les ruines,
     les bêtes grasses, les chevreaux broutent
          RSV*: as in their pasture, fatlings and kids
                shall feed among the ruins
          J* : comme dans leurs pâtures, les pacages
                dévastés des bêtes grasses seront la
                nourriture des chevreaux
     Fac.: 4,12
[כָּרֵי בְרִיאִים וְרַחֲבַת מֵחִים גֵּרִים] (=Brockington)
     fat bullocks, and ⟨in⟩ the place of fatlings ⟨are⟩
     kids
     des gras boucs et ⟨sur⟩ la place des bêtes grasses
     ⟨sont⟩ des chevreaux
          NEB*: where fat bullocks once pastured, and
                kids shall graze broad acres where cattle
                grew fat
     Fac.: 14
[כדברם וחרבות מְחִים גְּדִים יאכלו]
     as in their pasture, and ⟨in⟩ the ruins of those
     ⟨who are⟩ wiped out, goats are eating
     comme dans leur pâturage, et ⟨dans⟩ les ruines
     de ceux ⟨qui sont⟩ effacés, des chevreaux broutent
          L   : (da...wie auf ihrer Trift und Ziegen sich
                nähren in den Trümmerstätten der Hinweg-
                gerafften
     Fac.: 14
Rem.: 1. TOB seems to translate the MT giving it
     its own interpretation.
     2. The whole V. may be interpreted in 3 ways :
     (1) "sheep shall feed as in their pasture, and
     what the prosperous ⟨people⟩ ⟨have left⟩ in ruins,

wandering shepperds eat it up"; (2) "sheep shall
feed as in their pasture, and what prosperous
⟨people⟩ ⟨have left⟩ in ruins wandering (or :
transhuming)⟨flocks⟩eat it up"; (3) "sheep shall
feed as in their pasture, and wandering fatlings
eat up the ruins".
Rem.: 1. TOB semble traduire le TM en lui donnant
sa propre interprétation.
2. On peut suggérer 3 interprétations de ce V. :
(1) "des moutons brouteront comme dans leur propre
pâturage, et ce qu'ont déserté les hommes prospères,
des ⟨pasteurs⟩ errants (ou : transhumants) le dévorent"; (2) "des moutons brouteront comme dans
leur pâturage, et ce que les hommes prospères ont
déserté, ⟨des troupeaux⟩de passage le dévorent"; (3)
"des moutons brouteront comme dans leur pâturage,
et des ⟨bêtes⟩ grasses dévoreront les ruines".
Transl.: See Remark
Trad.:   Voir Remarque

5.18

B הָעֲגָלָה
    of the cart
    du chariot
       RSV : (with) cart (ropes)
       J   : de chariot
       TOB : de chariot
       L   : (mit) Wagen(seilen)
    העגלה =[הָעֶגְלָה] (=Brockington)
    of the heifer
    de la génisse
       NEB : like a heifer
    Fac.: 4,5
    Transl.: (who draw... and sin as with) a cart (rope)
    Trad.:   (qui tirent... et comme avec des traits) de
             chariot (le péché)

5.26

B לגוים מרחוק
    for the nations far away
    pour les nations lointaines
    [לגוי מרחוק]
    for the nation, from far away
    pour la nation, de loin
       J* : pour le peuple lointain

Fac.: 14
[לגוי ממרחק] (=Brockington)
   for a nation, from a far distance
   pour une nation, d'une distance lointaine
      RSV : for a nation afar off
      NEB : to a nation far away
      TOB : pour une nation lointaine
Fac.: 14
Rem.: The whole expression may be interpreted as
   "(he will raise a signal) for nations far away,
   (and he will whistle for it from the ends of the
   earth)" ("for it" designates the hoist which
   assembles upon the whistling of the LORD).
Rem.: Toute l'expression peut être interprétée :
   "(il dresse une bannière) pour les nations lointaines, (et il le siffle de l'extrémité de la
   terre)" ("le" désignant la troupe qui se rassemble
   par le sifflement du SEIGNEUR).
Transl.: See Remark
Trad.:   Voir Remarque

6.10
C הַשְׁמֵן ... הַכְבֵּד ... הָשַׁע
   make fat ... make heavy ... glue up ! (imperative
   sing.)
   engraisse ... alourdis ... colle !
      RSV : make ... fat, and ... heavy, and shut
      J   : appesantis ... rends-le dur (d'oreille),
          englue-lui
      TOB*: engourdis ... appesantis ... colle-lui
      L   : verstocke ... und lass ... taub sein
          und ... blind
    [הָשְׁמַן ... הָכְבֵּד ... הָשַׁע]=השמן...הכבד...השע (=Brockington)
   is fattened ... is heavy ... is glued up
   est engraissé ... est alourdi ... est collé
      NEB : (this people's wits) are dulled, (their
          ears) are deafened and (their eyes)
          blinded
Fac.: 14
Transl.: make fat ... make heavy ... glue up (impe-
        rative sing.)
Trad.:   engraisse ... alourdis ... colle !

6.13

C בם אשר בשלכת מצבת
   which, when they throw down / which ⟨are⟩ in
   shalleketh, ⟨have⟩ a trunk in them
   qui, quand ils jettent / qui ⟨sont⟩ à Shallèkèt,
   ⟨ont⟩ un tronc en eux
       RSV : whose stump remains standing when it is
             felled
       J* : qui une fois émondés n'ont plus qu'un
             tronc
       L   : von denen beim Fällen noch ein Stumpf
             bleibt
   אשר משלכת מצבת במה
   which, ⟨being⟩ felled, remains standing / is a
   stump in them
   qui, abattue, reste debout / est une souche en
   eux
       TOB*: abattus, dont il ne reste que la souche
             (voir Rem.1)
   Fac.: 4
[אשרה משלכת מצבת במה] (=Brockington)
   a sacred pole felled ⟨which⟩ had stood ⟨on⟩ a
   high place
   un pieu sacré abattu ⟨qui⟩ avait été debout ⟨sur⟩
   un haut lieu
       NEB*: a sacred pole thrown out from its place
             in a hill-shrine
   Fac.: 14
   Rem.: Two interpretations may be suggested : either
         "(like the oak and like the terebinth) which
         are in Shalleketh (i.e. before a gate of Jeru-
         salem), in which ⟨there remains only⟩ a trunk"
         (lit. there is a trunk in them), or "(like the
         oak and like the terebinth) when ⟨the leaves⟩
         fall / when ⟨the branches⟩ are stripped, in which
         ⟨there remains only⟩ a trunk" (lit. there is a
         trunk in them). See the following case also.
   Rem.: On peut proposer deux interprétations : soit
         "(comme le chêne et le térébinthe) qui sont
         à Shallèkèt (c.-à-d. devant une porte de Jéru-
         salem), en lesquels il n'y a ⟨plus qu'⟩ un tronc"
         (litt. il y a un tronc en eux); soit : "(comme
         le chêne et le térébinthe) au moment de la
         tombée (c.-à-d. de la tombée des feuilles) / au
         moment de l'ébranchange, en lesquels il n'y a
         ⟨plus qu'⟩ un tronc" (litt. il y a un tronc en
         eux). Voir aussi le cas suivant.
   Transl.: See Remark
   Trad.:   Voir Remarque

6.13

B זרע קדש מצבתה
    a holy seed is its trunk
    une semence sainte, ⟨c'est ce qu'⟩ est son tronc
      RSV : the holy seed is its stump
      J*   : leur tronc est une semence sainte
      TOB*: - la souche est une semence sainte
      L   : ein heiliger Same wird solcher Stumpf sein
[Lacking.Manque] = NEB (=Brockington)
  Fac.: 14
  Transl.: a holy seed is her trink (i.e. of the land)
  Trad.:   une semence sainte est son tronc (c.-à-d.
          du pays)

7.1

A ולא יכל
    and he could not
    et il ne put pas
      NEB : (Rezin...) but could not
      J   : mais il ne put
ולוא יכלו
    and they could not
    et ils ne purent pas
      RSV : but they could not
      TOB : mais ils ne purent
      L   : sie konnten ... aber nicht
  Fac.: 5,4
  Transl.: and he could not
  Trad.:   et il ne put

7.11

B שאלה
    ask it (i.e. the sign)
    demande-le (c.-à-d. le signe)
      TOB*: demande-le
שאלה =[שְׁאָלָה] (=Brockington)
    into the Sheol
    dans le Shéol
      RSV : as Sheol
      NEB : (from...) Sheol
      J   : dans le shéol
      L   : in der Tiefe
  Fac.: 6
  Rem.: This expression may be interpreted in the two
  ways : either "(deep) in the Sheol", or "ask (in
  the deep) !" (imperative singular).

Rem.: Cette expression peut être interprétée de deux
   manières : ou bien "(au fond) dans le Shéol", ou
   bien "demande donc (au plus profond) !".
Transl.: See Remark
Trad.:   Voir Remarque

8.2

C וְאָעִידָה
   and I will take as witnesses
   et je prendrai à témoin
ואעידה =[וָאָעִידָה]
   and I took as witness
   et je pris à témoin
      RSV : and I got (... witnesses)
      TOB*: et je pris (pour témoins)
      L   : und ich nahm (mir...) Zeugen
Fac.: 4
והעד (=Brockington)
   and take as witness (imperative sing.)
   et prends à témoin
      NEB*: and fetch
      J* : et prends (des témoins)
Fac.: 4
Rem.: The note of TOB, claiming that its translation follows the MT, is not quite exact.
Rem.: La note de TOB prétendant que sa traduction
   suit le TM n'est pas exacte.
Transl.: and I will take (for me faithful witnesses)
Trad.:   et je prendrai (pour moi des) témoins
         loyaux)

8.6

B ומשוש את-רצין ובן-רמליהו
   and rejoicing with Rezin and Remaliah's son
   et réjouissance avec Recîn et le fils de Remalyahu
      TOB*: et se réjouit au sujet de Recîn et du fils
            de Remalyahou
[וּמְסוֹס מפני רצין ובן-רמליהו]
   and melting ⟨in fear⟩ before Rezin and Remaliah's
   son
   et déliquescence ⟨de peur⟩ devant Recîn et le fils
   de Remalyahu
      RSV*: and melt in fear before Rezin and the son
            of Remaliah
      J* : et a tremblé devant Raçôn et le fils de
            Remalyahu

        L   : und in Angst zerfliesst vor Rezin und
              dem Sohn Remaljas
  Fac.: 14
[וּמְשׂוֹשׂ] (=Brockington)
    and rejoicing
    et réjouissance
      NEB : (which run...) and gently (see Brockington)
  Fac.: 14
  Transl.: and rejoices with Rezin and Remaliah's son /
           and rejoices in Rezin and Remaliah's son
  Trad.:   et se réjouit avec Recîn et le fils de
           Remalyahu / et se réjouit au sujet de
           Recîn et du fils de Remalyahu

  8.8

A ארצך
    of your land
    de ton pays
      RSV : of your land
      J   : de ton pays
      TOB : de ton pays
      L   : dein Land
  [ארץ כי] (=Brockington)
    of the land for
    du pays, car
      NEB : of the land ... for
  Fac.: 14
  Transl.: of your land
  Trad.:   de ton pays

  8.9

B רעו
    be broken / break (imperative plural)
    soyez brisés / brisez
      RSV : be broken, (you peoples)
      TOB*: tremblez
      L   : tobet
  [דעו] (=Brockington)
    know (imperative plural)
    sachez
      NEB*: take note, (you nations)
      J* : sachez
  Fac.: 12
  Rem.: Two interpretations may be suggested :
        either "break, (o peoples, and be shattered) !",
        or "be broken, (o peoples, and be shattered) !",

both interpretations being imperatives plural.
Rem.: On peut interpréter cette expression de deux
    manières : soit "broyez, (peuples, et soyez écra-
    sés) !", soit "soyez brisés, (peuples, et soyez
    écrasés) !".
Transl.: See Remark
Trad.:   Voir Remarque

8.11

וְיִסְּרֵנִי
  and he will teach me
  et il m'instruira
Fac.: 12, 8
וַיִּסְּרֵנִי = [וְיִסְּרֵנִי / וַיִּסְרֵנִי] (=Brockington)
  and he taught me
  et il m'a éduqué
    RSV : and warned me
    NEB*: and he warned me
    J   : et qu'il m'a appris
    TOB : et qu'il m'a enjoint
    L   : und er mich warnte
  Fac.: 12,8
C[וַיְסִירֵנִי]
  and he turned me away
  et il me détourna
Transl.: and he turned me away
Trad.:   et il me détourna

8.13

A תקדישו
    you shall regard as holy
    vous regarderez comme saint
      RSV : you shall regard as holy
      J   : c'est ... que vous proclamerez saint
      TOB : c'est ... que vous tiendrez pour saint
  [תקשירו] (=Brockington)
    you shall plot ! / cling to... !
    vous conspirerez ! / vous vous lierez !
      NEB*: you must count 'hard'
      L   : verschwört euch
  Fac.: 14
  Rem.: See the next case also.
  Rem.: Voir le cas suivant aussi.
  Transl.: you shall regard as holy
  Trad.:   vous regarderez comme saint

8.14

A למקדש
    a sanctuary
    un sanctuaire
      RSV : a sanctuary
      J*   : un sanctuaire
      TOB*: un sanctuaire
[למוקש]
    a snare
    un piège
      L   : ein Fallstrick
 Fac.: 14
[למקשר] (=Brockington)
    tie / conspiracy (?)
    lien / conspiration (?)
      NEB*: your 'hardship'
 Fac.: 14
 Rem.: The interpretation is "(and it will be) a
    sanctuary", and the expression is in contrast with
    the following expression "and a stone of offense".
    For the prophet likes these contrasts where a posi-
    tive expression (as "will be a sanctuary") is imme-
    diately followed by a threatening expression ("and
    a stone of offense").
 Rem.: L'interprétation est "(et il sera) un sanctu-
    aire", et l'expression se trouve en contraste
    avec l'expression suivante "et une pierre d'achop-
    pement", car le prophète aime contraster, dans
    un retournement brusque, une expression positive
    ("et il sera un sanctuaire") par une expression
    menaçante ("et une pierre d'achoppement").
 Transl.: (and he will be) a sanctuary
 Trad.:   (et il sera) un sanctuaire

8.21

B בָּהּ
    in it
    en elle
      TOB*: (on traversera) le pays
[בארץ]
    in the land
    dans le pays
      RSV*: through the land
      J   : dans le pays
      L   : im Lande
  Fac.: 14

[בֹּה] (=Brockington)
  in him
  en lui
    NEB : over them
 Fac.: 14
 Rem.: The reference of the pronoun is not expressed.
   It refers to the land of Juda or to Jerusalem.
 Rem.: Le terme de référence du pronom n'est pas
   exprimé. Il se réfère sans doute au pays de Juda
   ou à Jérusalem.
 Transl.: in it
 Trad.:   en elle

9.2(3)

C הגוי לו = QERE
    the nation for him
    la nation pour lui
      RSV : the nation (?) (see Rem.1)
      J   : la nation (?) (voir Rem.1)
  הגוי לא = KETIV
    the nation, not
    la nation, non point
 Fac.: 12
 [הגילה] (=Brockington)
    the exultation
    l'exultation
     NEB*: their joy and
     TOB*: leur allégresse
     L   : lauten Jubel
 Fac.: 14
 Rem.: RSV and J probably read the word "לו, for
   him", although they do not explicitly translate
   it.
 Rem.: RSV et J lisent sans doute "לו, pour lui",
   encore qu'ils ne le traduisent pas explicitement.
 Transl.: the nation for it (i.e. the people mentioned
             in V.1)
 Trad.:   la nation pour lui (c.-à-d. le peuple men-
             tionné au V.1)

9.10(11)

את-צרי רצין B
    Rezin's adversaries
    les adversaires de Recîn
      TOB*: les ennemis - de Recîn -,
      L   : ihre Bedränger, nämlich Rezin (See Rem.1)
[את-צרים]
    adversaries
    des adversaires
      RSV*: adversaries
 Fac.: 14
[את-צריו] (=Brockington)
    his adversaries
    ses adversaires
      NEB*: their foes
 Fac.: 14
[את-צרו רצין]
    his adversary Rezin
    son adversaire Recîn
      J* : son adversaire Raçôn
 Fac.: 1,4
 Rem.: 1. L may have intended to translate the MT,
    although it introduced a possessive pronoun lacking
    in the MT.
    2. In spite of the difficult meaning of this ex-
    pression, it is not possible to change the text
    by means of textual analysis. The difficulties of
    this text must be resolved on the level of literary
    analysis.
 Rem.: 1. L a pu vouloir traduire simplement le TM,
    bien qu'elle ait introduit un pronom possessif
    absent du TM.
    2. Malgré la difficulté de sens de cette expres-
    sion, l'analyse textuelle ne permet pas de changer
    le texte. Les difficultés de ce texte sont d'ordre
    littéraire.
 Transl.: Rezin's adversaries
 Trad.:   les adversaires de Reçîn

9.16(17)

לֹא-יִשְׂמָח
    he does not rejoice
    il ne se réjouit pas
      RSV : does not rejoice
      J : ne trouvera plus sa joie
 Fac.: 8

C[יְשַׂמַּח-לֹא] (=Brockington)
    he does not favour
    il ne favorise pas
      NEB : showed no mercy
      TOB*: ne sera pas favorable
  לא יחמול
    he does not spare
    il n'épargne pas
      L   : (darum) kann... nicht verschonen
  Fac.: 4,13
  Transl.: he does not show mercy
  Trad.:   il n'est pas favorable

9.19(20)

B בשר-זרעו
    his arm's flesh
    la chair de son bras
      J   : la chair de son bras
      TOB*: la chair de son bras
  [בשר רעו]
    his neighbour's flesh
    la chair de son compagnon
      RSV*: his neighbor's flesh
      L   : das Fleisch seines Nächsten
  Fac.: 4,5
  בשר-זרעו =[בשר זַרְעוֹ] (=Brockington)
    his descendants' flesh
    la chair de sa descendance
      NEB : his own children's flesh
  Fac.: 14
  Rem.: The expression means literaly "the flesh of
    his arm", i.e. the flesh of his help, of him who
    helps him.
  Rem.: L'expression signifie littéralement "la chair
    de son bras", c.-à-d. la chair de son aide, de
    celui qui l'aide.
  Transl.: See Remark
  Trad.:   Voir Remarque

10.4

B תחת אסיר...ותחת הרוגים
    among the prisoners ... and among the slain
    parmi les prisonniers...et parmi les tués
      RSV : among the prisoners or ... among the slain
      J   : parmi les prisonniers, ... parmi les tués
      TOB : parmi les prisonniers et ... parmi les
            victimes

        L   : unter die Gefangenen ... unter den Erschla-
              genen
[וְתַחַת הֹרֻגִים...תַחַת אָסוֹר] (=Brockington)
      under the gaoler ... and under the executioner
      sous le gardien de prison ... et sous les tueurs
        NEB : before the gaoler or ... by (the) execu-
              tioner's (hand)
    Fac.: 14
    Rem.: This V. may be interpreted in two ways :
      (1) "there will be nothing left than to bow down
      at the place of prisoners and to fall at the place
      of the slain", or (2) "unless one bows down as pri-
      soner, one will fall under the slain" (lit. they
      will fall...).
    Rem.: On peut interpréter ce V.de deux manières :
      (1) "il ne restera plus qu'à se courber à la place
      des prisonniers et à tomber à la place des tués",
      ou (2) "à moins qu'on ne se courbe en tant que
      prisonnier on tombera sous les tués" (litt. ils
      tomberont...).
    Transl.: See Remark
    Trad.:   Voir Remarque

10.12

C אפקד
    I shall visit
    je visiterai
      TOB : j'interviendrai
      L   : wird er sprechen : Ich will heimsuchen
[יפקד] (=Brockington)
    he will visit
    il visitera
      RSV*: he will punish
      NEB*: he will punish
      J* : il châtiera
    Fac.: 5,4
    Rem.: The first person indicates direct speech; God
      is speaking. Translators may introduce this speech
      v.g. with "(he says)", or "(I, the LORD)"; see
      also below in 16.10.
    Rem.: La première personne indique un discours di-
      rect. C'est Dieu qui parle. Les traducteurs peuvent
      introduire ce discours p.ex. par "(dit-il)", ou
      "(moi, le SEIGNEUR)". Voir aussi 16.10 ci-dessous.
    Transl.: I shall visit
    Trad.:   je visiterai

10.25

C על-תבליתם
   ⟨will be⟩ on their ruin
   ⟨sera⟩ sur leur ruine
      RSV : to their destruction
      J   : leur perte
      TOB : à leur ruine
      L   : auf sein Verderben
 [עַל-תֶּכֶל יָתֹם] (=Brockington)
   to the accomplishment, it will be fulfilled
   à l'achèvement, il sera assouvi
      NEB*: will all be spent
   Fac.: 14
   Rem.: The expression may be interpreted in two ways :
      (1)"⟨will bring about⟩ their ruin", or (2) "⟨will
      turn⟩ against their crime".
   Rem.: On peut interpréter l'expression de deux
      façons : ou bien "⟨tournera⟩ à leur ruine" ou
      bien "⟨ira⟩ contre leur ruine".
   Transl.: See Remark
   Trad.:   Voir Remarque

10.27

C מעל צוארך וחבל על מפני-שמן
   from your neck, and the yoke will be broken because of fatness
   de ton cou, et le joug sera brisé du fait de
   l'huile
      J* : de ta nuque, et le joug sera détruit (...)
            (en note f : "Les derniers mots du v.
            sont incompréhensibles (litt. 'devant la
            graisse')...")
      TOB*: de ta nuque, le joug cédera devant l'abon-
            dance (en note i : "Litt. le joug sera
            détruit à cause de la graisse...")
 [מעל צוארך יחבל עלה מפני-רמון] (=Brockington)
   from your neck, it will be broken away; he has
   gone up from Rimmon
   de ton cou, il sera brisé; il monta de Rimmôn
      RSV*: will be destroyed from your neck." He has
            gone up from Rimmon
      NEB*: shall be broken from your neck. An invader
            from Rimmon has come
      L   : (wird ... weichen müssen...) von deinem
            Halse. Er zieht herauf von Rimmon (siehe
            Rem.1)
   Fac.: 14

Rem.: 1. Although L translates no verb after "מֵעַל צַוָּארֶךָ,
from your neck", it may have done so for translational reasons, basing itself on the Hebrew text given
above.
2. Althoug the MT is the earliest attested text, it
may not be the original text. This original text
may have contained a place name which disappeared
afterwards, or it may have had a proverbial locution whose exact meaning is no longer clear.
Rem.: 1. Quand bien même L ne traduit pas de verbe après
"מֵעַל צַוָּארֶךָ, de ton cou", il l'a peut-être fait simplement pour rendre plus coulante sa traduction, tout
en se basant sur le texte hébreu donné ci-dessus.
2. Quoique le TM soit le texte attesté le plus ancien, il se peut bien qu'il ne représente pas le
texte original. Ce texte original peut avoir mentionné un nom de lieu, disparu ensuite, ou il peut
avoir contenu une locution proverbiale dont le sens
exact n'est plus clair.
Transl.: from your neck, and the yoke breaks because
         of fat / prosperity
Trad.:   de ta nuque, et le joug se brise devant la
         graisse / l'abondance

10.30

C עֲנִיָּה
    poor / unfortunate
    pauvre / malheureuse
      TOB : malheureuse (Anatoth)
    עניה = [עֲנִיָּהּ] (=Brockington)
    answer her ! (imperative singular)
    réponds-lui !
      RSV : answer her, (O Anatoth)
      NEB : and answer her, (Anatoth)
      J* : réponds-lui, (Anatot)
      L   : gib ihm Antwort, (Anathoth)
    Fac.: 1
    Transl.: unfortunate (Anatoth)
    Trad.:   malheureuse (Anatoth)

10.34

B באדיר
    by a mighty one
    par un puissant
      J   : d'un Puissant
      TOB : majestueux (en note : "ou : ... par un
            puissant...")

      L   : durch einen Mächtigen
[באדיריו]
   with its mighty ones
   avec ses puissants
      RSV*: with its majestic trees
      NEB : with its noble trees
   Fac.: 4,6
   Rem.: There are two interpretations which may be
     suggested here, (1) "by a powerful one" (i.e.
     under the blows of the powerful), or (2) "in
     ⟨his⟩ majesty / with ⟨all his⟩ majesty (it falls)".
   Rem.: On peut interpréter cette expression de deux
     manières, soit "par un puissant (c.-à-d. sous les
     coups d'un puissant)", soit "dans ⟨sa⟩ puissance/
     avec ⟨toute sa⟩ puissance (il tombe)".
   Transl.: See Remarque
   Trad.:   Voir Remarque

11.4

B והכה-ארץ
   and he will smite the land / the earth
   et il frappera le pays / la terre
      RSV : and he shall smite the earth
      J   : il frappera le pays
      TOB : il frappera le pays
[והכה-עריץ] (=Brockington)
   and he will smite the cruel man
   et il frappera le cruel
      NEB*: to strike down the ruthless
      L   : und er wird ... den Gewalttätigen schlagen
   Fac.: 14
   Transl.: and he will smite the land (with the rod of
            his mouth)
   Trad.:   et il frappera le pays (de la férule de sa
            bouche)

11.6

ומריא
   and the fatling
   et la bête grasse
      RSV : and the fatling
      J   : et la bête grasse
      L   : und Mastvieh
   Fac.: 8
C ימרו (= ימראו =Brockington)
   will be fed
   seront gavés

       NEB*: shall grow up
       TOB*: seront nourris
    Transl.: are fattened / grow fat (together)
    Trad.:   se nourissent / s'engraissent (ensemble)

11.11

C שנית
    a second time
    une seconde fois
      RSV : a second time
      J   : une seconde fois
      TOB : une seconde fois
      L   : zum zweiten Mal
[שנות] (=Brockington)
    to change / to repeat (?)
    changer / répéter (?)
      NEB*: make (more) glorious
  Fac.: 6,4
  Transl.: a second time
  Trad.: une deuxième fois

11.15

B והחרים
    and he will devote to destruction
    et il vouera à la destruction
      RSV : and (the LORD) will utterly destroy
      NEB : (the LORD) will divide (see Rem.1)
      TOB : (le SEIGNEUR) domptera (voir Rem.1)
[והחריב]
    and he will dry up
    et il asséchera
      J* : (Yahvé) asséchera
      L   : und (der HERR) wird austrocknen
  Fac.: 5
  Rem.: NEB and TOB mean to translate the MT, giving
    it their particular interpretations, which are
    less likely.
  Rem.: NEB et TOB entendent traduire le TM en lui
    donnant leurs interprétations particulières qui
    sont moins probables.
  Transl.: and he will destroy
  Trad.: et il détruira

12.2

A וזמרת יה יהוה
    and the/my song ⟨is⟩ Yah, the LORD !
    et le/mon chant ⟨c'est⟩ Yah, le SEIGNEUR !

        RSV : the LORD GOD is ... and my song
        L   : <u>Gott der HERR ist ... und mein Psalm</u>

   וזמרתי יהוה   (=Brockington)
   and my song ⟨is⟩ the LORD
   et mon chant ⟨c'est⟩ le SEIGNEUR
     NEB*: the LORD is ... and my defence
     J*   : et mon chant c'est Yahvé
     TOB : et mon chant, c'est le SEIGNEUR
Fac.: 8
Rem.: 1. See the same textual problem in Ex 15.2
    and in Ps 118.14.
    2. In the Preliminary Report, Vol.1, Ex 15.2,
    Rem.2 should be corrected as follows :
    "זמרה may mean song or strength. The expression
    may therefore be interpreted either "my might and
    my song is the LORD" or "my might and my strength
    is the LORD"."
Rem.: 1. Voir le même problème textuel en Ex 15.2
    et en Ps 118.14.
    2. Dans le Rapport préliminaire, Vol.1, Ex 15.2,
    p.106, la Rem.2 doit être corrigée comme suit :
    "זמרה peut signifier chant ou puissance. L'expres-
    sion peut être interprétée par conséquent ou bien
    "ma force et mon chant c'est le SEIGNEUR", ou
    bien "ma force et ma puissance c'est le SEIGNEUR"."
Transl.: and my song/strength is Yah, the LORD
Trad.:   et mon chant/ma puissance c'est Yah, le
        SEIGNEUR

13.2

B פתחי
    the doors of
    les portes de
      RSV : the gates of (the nobles)
      J   : aux portes des (Nobles)
      TOB : aux portes des (seigneurs)
      L   : durch die Tore der (Fürsten)
[פתחו] (=Brockington)
   open !/draw your swords ! (imperative plural)
   ouvrez !/tirez vos épées !
     NEB*: draw your swords, (you nobles)

Fac.: 5,6
Rem.: These doors refer to Babylon.
Rem.: Ce portes se rapportent à Babylone.
Transl.: the doors of (the nobles)
Trad.:   les portes des (nobles)

13.13

B ארגיז
   I will make shudder / tremble
   je ferai frémir
     RSV : I will make ... tremble
     J   : je ferai frémir
     TOB : j'ébranlerai
     L   : will ich ... bewegen
[ירגזו] (=Brockington)
   they will shudder / tremble
   ils frémiront
     NEB*: (the heavens) shall shudder
Fac.: 4
Transl.: I will make tremble
Trad.:   je ferai frémir

14.2

B עמים
   peoples
   des peuples
     RSV : the peoples
     J   : des peuples
     TOB : des peuples
     L   : die Völker
עמים רבים (=Brockington)
   numerous peoples
   de nombreux peuples
     NEB*: many nations
Fac.: 5,13
Transl.: peoples
Trad.:   des peuples

14.4

מדהבה
   heap of gold
   tas d'or
Fac.: 8,12

C מרהבה (=Brockington)
    arrogance / terror
    arrogance / terreur
      RSV*: the insolent fury
      NEB*: his frenzy
      J* : son arrogance
      TOB*: son arrogance
      L   : das Toben
  Transl.: terror (has ceased)
  Trad.:   (la) terreur (a cessé)

14.12

B על-גוים
    upon the nations
    sur les nations
      RSV : the nations
      NEB : across the nations
      J   : des nations
      TOB : les nations
 [על כל-גוים]
    upon all the nations
    sur toutes les nations
      L   : alle Völker
  Fac.: 5,13
  Transl.: upon the nations
  Trad.:   sur les nations

14.19

C כנצר
    like a shoot
    comme un surgeon
      J* : comme un rameau
      L   : wie ein ... Zweig
 [כנצל] (=Brockington)
    like one untimely born
    comme un avorton
      RSV*: like a ... untimely birth
      NEB*: mere ... carrion
      TOB*: comme un ... avorton
  Fac.: 12
  Transl.: like a (loathed) shoot
  Trad.:   comme un surgeon (exécré)

14.21

A עָרִים
    ⟨with⟩ cities
    ⟨de⟩ villes
      RSV : with cities
      NEB : with cities
      J   : de villes
      TOB*: de villes
  [עָיִים]
    ⟨with⟩ ruins
    ⟨de⟩ ruines
      L   : (voll) Trümmer
  Fac.: 14
  Rem.: Two interpretations may be given of the expression :
    (1) "(lest... and fill the surface of the earth) with cities", or (2) "(lest... and fill the surface of the earth) with enemies".
  Rem.: On peut donner deux interprétations de cette expression : (1) "(de peur que... et ne remplissent la face de la terre) de villes", ou bien (2) "(de peur que... et ne remplissent la face de la terre) d'ennemis".
  Transl.: See Remark
  Trad.:   Voir Remarque

14.30

B בְּכֹרֵי דַלִּים
  the first-born of the poor
  les premiers-nés des pauvres
    RSV : the first-born of the poor
    J   : les premiers-nés des pauvres
    TOB*: les plus misérables (en note s : "Litt. les premiers-nés des misérables...")
  [בְּכָרֵי דַלִּים] =בכרי דלים (=Brockington)
  on my pasture ground the poor
  sur mon pâturage les pauvres
    NEB : the poor ... in my meadows
    L   : die Geringen ... auf meiner Aue
  Fac.: 1
  Transl.: the poorest
  Trad.:   les plus pauvres

14.30

B ‏והמתי‎ ... ‏יַהֲרֹג‎
    and I shall kill ... he will slay
    et je mettrai à mort ... il tuera
‏והמתי‎ ... ‏אהרג‎
    and I shall kill ... I shall slay
    et je mettrai à mort ... je tuerai
    RSV*: but I will kill ... I will slay
    NEB*: but ... I will kill ... and put ... to
          death
    J* : tandis que je ferai mourir ... et que je
          tuerai
    L   : aber ... will ich ... töten und ... werde
          ich morden
Fac.: 5,4
[‏והמתי‎ ... ‏יֵהָרֵג‎]=‏והמתי‎ ... ‏יהרג‎
    and I shall kill ... he will be slain
    et je mettrai à mort ... il sera tué
    TOB : mais je ferai mourir ... et (ce qui restera
          de toi) sera tué
Fac.: 1,4
Rem.: The subject of the verb in the 3d person "will
    slay" may be the famine (V.30) or the invader from
    the north (V.31), which is alluded to under sym-
    bolic names in V.29.
Rem.: Le sujet du verbe à la 3e personne "tuera"
    peut être la famine (V.30) ou l'envahisseur du
    nord (V.31), auquel il est fait allusion sous
    des noms symboliques au V.29.
Transl.: and I shall kill ... it will slay
Trad.:   et je mettrai à mort ... il tuera

15.2

B ‏עלה הבית ודיבן‎
    he/one went up to the house/sanctuary, and Dibon/
    Ha-baith and Dibon went up
    il/on monta à la maison/au sanctuaire, et Dibôn/
    Ha-baith et Dibôn montèrent
    TOB : on monte au temple, à Divôn
[‏עלתה בת-דיבון‎] (=Brockington)
    the daughter of Dibon went up
    la fille de Dibôn monta
    RSV*: the daughter of Dibon has gone up
    NEB*: the people of Dibon go up (see Brockington)
    J* : elle est montée, la fille de Dibôn
    L   : es geht hinauf die Tochter Dibon
Fac.: 14

Rem.: Two interpretations may be suggested, either
"Ha-baith and Dibon went up (on the heights to
weep)" (Ha-baith is a place-name, unknown other-
wise), or "Dibon he also went up to the temple
(on the heights to weep)".
Rem.: Deux interprétations peuvent être suggérées,
soit "Ha-baith et Dibôn montèrent (sur les hauteurs pour pleurer)" (Ha-baith est un nom de lieu,
inconnu par ailleurs), soit "Dibôn lui aussi monta
au temple (sur les hauteurs pour pleurer)".
Transl.: See Remark
Trad.:   Voir Remarque

15.3

B שק
  the sack
  le sac
    RSV : sackcloth; (on the housetops and in the
           squares...
    J   : le sac; (sur ses toits et sur ses places...)
    TOB : le sac; (sur les toits et sur les places...)
    L   : mit dem Sack ..., (auf ihren Dächern und
           Strassen...)
[שק קערו] (=Brockington)
  the sack, they cry out
  le sac, ils clament
    NEB*: with sackcloth, they cry out (on the roofs;
          in the public squares.
  Fac.: 5
  Transl.: the sack, (on the roofs and in its squares...)
  Trad.:   le sac, (sur les toits et sur ses places...)

15.5

C לבי למואב
  my heart for Moab
  mon coeur pour Moab
    RSV : my heart ... for Moab
    NEB : my heart ... for Moab
    TOB : mon coeur ... sur Moab
    L   : mein Herz ... über Moab
לבו למואב
  his heart for Moab
  son coeur pour Moab
    J* : son coeur ... en faveur de Moab
  Fac.: 7,4

Transl.: my heart for Moab
Trad.:   mon coeur pour Moab

15.9

C מי דימון ... על-דימון
  Dimon's waters... on Dimon
  les eaux de Dimôn ... sur Dimôn
    NEB : the waters of Dimon ... for Dimon
    J* : les eaux de Dimôn ... sur Dimôn
    L   : die Wasser von Dimon ... über Dimon
מי דיבון ... על דיבון
  Dibon's waters ... on Dibon
  les eaux de Dibôn ... sur Dibôn
    RSV*: the waters of Dibon... upon Dibon
    TOB*: les eaux de Divôn ... (aussi ajouterai-
          je aux malheurs) de Divôn
  Fac.: 5
C[מי דימון ... על-דיבון] (=S.Jerome, part of Vulgate/
                            S.Jérôme, Vulgate partielle-
                            ment)
  Dimon's waters... on Dibon
  les eaux de Dimôn ... sur Dibôn
  Rem.: The Committee was evenly divided in this case :
    one half of the Committee gave a C rating to the
    MT, the other half a C rating to the reading of S.
    Jerome. If the MT is original, the S.Jerome reading
    was probably brought about by a scribal error
    (Fac.:12); if the original form is S. Jerome's
    reading, the MT is the result of an assimilation
    (Fac.: 5). The translation of the MT is as fol-
    lows : "the waters of Dimon ... on Dimon"; the
    translation of S.Jerome's reading is "the waters
    of Dimon... on Dibon". Translators may choose either
    one of the two forms.
  Rem.: Le Comité était divisé dans ce cas : une moitié
    des membres vota C pour le TM, alors que l'autre
    moitié vota C pour la leçon de S. Jérôme. Si c'est
    le TM qui est original, la leçon de S. Jérôme est
    probablement le résultat d'une erreur de scribe
    (Fac.: 12), alors que, si la leçon de S.Jérôme
    est originale, le TM résulte d'une assimilation
    (Fac.:5). La traduction du TM sera : "les eaux
    de Dimôn... sur Dimôn", celle de la leçon de
    S. Jérôme : "les eaux de Dimôn... sur Dibôn". Les
    traducteurs peuvent choisir une des deux formes.
  Transl.: See Remark
  Trad.:   Voir Remarque

15.9

C אריה
    a lion
    un lion
      RSV : a lion
      J   : un lion
      TOB : le lion
      L   : Löwen
 [אראה] (=Brockington)
    vision
    vision
      NEB*: for I have a vision
  Fac.: 14
D ארוה [אֲרַוֶּה] (=Qumran Is[a])
    I give a drink
    j'abreuverai
  Rem.: Here again the Committee was split in two equal
    halfs : While one half gave a C rating to the MT,
    the other half gave a D rating to Qumran Is[a]. The
    development of one form into the other is the re-
    sult of a scribal error (Fac.:12). The MT, voted
    with a higher rating, should be preferred by
    translators : "a lion", sent by God as an ulti-
    mate punishment (as in 2 Kings 17.25).
  Rem.: Ici encore le Comité se trouva divisé en deux
    moitiés égales : une moitié vota C pour le TM,
    alors que l'autre vota D pour la leçon de Qumrân
    Is[a]. Le passage d'une forme du texte à l'autre
    résulte d'une erreur de scribe (Fac.:12). Le TM
    ayant obtenu un vote plus élevé devrait être
    choisi par les traducteurs : "un lion", envoyé
    par Dieu comme un ultime châtiment (comme en
    2 R 17.25).
  Transl.: See Remark
  Trad.:   Voir Remarque

15.9

C אֲדָמָה
    of the earth/land
    du pays/de la terre
      RSV : of the land
      J   : sur son sol
      TOB : dans le pays
      L   : im Lande
  אדמה =[אַדְמָה] (=Brockington)
    of Admah
    de Adma

NEB : of Admah
Fac.: 8,9
Transl.: of the land
Trad.:   de la terre / du pays

16.1

שְׁלְחוּ-כר משל-ארץ C
    send the lamb(s) of/to the land's ruler ! (impera-
    tive plural)
    envoyez l'agneau/les agneaux du/au maître du pays!
    J* : envoyez l'agneau du maître du pays
    TOB : envoyez l'agneau du souverain du pays
    L   : schickt dem Landesherrn die Lämmer
שְׁלְחוּ-כר משל-ארץ
    they sent a lamb/lambs to the land's ruler
    ils envoyèrent un agneau/des agneaux au maître
    du pays
    RSV : they have sent lambs to the ruler of the
          land
 Fac.: 4
[שְׁלְחוּ כרים משלי ארץ] (=Brockington)
    the rulers of the land sent lambs
    les maîtres du pays envoyèrent des agneaux
    NEB : the rulers of the country send a present
          of lambs
 Fac.: 14
 Transl.: send the lambs to the land's ruler ! (impe-
          rative plural)
 Trad.:   envoyez les agneaux au maître du pays !

16.4

נִדְּחַי מואב C
    my refugees, of Moab
    mes réfugiés, de Moab
[נִדְּחַי מואב]= נדחי מואב
    the expulsed ⟨persons⟩ of Moab
    les ⟨gens⟩ chassés de Moab
    RSV : the outcasts of Moab
    NEB : the homeless people of Moab
    J   : les dispersés de Moab
    TOB : les réfugiés de Moab
    L   : Moabs Verjagte
 Fac.:4
 Rem.: "Moab" seems to be a gloss, explaining who
    are "my refugees", namely those of Moab. This

interpretation involves a change in the phrase
division of the MT.

Rem.: "Moab" semble être une glose qui explique
qui sont "mes réfugiés", à savoir ceux de Moab.
Cette interprétation implique la modification de
la division de la phrase du TM.

Transl.: my refugees, ⟨namely⟩ those of Moab

Trad.:   mes réfugiés, ⟨à savoir⟩ ceux de Moab

16.7

B תהגו
   you will mourn (plural)
   vous gémirez
     RSV : mourn
     J   : vous gémissez
יהגו
   they will mourn
   ils gémiront
     TOB : ils gémissent
     L   : werden sie seufzen
 Fac.: 1,4
[יהגה] (=Brockington)
   he will mourn
   il gémira
     NEB*: he shall mourn
 Fac.: 14
Rem.: The changes of person are not infrequent in
   Isaiah. They give a lively tone to his words.
Rem.: Les changements de personne ne sont pas
   rares en Isaïe. Ils donnent de la vivacité à son
   discours.
Transl.: you will mourn
Trad.:   vous gémirez

16.10

C השבתי
   I have put an end
   j'ai fait cesser
     NEB : I have silenced
[השבת]
   has been put to an end
   a été arrêté
     RSV*: (the vintage shout) is hushed
     J   : (le cri) a cessé
     TOB*: (les cris...) ont cessé
     L   : ist ein Ende gemacht

Fac.: 4,5
Rem.: It is God who speaks. The direct speech
  where the divine "I" starts speaking without
  explicit introduction occurs elsewhere in
  Isaiah, see above at 10.12 another example, and
  see the Remark there.
Rem.: C'est Dieu qui parle. Le discours direct où
  le "je" divin prend la parole sans introduction
  explicite se trouve ailleurs en Isaie, voir ci-
  dessus en 10.12 un autre exemple, et voir la
  Remarque en cet endroit.
Transl.: I put an end / I made cease
Trad.:   j'ai fait cesser

16.14

B ושאר
    and a remnant
    et un reste
      RSV : and those who survive
      J* : un reste (?)
[ונשאר] (=Brockington)
    and it remains
    et il reste
      NEB*: shall be left
      TOB : il en restera
      L   : dass (wenig) übrigbleibt
  Fac.: 6
  Transl.: and a remnant
  Trad.:   et un reste

17.2

C עזבות ערי ערער
    the cities of Aroer are deserted
    les villes de Aroër sont abandonnées
[עזבת עדי-עד] (=Brockington)
    deserted for ever
    abandonnée à jamais
      NEB*: (she...) for ever desolate
  Fac.: 5
[עזבות עריה עדי-עד]
    her cities are deserted for ever
    ses villes sont abandonnées à jamais
      RSV*: her cities will be deserted for ever
      J* : abandonnées pour toujours ses villes
      TOB*: les villes qui en dépendent seront aban-
            données pour toujours

L   : seine Städte werden verlassen sein für
      immer
Fac.: 14
Rem.: It is possible that this Aroer is not the
  Moabite Aroer, but another city with the same
  name, near Damascus. It is also possible that
  the Moabite Aroer is meant; and the intention
  of the prophet would be the threat against Israel
  that God will strike her with the loss of Moab.
Rem.: Il se peut que la ville d'Aroër ne soit pas
  l'Aroër de Moab, mais une autre ville du même
  nom près de Damas. Il est possible aussi que ce
  soit l'Aroër de Moab; et l'intention du prophète
  serait de menacer Israël d'un châtiment divin con-
  sistant en la perte de Moab.
Transl.: the cities of Aroer are deserted
Trad.:   les villes de Aroër sont abandonnées

17.5

A קציר
    of the harvest
    de la moisson
      TOB : à la moisson
[קוצר]
    the harvester
    le moissonneur
      RSV : the reaper (gathers) (?)
      NEB : the harvester (gathers up) (?)
      J* : le moissonneur (récolte)
      L   : der Schnitter (...fasst)
Fac.: 6,4
Rem.: RSV, NEB and L may have meant to translate
  the MT.
Rem.: RSV, NEB et L peuvent avoir voulu traduire
  le TM.
Transl.: at the time of harvesting
Trad.:   lors de la moisson

17.9

C כעזובת החרש והאמיר
    like the desered ⟨remains⟩ of the wood and the
    tops ⟨of the trees⟩
    comme ⟨les restes⟩ abandonnés du bois et des
    cimes
      J* : seront abandonnées, comme le furent les
            bois et les maquis

TOB*: seront abandonnées, comme le furent les
        bois et les sommets
[וְהָאֱמֹרִי כַּעֲזוּבַת הַחֹרִי] (=Brockington)
like the deserted ⟨place⟩ of the Hivites and the
Amorites
comme ⟨la place⟩ abandonnée des Hivvites et des
Amorites
   NEB*: shall be deserted like the cities of the
          Hivites and the Amorites
 Fac.: 14
[וְהָאֱמֹרִי הַחֹרִי כַּעֲזוּבֹת]
like the deserted ⟨places⟩ of the Hivites and the
Amorites
comme les ⟨places⟩ abandonnées des Hivvites et
des Amorites
   RSV*: like the deserted places of the Hivites
          and the Amorites
   L   : werden ... verlassen sein wie die Städte
          der Hewiter und Amoriter (?)
 Fac.: 14
 Rem.: The expression probably refers to a departure
   with everything in hand, only leaving the useless
   things.
 Rem.: Il s'agit probablement d'un départ avec armes
   et bagages en ne laissant que ce qui est inutile.
 Transl.: like the abandonment of branches and of
            tops ⟨of trees⟩
 Trad.:   comme l'abandon de branchages et de cimes

17.13

B לְאֻמִּים כְּשָׁאוֹן מַיִם רַבִּים יִשָּׁאוּן
peoples roar like the roaring of many waters
les peuples grondent comme le grondement de
grandes eaux
   RSV : the nations roar like the roaring of
          many waters
   J   : (des peuples qui grondent comme grondent
          les grandes eaux.)
   TOB : un tumulte de nations comme celui des
          grandes eaux
   L   : ja, wie grosse Wasser werden die Nationen
          tosen
 Lacking. Manque = NEB* (=Brockington)
 Fac.: 1
 Transl.: peoples roar like the roaring of raging
            floods (lit. of many waters)
 Trad.:   les peuples grondent comme le grondement
            de grandes eaux

18.4

C בחם
    in the heat of
    dans la chaleur de
      RSV : in the heat of
      J   : au plus chaud de
      TOB : dans la chaleur de
      L   : in der Hitze der
  ביום (=Brockington)
    on the day of
    au jour de
      NEB*: at (harvest) time
    Fac.: 4
    Transl.: in the heat of
    Trad.:   dans la chaleur de

18.7

  יובל-שי...עם
    presents/tribute will be brought ... a people
    des présents/un tribut sera apporté... un peuple
    Fac.: 10
C מעם ... יובל-שי   (=Brockington)
    presents/tribute will be brought ... from a people
    des présents/un tribut seront/sera apporté(s)...
    de la part d'un peuple
      RSV : gifts will be brought ... from a people
      NEB*: tribute shall be brought... from a people
      J   : on apportera une offrande... de la part
            d'un peuple
      TOB : il apportera un présent..., le peuple
      L   : wird das ... Volk ... Geschenke bringen
    Transl.: presents/tribute will be brought... from
            a people
    Trad.:   on apportera des présents/du tribut... de la
            part d'un peuple

19.7

B על-פי יאר
    on the shore of the Nile
    sur le bord du Nil
      RSV : on the brink of the Nile
      J   : sur les bords du Nil
      TOB : (du Nil) et à son embouchure
  [Lacking.Manque] = NEB*, L (=Brockington)
    Fac.: 14

Transl.: on the shore of the Nile
Trad.:   sur le bord du Nil

19.9

חורי
  of white cloth
  d'étoffe blanche
    RSV : of white cotton
    J   : des étoffes blanches
  Fac.: 12
C חורו (=Brockington)
  grow pale
  pâlissent
    NEB*: (the weavers) shall grow pale
    TOB*: deviendront livides
    L   : werden erbleichen
  Transl.: (they) shall grow pale
  Trad.:   (ils) pâliront

19.10

שחתיה
  her foundations
  ses assises (à elle)
    RSV : the pillars of the land
  Fac.: 8
C שותתיה =[שֹׁתָתֶיהָ]
  her weavers
  ses tisserands
    NEB : (Egypt's) spinners
    J   : ses tisserands
    L   : die Weber
[שתיה]
  her drinkers
  ses buveurs
    TOB*: ceux qui préparent les boissons
  Fac.: 1,8
  Rem.: The MT reflects an attempt to interpret an
    old verbal root שחת, the meaning of which was lost
    in early times. According to the Qumran manuscripts,
    it means "to weave". The MT established a wrong
    connection between this root and another which
    means "to found", cf. Ps 11.3.
  Rem.: Le TM a essayé d'interpréter une racine ver-
    bale ancienne, שחת, dont la signification était
    perdue à haute époque déjà. Selon les manuscrits
    de Qumran, elle signifie "tisser". Le TM a établi

une relation fausse entre cette racine et une
autre dont le sens est "fonder", cf. Ps 11.3.

Transl.: her weavers (i.e. the weavers of Egypt,
         or the weavers of the combed flax, men-
         tioned in V.9)

Trad.:   ses tisserands (c.-à-d. les tisserands de
         l'Egypte, ou les tisserands du lin cardé,
         mentionné au V.9)

19.12

B וְיֵדְעוּ

and they may know/one may know
et qu'ils sachent/et qu'on sache
    J   : et que l'on sache
    TOB : et que l'on sache
וירעו =[וְיִדְעוּ] / [וְיוֹדִיעוּ] (=Brockington)
and they make known
et ils font savoir
    RSV : (let them...) and make known
    NEB : (to...) make known
    L   : (dass sie...) und anzeigen
Fac.: 4
Transl.: if ⟨at least⟩ they know/in order that they
         know
Trad.:   si ⟨du moins⟩ ils savent/pour que l'on sache

19.14

C בקרבה

in the midst of her
au milieu d'elle
    RSV : within her
[בקרבם] (=Brockington)
in the midst of them
au milieu d'eux
    NEB*: (infused) into them
    J   : au milieu d'eux
    TOB : (versé) en eux
    L   : über sie (ausgegossen)
Fac.: 4,5
Rem.: The suffix meaning "of her" refers to "Egypt",
      mentioned in Verse 13.
Rem.: Le suffixe "d'elle" renvoie à l'Egypte, men-
      tionnée au Verset 13.
Transl.: in the midst of her
Trad.:   au milieu d'elle

19.18

עיר ההרס
   the city of destruction
   la ville de la démolition
     TOB*: Ir-Hahèrès - Ville de la Destruction
     L   : Ir-Heres
  Fac.: 7
B עיר החרס (=Brockington)
   the city of the sun
   la ville du soleil
     RSV : the City of the Sun
     NEB*: the City of the Sun (in note : "... or
         Heliopolis...")
     J   : "ville du soleil"
  Rem.: The reading of the MT seems to represent an
  attitude which was hostile to the Jewish temple
  of Heliopolis (="city of the sun") in Egypt,
  established in 162 B.C. Because of this, the city
  was referred to by a depreciating name.
  Rem.: La leçon du TM semble représenter une tendance hostile au temple juif de Héliopolis
  (="cité du soleil") en Egypte, érigé en 162
  av.J.-C. Cette tendance a conduit à la désigna-
  tion de la ville par un nom péjoratif.
  Transl.: City of the Sun
  Trad.:   Ville du Soleil

20.2

B ביד
   through (lit. with the hand)
   par (litt. par la main)
     RSV : by (Isaiah)
     J   : par le ministère (d'Isaïe)
     TOB : par le ministère (d'Esaïe)
     L   : durch (Jesaja)
 [אל] (=Brockington)
   to
   à
     NEB*: to (Isaiah)
  Fac.: 1,4
  Transl.: through (lit. with the hand)
  Trad.:   par (litt. par la main)

20.6

C נסנו
  we fled
  nous avons fui
    RSV : we fled
    J   : nous avons fui
    TOB : pour nous réfugier
    L   : (zu der wir...) geflohen sind
  נסמך (=Brockington)
  we rely
  nous nous appuyons
    NEB*: we relied
  Fac.: 1, 12
  Transl.: we fled
  Trad.:   nous avons fui

21.1

B מדבר-ים בסופות
  of the wilderness of the sea, in storms
  du désert maritime, dans des tempêtes
    RSV : concerning the wilderness of the sea. As
          whirlwinds
    J   : sur le désert de la mer. Comme des ouragans
    TOB*: sur le désert martime. Pareil aux tour-
          billons
  [מדבר כסופות] / [מדברים כסופות]
  of the wildernesses, like storms
  des déserts, comme des tempêtes
    L   : für die Wüste : Wie ein Wetter
  Fac.: 3,9
  [...יום...]/[מדבר ים כסופות] (=Brockington)
  a wilderness, day, like a storm
  désert, un jour, comme une tempête
    NEB : a wilderness : ... rough weather (advancing)
          like a storm
  Fac.: 14
  Rem.: The MT expression מדבר ים may reflect the Acca-
    dian expression "Land of the Sea", designating the
    southern part of Babylonia. But because of God's
    punishment of Babylonia, the region was then called
    "Wilderness of the Sea".
  Rem.: L'expression du TM, מדבר ים , peut être une
    allusion à l'expression akkadienne "Pays de la Mer"
    pour désigner la Babylonie du Sud : le "Pays de la
    Mer" est devenu - par le châtiment de Dieu - un
    "Désert de la Mer".

Transl.: of the Wilderness-of-the-Sea, in storms
Trad.:   du Désert-de-la-Mer, en des tempêtes

21.2

B שודד ... בוגד
  betraying ... devasting
  trahissant ... dévastant
    RSV : plunders ... destroys (?)
    J   : trahit ... dévaste
    TOB : trahit ... dévaste
    L   : raubt ... verwüstet
[שדוד ... בגוד] (=Brockington)
  betrayed ... devastated
  trahi ... dévasté
    NEB : betrayed ... despoiled
  Fac.: 5
  Transl.: betraying ... devastating
  Trad.:   trahissant ... dévastant

21.8

D אריה
  a lion
  un lion
הראה = 1QIs[a] (=Brockington)
  one who sees
  le guetteur
    RSV*: he who saw
    NEB*: the look-out
    J* : le guetteur
    TOB*: celui qui regarde
    L   : der Späher
  Fac.: 4
  Rem.: The reading of the MT is the best attested
  text, and other readings are clearly facilitating,
  secondary text forms. Nevertheless, it is almost
  impossible to find a plausible interpretation
  for the MT reading (Fac.: 15). Therefore, translators may follow the reading of 1QIs[a] "the look-
  out", although this is certainly not the original text, and quote the MT text in a note.
  Rem.: La leçon du TM est le texte le mieux attesté,
  les autres leçons n'étant clairement que des
  essais facilitants et secondaires. Néanmoins, il
  est quasi impossible de trouver une interprétation plausible de la leçon du TM (Fac.: 15). Pour
  cette raison les traducteurs pourront suivre la

leçon de lQIs[a] "le guetteur", bien que ce ne soit
certainement pas le texte original, et citer la
forme du TM en note.
Transl.: See Remark
Trad.:   Voir Remarque

22.3

B כל-נמצאיך
    all of you who were found
    tous les tiens qu'on a trouvés
      RSV : all of you who were found
      J   : (tous tes chefs...) tous ceux qu'on a trouvés
      TOB : (tes généraux...) tous ceux qui ont été retrouvés
      L   : alle, die man von dir gefunden hat
[כל-אמיציך] (=Brockington)
    all your strong ones
    tous tes <hommes> forts
      NEB*: all your stoutest warriors
 Fac.: 1
 Rem.: The expression כל-נמצאיך may be interpreted
    either in a partitive sense : "all those among
    you who have been found", or in the sense of
    totality : "all <those who> are found to belong
    to you".
 Rem.: L'expression כל-נמצאיך peut avoir ou bien un
    sens partitif : "tous ceux parmi les tiens qu'on
    a trouvés" ou bien un sens de totalité : "tous
    <ceux qui> se trouvent être à toi".
 Transl.: See Remark
 Trad.:   Voir Remarque

22.6

A ברכב אדם
    with manned chariots
    avec la charrerie équipée
      J   : avec chars montés
      TOB : sur des chars attelés et montés
      L   : mit ... Wagen, Leuten
[ברכב]
    with chariots
    avec la charrerie
      RSV*: with chariots
 Fac.: 14
[ברכב ארם] (=Brockington)
    with the chariots of Aram / of the Arameans
    avec la charrerie d'Aram / des Araméens

NEB*: to the chariots of Aram
Fac.: 14
Transl.: with manned chariots
Trad.:   avec la charrerie équipée

22.17

B גבר
    man
    homme
        RSV : O you strong man
        J   : homme !
        TOB : beau sire
        L   : wie ein Starker
    [בגד]
    a garment
    un vêtement
        NEB*: as a garment
    Fac.: 14
    Transl.: O man ! / ⟨as⟩ a man ⟨hurls away⟩
    Trad.:   toi, homme ! / ⟨comme⟩ un homme ⟨jette⟩

22.19

C יהרסך
    he will cast you down
    il te démolira
        RSV : and you will be cast down (?)
    [אהרסך] (=Brockington)
    I shall cast you down
    je te démolirai
        NEB*: (I will...) and drive you from
        J* : je vais t'arracher de
        TOB : (je vais...) te déloger de
        L   : (ich will...) und dich aus (deinem Amte)
              stossen
    Fac.: 5,4
    Rem.: The subject of the verb is "your master",
      mentioned in Verse 18.
    Rem.: Le sujet du verbe est "ton maître", mentionné
      au Verset 18.
    Transl.: he will cast you down
    Trad.:   il te démolira

23.1

C מבית

    without house
    sans maison
      RSV : without house
      J   : plus de maison
      TOB : plus de maison
      L   : dass kein Haus mehr da ist
  מבית =[מֵבֵּית] (=Brockington)
    a harbour
    un port
      NEB : the harbour
  Fac.: 14
  Transl.: without house
  Trad.:   sans maison

23.1

B מבוא

    from the coming/coming
    de venir/en arrivant
      RSV : or haven (?)
      J   : et plus d'entrée
      TOB : en arrivant
  מבוא =[מֵבּוֹא] (=Brockington)
    entry
    entrée
      NEB : the port of entry
  Fac.: 14
  [באים]
    those who come
    ceux qui viennent
      L   : wenn sie heimkehren
  Fac.: 14
  Rem.: There are two possible interpretations of
    the MT expression : (1) "without access" or (2) "as
    soon as they arrive" (from the land of Kittim).
  Rem.: On peut interpréter cette expression de deux
    manières : (1) "sans accès" ou (2) "aussitôt qu'ils
    arrivent" (du pays de Kittîm).
  Transl.: See Remark
  Trad.:   Voir Remarque

23.2

עבר ים מלאוך
    crossing the sea they filled you
    traversant la mer ils t'ont remplie
    Fac.: 10
C עברו ים מלאכיך
    your messengers crossed the sea
    tes messagers ont traversé la mer
      RSV*: your messengers passed over the sea
      J* : toi dont les messagers passent les mers
      TOB*: dont les commis franchissent la mer
[עברו ים מלאכיו]
    its messengers crossed the sea
    ses messagers ont traversé la mer
      L   : (von Sidon.) Ihre Boten zogen übers Meer
    Fac.: 14
[עברים מלאכיו] (=Brockington)
    its messengers crossing
    ses messagers traversant
      NEB : people whose agents cross
    Fac.: 14
    Rem.: The expression סחר צידון in Verse 2 is best
    interpreted as a collective vocative form on
    which all what follows depends : "O merchants of
    Sidon, whose messengers cross (crossed) the sea".
    Rem.: L'expression סחר צידון au Verset 2 est à
    interpréter comme un vocatif collectif dont toute
    la suite dépend : "O marchands de Sidon, dont
    les commis franchissent (franchissaient) la mer".
    Transl.: See Remark
    Trad.:   Voir Remarque

23.3

B ובמים
    and in waters
    et dans les eaux
      RSV : and were on (many) waters
      TOB : à travers les (grandes) eaux
      L   : und ... über (grosse) Wasser
[במים] (=Brockington)
    in waters
    dans les eaux
      NEB : the (great) waters
      J   : aux eaux (immenses)
    Fac.: 5

Transl.: (as a new sentence) : And through (great/
many) waters, the crops of the River [or : of the
Shihor (=another name of the Nile)], the harvest
of the Nile were his revenue [i.e. Sidon's revenue]).
Trad.: (comme une nouvelle phrase) : Et à travers de
(grandes/nombreuses eaux (les semailles du Fleuve
[ou : du Shihor (=un autre nom du Nil)], la moisson
du Nil étaient son revenu [c.-à-d. celui de Sidon]).

23.3

B קציר יאור
    the harvest of the Nile
    la moisson du Nil
      RSV : the harvest of the Nile
      J   : la moisson du Nil
      TOB : la moisson du Fleuve
      L   : (und was...) und von Getreide am Nil wuchs
[קצירו] (=Brockington)
    his/its harvest
    sa moisson
    NEB*: whose harvest
  Fac.: 14
  Transl.: the harvest of the Nile
  Trad.:   la moisson du Nil

23.4

A ים ... לאמר
    the sea ... saying
    la mer ... en disant
      RSV : the sea ... saying
      J   : la mer ... en ces termes
      TOB : la mer ... et dit
      L   : das Meer ... spricht
[Lacking. Manque] = NEB* (=Brockington)
  Fac.: 14
  Transl.: the sea ... saying
  Trad.:   la mer ... en disant

23.5

A כַּאֲשֶׁר-שֵׁמַע
   when the report ⟨comes⟩
   quand la nouvelle ⟨vient⟩
      RSV : when the report comes
      J   : quand la nouvelle parviendra
      TOB : quand (l'Egypte) l'apprendra
      L   : sobald es (die Aegypter) hören
   כאשר שמע =[כַּאֲשֵׁר שֵׁמַע] (=Brockington)
   when the report is confirmed
   quand la nouvelle est confirmée
      NEB : when the news is confirmed
   Fac.: 14
   Rem.: See also 26.9 for a similar textual problem.
   Rem.: Voir aussi 26.9 pour un problème textuel
      semblable.
   Transl.: when the report comes
   Trad.:   quand la nouvelle arrivera

23.10

C עברי
   cross ! (imperative singular feminine)
   traverse ! (impératif féminin)
      RSV : overflow
   עבדי (=Brockington)
   cultivate ! (imperative singular feminine)
   cultive ! (impératif féminin)
      NEB*: take to the tillage
      J* : cultive
      TOB*: cultive
      L   : bebaue
   Fac.: 12
   Rem.: There are two different interpretations sug-
      gested for this verse : (1) "overflow your land
      like the Nile (or : like a river), O daughter of
      Tarshish, there is no restraint any more" (lite-
      rally "there is no more sash" (or belt)), or
      (2) "cross your land as ⟨someone crosses⟩ a river
      (or : the Nile) (i.e. naked, laying bare your nu-
      dity), O daughter of Tarshish, there is no sash
      (or : belt) left !" (i.e. in order to fasten your
      gown). - See the next two cases also.
   Rem.: Deux interprétations peuvent être suggérées,
      ou bien "inonde ton pays comme le Nil (ou : comme
      un fleuve), o fille de Tarsis, il n'y a plus rien
      pour te retenir" (litt. il n'y a plus de ceinture),
      ou bien "traverse ton pays comme ⟨on traverse⟩

un fleuve (ou : le Nil) (c.-à-d. nue, en dé-
voilant ta nudité), o fille de Tarsis, il n'y a
plus de ceinture (c.-à-d. pour retenir ta robe).-
Voir les deux cas suivants aussi.
Transl.: See Remark
Trad.:   Voir Remarque

23.10

B כיאר
    like the Nile
    comme le Nil
      RSV : like the Nile
      J   : comme le Nil
      TOB : comme le long du Nil
 [Lacking.Manque] = NEB*, L (=Brockington)
 Fac.: 1
 Rem.: This omission depends upon the textual option
   of NEB and L in the preceding case. See there.
 Rem.: Cette omission dépend de l'option textuelle
   que NEB et L avaient prise au cas précédent, voir
   là.
 Transl.: like the Nile / like a river
 Trad.:   comme le Nil / comme un fleuve

23.10

B מזח
    belt / haven
    ceinture / port
      RSV : (no) restraint
      J   : (plus de) chantier maritime
      TOB : (plus de) port
      L   : (keinen) Hafen
 [מחז] (=Brockington)
    market
    marché
      NEB*: market
 Fac.: 14
 Rem.: See the two preceding cases.
 Rem.: Voir les deux cas qui précèdent.
 Transl.: a belt / a sash / restraint
 Trad.:   une ceinture / restreinte

23.11

C מָעֻזְנֶיהָ
her strongholds
ses forteresses (à elle)
   RSV : its strongholds
   J   : ses forteresses
   TOB : ses forteresses
   L   : seine Bollwerke
[מַעֲזְנֶיהָ] (=Brockington)
her markets / her trade
ses marchés / son commerce
   NEB : the marts of (Canaan)
Fac.: 14
Rem.: The C rating indicates that the original
  orthography of the Hebrew word is not certain.
  The C rating does not indicate the slightest
  probability of the NEB conjecture.
Rem.: La qualification C indique une incertitude
  dans l'orthographe originale du mot hébraïque.
  Elle n'indique pas la moindre probabilité pour
  la conjecture de NEB.
Transl.: her strongholds
Trad.:   ses forteresses

23.14

B מָעֻזְכֶן
your stronghold (of you, feminine plural)
votre forteresse (de vous, féminin pluriel)
   RSV : your stronghold
   J   : votre forteresse
   TOB : votre forteresse
   L   : euer Bollwerk
מעזכן =[מָעֻזְכֶן] (=Brockington)
your haven (of you, feminine plural)
votre port (de vous, féminin pluriel)
   NEB : your haven
Fac.: 14
Transl.: your stronghold
Trad.:   votre forteresse

24.4

C מְרוֹם עַם־הָאָרֶץ
the height(s) of the people of the land/of the
earth
les hauteurs du peuple du pays/de la terre
    J* : l'élite du peuple de la terre (en note :
          "Litt. 'l'élévation du peuple de la terre'
          ...")
    L   : die Höchsten des Volks auf Erden (?)
[מְרוֹם עִם־הָאָרֶץ]
the height with the earth
la hauteur avec la terre
    RSV : the heavens... together with the earth
    TOB*: avec la terre... les hauteurs
 Fac.: 14
[מרומי הארץ] (=Brockington)
the heights of the earth
les hauteurs de la terre
    NEB*: the earth's high places
Fac.: 14
Rem.: Although the MT with its vowels represents the
earliest text attested by the ancient text witnesses, it may not be the original text, which could
have been : מרום עִם הארץ "the height (i.e. heaven)
with the earth".
Rem.: Quoique le TM avec sa vocalisation représente
le texte attesté le plus ancien parmi tous les
témoins textuels, il ne donne peut-être pas le
texte original. Celui-ci peut avoir eu la forme
suivante : מרום עִם הארץ "la hauteur (c.-à-d. le
ciel) avec la terre".
Transl.: the elite of the people of the land/of the
        earth
Trad.:   l'élite du peuple du pays/de la terre

24.16

B רָזִי־לִי רָזִי־לִי
for me wasting away, for me wasting away/my secret
for me, my secret for me
maigreur pour moi, maigreur pour moi/mon secret
pour moi, mon secret pour moi
    RSV : I pine away, I pine away
    J   : quelle épreuve pour moi ! quelle épreuve
        pour moi !
    TOB : je suis à bout, je suis à bout !
    L   : wie bin ich so elend ! Wie bin ich so
        elend !

[רְזִילַי רְזִילַי] (=Brockington)
    NEB : villainy, villainy !
    Fac.: 14
    Transl.: I am wasting away, I am wasting away
    Trad.:   je suis à bout de forces, je suis à bout
           de forces

24.16

C אוי לי בגדים
    woe is me ! Traitors
    malheur à moi ! Des traîtres
      RSV : woe is me ! For the treacherous
      J   : malheur à moi !" Les traîtres
      TOB : malheur à moi !" Les traîtres
      L   : weh mir ! Denn es rauben
[אוי לבגדים] (=Brockington)
    woe to the traitors
    malheur aux traîtres
      NEB*: woe to the traitors
   Fac.: 2,4
   Transl.: woe is me ! The traitors
   Trad.:   malheur à moi ! Les traîtres

25.2

B זרים
    of strangers
    d'étrangers
      RSV : of aliens
      J   : des étrangers
      TOB*: des barbares
      L   : der Fremden
[זרום] (=Brockington)
    swept away
    balayé
      NEB : is swept away
   Fac.: 14
   Transl.: of strangers
   Trad.:   d'étrangers

25.4

A קיר
   of a wall
   d'une paroi
     RSV : against a wall
     TOB : contre une muraille
[קור]
   ⟨in⟩ the cold
   ⟨au⟩ froid
     NEB : (is like) an icy (storm)
     J* : (la pluie) d'hiver
     L   : im Winter
 Fac.: 14
 Transl.: ⟨against⟩ a wall
 Trad.: ⟨contre⟩ une muraille

25.5

A חרב בצל עב
   drought in the shadow of a cloud
   sécheresse à l'ombre d'un nuage
     RSV : as heat by the shade of a cloud
     J   : la chaleur (tiédit) à l'ombre d'un nuage
     TOB*: comme fait à la chaleur l'ombre d'un
          nuage
     L   : wie du die Hitze brichst durch den Schat-
          ten der Wolken
 [Lacking. Manque] = NEB* (=Brockington)
 Fac.: 14
 Transl.: as heat by the shade of a cloud
 Trad.: comme la chaleur sous l'ombre d'un nuage

26.5

B ישפילנה ישפילה
   he will bring her low, he will bring her low
   il la rabaissera, il la rabaissera
     RSV : he lays it low, lays it low
     J   : il l'abaisse, il l'abaisse
     TOB : et il abat..., il l'abat
     L   : wirft er nieder, ja, er stösst sie
 ישפילנה   (=Brockington)
   he will bring her low
   il la rabaissera
     NEB*: he levels it
 Fac.: 2,4
 Transl.: he will bring her low, he will bring her low
 Trad.: il l'abaissera, il l'abaissera

26.7
B ישר
   right/plane
   droit/plan
     NEB : (the) right (way)
     J   : (la) droite (trace)
     TOB : (la voie) droite
 [Lacking.Manque] = RSV*, L
  Fac.: 1,6
  Transl.: (you level) smooth (the path of the
         righteous)
  Trad.:   (tu aplanis) à niveau (un sentier pour le
         juste)

26.8
C קוינוך
   we wait for you
   nous espérons en toi
     RSV : we wait for thee
     J   : nous t'attendions
     TOB : nous espérons en toi
     L   : wir warten auf dich
 קוינו (=Brockington)
   we hope
   nous espérons
     NEB*: we look to (the path)
  Fac.: 4
  Transl.: (in the path of your judgments...,) we wait
         for you
  Trad.:   (sur le chemin de tes jugements...,) nous
         espérons en toi

26.9
B כי כאשר
   for when
   car lorsque
     RSV : for when
     J   : car lorsque tu rends
     TOB : quand (?)
     L   : denn wenn
 כי כאשר =[כִּי כַּאֲשֹׁר] (=Brockington)
   for when prevail
   car quand prévalent
     NEB : for, when (thy laws) prevail
  Fac.: 14

Rem.: See also 23.5 with a similar textual problem.
Rem.: Voir aussi 23.5 avec un problème textuel ana-
logue.
Transl.: for when
Trad.:   car lorsque

26.16

C פקדוך צקון לחש מוסרך למו
they sought you, they poured out whispering
〈prayer〉, your chastening 〈was〉 upon them
ils te cherchaient, ils se répandaient en chucho-
tements 〈de prière〉, ton châtiment 〈était〉 sur eux
   RSV*: they sought thee, they poured out a prayer
         when thy chastening was upon them
    J* : ils t'ont cherché, ils se répandirent en
         prière car ton châtiment était sur eux
   TOB*: on a recours à toi. Quand tu sévis, on
         se répand en prières
פקדנוך לחש מוסרך למו (=Brockington)
we sought you; the whispering of your chastening
〈was〉 poured out upon us (?)
nous te recherchions; le chuchotement de ton châtiment 〈était〉 répandu sur nous (?)
   NEB*: we sought thee out, chastened by the mere
         whisper of thy rebuke
 Fac.: 1
[ופקדנוך בצוקת לחץ מוסרך לנו] (?)
we sought you; in distress of anxiety your chastening 〈came〉 upon us
nous te recherchions; dans la détresse de l'angoisse
ton châtiment 〈vint〉 sur nous
   L : so suchen wir dich; wenn du uns züchtigst,
        sind wir in Angst und Bedrängnis
 Fac.: 14
Transl.: they sought you, they poured out a prayer
         when your chastening was upon them
Trad.:   ils t'ont recherché, ils ont répandu des mar-
         monnements quand ton châtiment les atteignait

26.19

B נבלתי
   my corpse / my corpses
   mon cadavre / mes cadavres
[נבלתם] (=Brockington)
   their corpse / their corpses
   leur cadavre / leurs cadavres
      RSV*: their bodies
      NEB*: their bodies
      TOB : leurs cadavres
 Fac.: 1,4
[נבלתיך]
   your corpses
   tes cadavres
      J   : tes cadavres
      L   : deine Leichname
 Fac.: 14
 Rem.: The shifting differences between "my" and
   "yours" in this verse depend upon the three
   persons who speak in this discourse : (1) the
   LORD, (2) the people or the community, and (3) the
   prophet.
 Rem.: L'alternance entre "mes" et "tes" dans ce
   verset tient aux trois personnes qui prennent la
   parole dans le contexte : (1) le SEIGNEUR, (2) le
   peuple ou la communauté, et (3) le prophète.
 Transl.: my corpses
 Trad.:   mes cadavres

26.19

C הקיצו ורננו
   awake and shout ⟨for joy⟩ ! (imperative plural)
   réveillez-vous et jubilez !
      RSV : awake and sing for joy
      J   : réveillez-vous et chantez
      TOB : réveillez-vous, criez de joie
      L   : wachet auf und rühmet
[וְהֵקִיצוּ וְרִנְּנוּ] (=Brockington)
   and they wile wake up and shout ⟨for joy⟩
   et ils se réveilleront et jubileront
      NEB : will awake and shout for joy
 Fac.: 14
 Transl.: awake and shout for joy ! (imperative plural)
 Trad.:   réveillez-vous et jubilez !

27.2

חמר
  of wine
  de vin
  Fac.: 12
C חמד (=Brockington)
  of desire / desirable
  de désir / désirable
    RSV : (a) pleasant (vineyard)
    NEB*: (to the) pleasant (vineyard)
    J* : (la vigne) magnifique
    TOB : (la vigne) délicieuse
    L   : lieblicher (Weinberg)
  Rem.: חמר represents the MT, despite the suggestion
  of the Biblia Hebraica Stuttgartensia, Fasc. 7
  Liber Jesaiae, Stuttgart 1968, p.39.
  Rem.: חמר représente le TM véritable quoi que sug-
  gère la Biblia Hebraica Stuttgartensia, Fasc.7
  Liber Jesaiae, Stuttgart 1968, p.39.
  Transl.: (the) pleasant (vineyard)
  Trad.: (la vigne) délicieuse

27.4

B חֵמָה
  poison / wrath
  du poison / de la colère
    RSV : wrath
    NEB : wine
    TOB : en colère
    L   : (ich) zürne (nicht)
  חמה =[חֹמָה]
  wall
  muraille
    J   : (plus) de muraille
  Fac.: 1, 7
  Transl.: (I am no longer) angry
  Trad.: (je ne suis plus) en colère

27.8

B בסאסאה
  by a measure, a measure / by driving out
  selon une mesure, une mesure / en expulsant
    RSV*: measure by measure
  בסאסאה (=Brockington)
  by driving her out
  en l'expulsant

    NEB : in brushing her away
    J   : en la chassant
    TOB : en les chassant
    L   : indem du es wegschicktest
  Fac.: 1,5
  Rem.: 1. NEB changes the order of VV. 8-10 on a
  conjectural basis.
    2. See the next case also.
    3. בסאסאה may be interpreted as a contracted form
  of בסאה סאה.
  Rem.: 1. NEB change l'ordre des VV.8-10 sur une base
  conjecturale.
    2. Voir le cas suivant aussi.
    3. בסאסאה est peut-être une forme contractée de
  בסאה סאה.
  Transl.: measure for measure
  Trad.:   mesure pour mesure

27.8

C בְּשַׁלְחָהּ
     in driving her away
     en la chassant
       RSV : by exile
       J   : en l'excluant
       TOB : en les expulsant
       L   : (indem du es...) und wegführtest
  [Lacking.Manque] = NEB* (=Brockington)
  Fac.: 1,4
  Rem.: See the preceding case.
  Rem.: Voir le cas précédent.
  Transl.: in driving her away
  Trad.:   en la chassant

28.1,4

B גיא-שמנים (V.1),   גיא שמנים   (V.4)
     of the rich (literally fat) valley
     de la vallée grasse
       RSV : of the rich valley (V.1,4)
       J   : de la grasse vallée (V.1,4)
       TOB : de la vallée plantureuse
       L   : über dem fetten Tal
  גאי שמנים (V.1),   גאי שמנים (V.4)=1QIs[a] (=Brockington)
     the proud ones with fatness/oil
     les fiers de graisse/d'huile
       NEB*: of revellers dripping with perfumes (V.1),
             dripping with perfumes

Fac.: 1,6
Rem.: It is possible that the Qumran manuscript
    1QIs[a] differs from the MT only in its spelling,
    without any difference in meaning.
Rem.: Il se peut que le manuscrit de Qumran 1QIs[a]
    se distingue du TM uniquement par une différence
    d'orthographe sans différence de sens.
Transl.: of the fat valley
Trad.:   de la vallée grasse

28.25

B שׂוֹרָה
    in rows / kind of grain
    en rangées / espèce de céréale
        RSV : in rows
        J   : le millet
        TOB*: (ne traduit pas le mot, mais signale sa
               présence dans le TM : cette omission =
               Fac.: 6,9)
        L   : ein jedes, wohin er's haben will (?)
    שורה = [שׂוּרָה]   (=Brockington, with an error in his note)
    in rows
    en rangées
        NEB : in rows
Fac.: 14
Rem.: 1. See the next case too.
    2. שׂוֹרָה designates a kind of cereal (perhaps milo-
    maise or kaffir-corn), but the precise meaning
    was lost in early time. The interpretation "in
    rows" is not impossible. See the following case
    also.
Rem.: 1. Voir aussi le cas suivant.
    2. שׂוֹרָה est sans doute un genre de céréales (peut-
    être le sorgho), mais le sens exact en a été perdu
    très tôt. L'interprétation "en rangées" n'est pas
    non plus impossible. Voir aussi le cas suivant.
Transl.: See Remark
Trad.:   Voir Remarque

28.25

B נסמן
    in an appointed place
    en un lieu déterminé
        RSV : in its proper place
        J*   : (...) (en note : "... un mot inconnu,
               peut-être le nom d'une autre céréale.")

TOB*: (ne traduit pas ce mot, mais signale
          sa présence dans le TM)
   L   : ein jedes, wohin er's haben will (?)
[Lacking.Manque] = NEB* (=Brockington)
 Fac.: 1,6,9
 Rem.: 1. See the preceding case.
   2. The last part of V.25 may be interpreted as
   follows : "and he puts wheat, milo-maise (or :
   kaffir-corn) and barley in a field <which has
   been> marked off and spelt as its border"
   (i.e. as border of the "field"). (Spelt is a plant
   valued as hay for animals.)
 Rem.: 1. Voir le cas précédent.
   2. On peut interpréter la dernière partie du V.25
   comme suit : "et il place froment, sorgho et orge
   en un lieu circonscrit et l'épeautre comme sa
   bordure" (i.e. comme bordure du "lieu circonscrit").
   (L'épeautre est une plante servant de fourrage).
 Transl.: See Remark
 Trad.:   Voir Remarque

28.28

C וּפָרָשָׁיו
     and of his horses
     et de son attelage
       RSV : with his horses
       J   : et son attelage
       TOB : et l'attelage
       L   : und ihrem Gespann
 [וּפָרָשׁוֹ] (=Brockington)
       NEB : (his cartwheels...) and break it up
  Fac.: 14
  Transl.: and of his horses
  Trad.:   et de son attelage

29.5

C זָרָיִךְ
    of your strangers
    de tes étrangers
 [צָרָיִךְ]
    of your enemies
    de tes ennemis
      RSV*: of your foes
      NEB : of your enemies
      J   : de tes ennemis
      TOB : de tes ennemis

          L   : deiner Feinde
     Fac.: 14
     Transl.: of your foreigners (with a depreciating
              connotation)
     Trad.:   de tes étrangers (avec une nuance déprécia-
              tive)

29.7

B צֹבֶיהָ
     (and all) who fight her
     (et tous ceux) qui la combattent
        RSV : (all that) fight against her
        J   : (tous ceux) qui le combattent
        TOB : (pour tous ceux) qui combattaient contre
              elle
        L   : mit ihrem (ganzen) Heer (?)
     צביה =[צֹבֶיהָ] (=Brockington)
        her wagons
        ses chariots
        NEB : (all) their baggage-trains
     Fac.: 14
     Rem.: See the following case too.
     Rem.: Voir aussi le cas suivant.
     Transl.: (and all) who are making war on her
     Trad.:   (et tous ceux) qui la combattent

29.7

C ומצדתה
     and her stronghold
     et sa forteresse
        RSV : and her stronghold
        J   : (tous ceux qui...) l'assiègent
        TOB : (pour tous ceux qui...) l'investissent
        L   : (mit...) und Bollwerk
     ומצרתה (=Brockington)
        and her siege
        et son siège
        NEB*: and siege-works
     Fac.: 12
     Rem.: 1. See the preceding case.
        2. The MT expression may be interpreted in two
        ways : (1) "and the siegeworks against her"
        (designed for attack), or (2) "and her bulwarks"
        (i.e. her defence works).
     Rem.: 1. Voir le cas précédent.

2. L'expression du TM peut se comprendre de deux
manières, soit (1) "et les ouvrages de siège
⟨montés⟩ contre elle" (techniques d'attaque), soit
(2) "et sa forteresse" (c.-à-d. ses ouvrages de
défense).
Transl.: See Remark
Trad.:   Voir Remarque

29.9

B נְעוּ ... שָׁכְרוּ
   they are drunk ... they stagger
   ils sont ivres ... ils titubent
[שָׁכְרוּ...נְעוּ] = שכרו ... נעו (=Brockington)
   be drunk ... stagger ! (imperative plural)
   soyez ivres ... titubez !
     RSV : be drunk ... stagger...!
     NEB : be drunk ... reel
     J   : soyez ivres ... titubants
     TOB : soyez ivres ... titubez
     L   : seid trunken ... taumelt
   Fac.: 4,5
   Transl.: they are drunk ... they stagger
   Trad.:   ils sont ivres ... ils titubent

29.22

A אֶל
   to (Jacob's house)
   à (la maison de Jacob)
     RSV : concerning (the house of Jacob)
     L   : zum (Hause Jakobs)
   אל = [אֵל] (=Brockington)
   God (of Jacob's house)
   Dieu (de la maison de Jacob)
     NEB : the God (of the house of Jacob)
     J   : Dieu (de la maison de Jacob)
     TOB : le Dieu (de la maison de Jacob)
   Fac.: 14
   Transl.: to (the house of Jacob)
   Trad.:   à (la maison de Jacob)

30.6

B מהם
   from them
   d'eux

RSV : from where come
TOB : (de la lionne et du lion) (voir Rem.)
L   : wo..., wo (?)
[נֹהֵם]
  roaring
  rugissant
    J* : rugissant
Fac.: 14
  מהם =[מֵהֶם] (=Brockington)
  roaring
  rugissant
    NEB : roaring
Fac.: 14
Rem.: The expression מהם "from them" may be inter-
    preted in two ways : (1) with a reference to the
    preceding expression "in a land of trouble and
    anguish" (=בארץ צרה וצוקה) : "(the lioness and the
    lion) are of them" (i.e. they belong to these
    dangers of the land), or (2) like the LXX :
    "from there / where (<come> the lioness and the
    lion)".
Rem.: On peut interpréter l'expression מהם "d'eux"
    de deux façons, ou bien (1) en relation avec
    l'expression précédente בארץ צרה וצוקה "dans une
    terre de détresse et d'angoisse" : "(la lionne
    et le lion) sont de celles-là" (c.-à-d. appartien-
    nent à ces périls de la terre), ou bien (2) comme
    la LXX : "de là/d'où (<surgissent> la lionne et le
    lion)".
Transl.: See Remark
Trad.:   Voir Remarque

30.7

B הם שבת
  they <are> cessation
  eux <sont en> repos
[המשבת] (=Brockington)
  she who has been quieted
  elle qui a été mise en repos
    RSV : who sits still
    NEB : (Rahab) Quelled
    J* : (Rahab) la déchue
    TOB : (Rahav) l'immobile
    L   : die zum Schweigen gebracht ist
Fac.: 14
Rem.: 1. The last 3 words of the verse may be inter-
    preted as follows : "are they (i.e. the Egyptians,
    V.7 beginning) turbulence ? <No,> inaction !"

2. It is possible that RSV and TOB represent the
MT.
  Rem.: 1. Les 3 derniers mots du verset peuvent être
  interprétés ainsi : "sont-ils (c.-à-d. les
  Egyptiens, V.7 début) l'agitation ? <Non, ils
  sont> l'inaction."
  2. Il se peut que RSV et TOB représentent le TM.
Transl.: See Remark
Trad.:   Voir Remarque

30.8

C לעד
    for ever
    à jamais
      J   : pour toujours
      L   : für immer
    לעד =[לְעֵד] (=Brockington)
    as a witness
    comme témoin
      RSV : as a witness
      NEB : a testimony
      TOB : un témoin
  Fac.: 5
  Transl.: for ever
  Trad.:   à jamais

30.17

B אלף אחד
    one thousand
    mille / un millier
      RSV : a thousand shall flee (see Rem.)
      NEB : when a thousand flee (see Rem.)
      TOB*: mille et un
      L   : denn euer tausend werden fliehen (siehe
  [אלף יהרד]   Rem.)
    a thousand will tremble
    mille trembleront
      J*   : mille trembleront
  Fac.: 14
  Rem.: RSV, NEB and L introduce the verb "to flee"
  into the first part of verse 17, although it is
  there lacking in the MT, where the verb appears
  only in the second part of that verse. By doing
  so, these translations follow the LXX. But they
  are obliged to do so by the requirements of trans-

lation. Consequently, they do not presuppose a
textual base other than the MT.
Rem.: RSV, NEB et L introduisent dans la première
partie du Verset 17 le verbe "fuir", bien que ce
verbe manque à cette place dans le TM, qui, lui,
ne l'a que dans la deuxième partie du Verset 17.
Par cette lecture, ces traductions modernes re-
joignent la LXX. Mais elles étaient obligées de
procéder ainsi pour des raisons de traduction, et
elles ne supposent donc pas d'autre base textuelle
que le TM.
Transl.: a thousand together
Trad.:   mille à la fois

30.19

B יְחׇנְךָ
    he will be gracious to you
    il te fera grâce
      RSV : he will ... be gracious to you
      J   : car il va te faire grâce
      TOB : il te fera grâce
      L   : er wird dir gnädig sein
    יְחׇנְךָ יהוה (=Brockington)
      the LORD will be gracioux to you
      le SEIGNEUR te fera grâce
      NEB*: the LORD will show you favour
    Fac.: 1, 5
    Transl.: he will be gracious to you
    Trad.:   il te fera grâce

30.22

A תְּזׇרֵם
    you will scatter them
    tu les disperseras
      RSV : you will scatter them
      J   : tu les rejetteras
      TOB : tu les jetteras
      L   : und werdet sie wegwerfen
    תזרם = [תְּזׇרֵם] (=Brockington)
      you will loathe them
      tu en seras dégoûté
      NEB : you will loathe them
    Fac.: 14
    Transl.: you will scatter them
    Trad.:   tu les disperseras

30.25

B מִגְדָּלִים
    of towers
    de tours
      RSV : (when) the towers (fall)
      J   : (quand s'écrouleront) les forteresses
      TOB : (quand s'écrouleront) les tours
      L   : (wenn) die Türme (fallen werden)
מגדלים =[מְגֻדָּלִים] (=Brockington)
    the great ones
    les grands
      NEB : (when) the highest in the land (fall)
Fac.: 2
Transl.: (when) the towers (fall)
Trad.:   (quand s'écrouleront) les tours

30.27

B וכבד מַשָּׂאָה
    and heaviness ⟨is⟩ the rising up ⟨of smoke⟩
    et pesanteur ⟨est⟩ l'exhalaison ⟨de la fumée⟩
      RSV : and in thick rising smoke
      TOB : (sa colère est ardente,) écrasante (?)
וכבד משאה =[מַשָּׂאֹה...] (=Brockington)
    and heavy his oracle / his lifting up
    et lourd son oracle / lourde son élévation
      NEB : and his doom heavy
      J   : pesante sa menace
      L   : und mächtig erhebt er sich
Fac.: 1,4
Transl.: (burning with his anger) and in thick
        rising ⟨smoke⟩
Trad.:   (ardente est sa colère) et épais ce qui
        s'exhale

30.32

C מטה מוסדה
    of the rod of appointment
    de la verge de l'institution
      TOB : (chaque coup de bâton) (?)
מטה מוּסָרֹה (=Brockington)
    of the rod of his correction
    du bâton de sa correction
      RSV : of the staff of punishment
      NEB*: of his rod, of the chastisement
      J* : ce sera la férule du châtiment

L   : wird der Stock zur Zuchtrute
Fac.: 1
Transl.: of the appointed rod
Trad.:   de la verge qui ⟨lui⟩ est destinée

30.33

B גַם־הוּא לַמֶּלֶךְ הוּכָן
    and that, for the king it is made ready
    cela aussi, pour le roi c'est préparé
        RSV*: yea, for the king it is made ready
        J* : - il sera aussi pour le roi -
        TOB*: - il l'est aussi pour le roi.
        L   : ja, sie ist auch dem König bereitet
 [Lacking. Manque] = NEB* (=Brockington)
    Fac.: 14
    Rem.: The B rating does not imply any likelihood as
       to the validity of the NEB conjecture; it only indi-
       cates that the MT, although certainly to be pre-
       ferred, is not without some difficulties. See the
       Introduction, the comments on Fac. 14 !
    Rem.: La qualification B ne confère aucune proba-
       bilité à la conjecture de NEB, mais elle indique
       que le TM, tout en étant le meilleur texte qu'il
       faut adopter, ne manque cependant pas de soulever
       certaines questions. Voir dans l'Introduction
       l'explication du Fac. 14 !
    Transl.: it (i.e. a burning place) is ready also for
             the king
    Trad.:   il (c.-à-d. le bûcher) est préparé aussi pour
             le roi

32.6

C יַעֲשֶׂה־אָוֶן
    will do evil
    fera le mal
        RSV : plots iniquity
        J   : s'adonne au mal
        TOB : il médite le mal
        L   : geht mit Unheil um
 יַחְשֹׁב אָוֶן] / חֹשֵׁב אָוֶן [(=Brockington)
    contemplates evil
    médite le mal
        NEB*: and will hatch evil
    Fac.: 4,5
    Transl.: (and his heart) is occupied with evil
    Trad.:   (et son coeur) s'occupe du mal

32.13

B כִּי עַל
  for / yea, upon
  car / oui, sur
    RSV : yea, for
[כעל]
  like upon
  comme sur
    J   : comme sur
 Fac.: 14
[על] (=Brockington)
  upon
  sur
    NEB*: in
    TOB : sur
    L   : um
 Fac.: 1
 Rem.: The word כי has here the function of placing
   emphasis on what follows : "indeed !"
 Rem.: Le mot כי a ici la fonction de mettre en relief ce qui suit : "certes !"
 Transl.: indeed, on
 Trad.:   certes, sur

32.19

B וּבָרַד
  and it will hail
  et il grêlera
    NEB : it will be cool
    TOB : (s'écroulera) sous la grêle
 וירד
  and will come down
  et descendra
    RSV*: will ... go down
    J* : est ... détruite
    L   : wird niederbrechen
 Fac.: 1
 Transl.: and it will hail
 Trad.:   et il grêlera

33.1

כנלתך
  when you have obtained
  quand tu auras obtenu
Fac.: 12
C ככלותך (=Brockington)
  as you finish
  quand tu termines
    RSV : and when you have made an end of
    NEB*: after (all your betrayals)
    J* : quand tu auras terminé
    TOB : quand tu auras fini
    L   : wenn du (des Raubens) ein Ende gemacht hast
Transl.: when you have made an end
Trad.:   quand tu auras terminé

33.2

B זרעם
  their arm
  leur bras
    TOB : notre force (en note : "Litt. <u>leur force</u>....")
זרענו (=Brockington)
  our arm
  notre bras
    RSV : our arm
    NEB*: (uphold) us
    J* : notre bras
    L   : unser Arm
Fac.: 4,2
Rem.: זרעם may be interpreted in two distinct ways,
  "the arm ⟨which helps⟩ them", or "the arm ⟨which
  attacks⟩ them."
Rem.: זרעם peut être interprété de deux manières
  opposés, "le bras ⟨qui⟩ les ⟨aide⟩", ou "le bras
  ⟨qui⟩ les ⟨attaque⟩".
Transl.: See Remark
Trad.:   Voir Remarque

33.3

C מרוממתך
  at your lifting up ⟨the voice⟩
  en ton dressement / en ton élévation ⟨de voix⟩
    RSV : at the lifting up of thyself
    J   : lorsque tu te lèves
    TOB : quand tu te lèves

          L   : wenn du dich erhebst
     Fac.: 12
C מדממתך (=Brockington)
     at your silencing / at your roaring
     à ton accalmie / à ton mugissement
          NEB*: at thy rumbling
     Fac.: 1
     Rem.: The committee was evenly divided between the
     alternative texts. The MT may be interpreted in
     two ways : (1) "at your raising up", or (2) "when
     you raise ⟨your voice⟩". There are also two pos-
     sibilities for the variant reading : (1) "when
     you cause silence" or (2) "at your roaring".
     Rem.: Le Comité s'est divisé entre les alternatives
     en présence. Pour le TM, deux interprétations
     peuvent être suggérées, soit (1) "quand tu te
     dresses", soit (2) "quand tu élèves ⟨la voix⟩".
     Pour la variante, il y a également deux possibi-
     lités, soit "à ton accalmie", soit "à ton mugisse-
     ment".
     Transl.: See Remark
     Trad.:   Voir Remarque

33.4

B שללכם
     your booty
     votre butin
          J   : chez vous le butin comme
[שלל כמו] (=Brockington)
     booty like
     butin comme
          RSV : spoil ... as (the caterpillar gathers)
          NEB*: their spoil ... as if (young locusts...)
          TOB : le butin ... comme (s'amassent...)
          L   : Beute ... wie (die Heuschrecken wegraffen)
     Fac.: 1, 4
     Transl.: your booty ⟨as⟩
     Trad.:   votre butin ⟨comme⟩

33.5

B מְלֵא
     he fills
     il remplit
          RSV : he will fill
          J   : il comble
          TOB : il remplit

```
     L    : er hat ... erfüllt
  מלא =[מִלֵּא] (=Brockington)
     fill ! (imperative singular)
     remplis !
       NEB : if you fill
  Fac.: 14
  Transl.: he fills
  Trad.:   il remplit
```

33.6

```
B עתיך
     of your times
     de tes temps
       RSV : of your times
       J   : pour tes jours
       TOB*: de tes jours
       L   : (sichere) Zeiten
  [עתיה/עתים] (=Brockington)
     of times/of her times
     de temps/de ses temps (à elle)
       NEB*: of the age
  Fac.: 14
  Transl.: of your times
  Trad.:   de tes jours
```

33.7

```
  אראלם צעקו
     I will see for them : they cry
     je verrai pour eux : ils crient
  Fac.: 7,1
D ארא לם צעקו
     I will appear to them : they cry
     je leur apparaîtrai : ils crient
  אראלים צעקו
     the valiant ones / the Arielites cry
     les héros / ceux d'Ariel crient
       RSV*: the valiant ones cry
       TOB*: ceux d'Ariel poussent des cris
       L   : die Leute von Ariel schreien
  Fac.: 1
  [אראל יצעק]
     Ariel cries
     Ariel crie
       J*  : Ariel pousse des cris
  Fac.: 14
```

אראלם צעקו   =[...אֶרְאֶלָּם] (=Brockington)
   the valiant ones cry
   les héros crient
      NEB : the valiant cry aloud
   Fac.: 14
   Transl.: I will appear to them : they have cried out
   Trad.:   je me ferai voir d'eux : ils ont crié

33.8

ערים
   cities
   des villes
      TOB*: les villes
   Fac.: 12
C עדים
   witnesses
   des témoins
      RSV*: witnesses
      J* : les témoins
      L   : die Zeugen
   עדים =[עָדִים] (=Brockington)
   treaties
   des traités
      NEB*: treaties
   Fac.: 14
   Transl.: witnesses
   Trad.:   les témoins

33.11

B רוחכם
   your breath
   votre souffle
      RSV : your breath
      TOB : votre souffle
      L   : euer Zorn (?)
   [רוחי כמו]
   my breath like
   mon souffle comme
      J* : mon souffle, comme (un feu)
   Fac.: 1
   [רוח כמו] (=Brockington)
   breath / wind like
   du souffle / du vent comme
      NEB : a wind like (fire)
   Fac.: 14

Transl.: your breath
Trad.:   votre souffle

33.23

B חָלַק עַד-שָׁלָל
    is divided the prey of spoil
    est distribué le butin de dépouilles
        RSV : prey and spoil...will be divided
        J   : on s'est partagé un ... butin (?)
        TOB : on partagera le produit du pillage
        L   : wird ... Beute ausgeteilt werden (?)
    [חָלַק עִוֵּר שָׁלָל] (=Brockington)
    the blind man has divided spoil
    l'aveugle a distribué des dépouilles
        NEB*: the blind man shall have (a full share)
              of the spoil
    Fac.: 14
    Transl.: prey of spoil (in abundance) will be divided
    Trad.:   on partagera le butin de dépouilles (abon-
             dantes)

34.5

C רוּתה
    quenches / drinks / is drunk
    désaltère / se désaltère / est ivre
        RSV : has drunk
        J   : s'est abreuvée
        TOB : est ivre
        L   : ist trunken
    Fac.: 7,5
C תראה (=Brockington)
    appears
    apparaît
        NEB*: appears
    Fac.: 1
    Rem.: The Committee was evenly divided between the
    two alternatives. One may follow either the MT :
    "<my sword> is drunk" or the variant reading :
    "<my sword> appears".
    Rem.: Le Comité s'est divisé à parties égales entre
    les alternatives en présence. On peut suivre ou
    bien le TM : "<mon épée> est ivre", ou bien la
    variante : "<mon épée> apparaît".
    Transl.: See Remark
    Trad.:   Voir Remarque

34.5

A חרמי ... חרבי
    my sword ... of my devoted (people)
    mon épée ... de mon anathème
        RSV : my sword ... (upon the people) I have
              doomed
        J   : mon épée ... (sur le peuple) voué à l'ana-
              thème
        TOB : mon épée... (sur le peuple) que j'ai voué
              (au châtiment)
        L   : mein Schwert... (über das Volk,) an dem
              ich den Bann vollstrecke
[חרמו ... יהוה חרב] (=Brockington)
    the sword of the LORD... of his devoted (people)
    l'épée du SEIGNEUR... de son anathème
        NEB*: the sword of the LORD ... (on the people)
              whom he dooms to destruction
    Fac.: 14
    Rem.: This verse is made up of a direct discourse
      of the LORD : "my sword... (on the people) I have
      doomed...".
    Rem.: Ce V. contient un discours direct du SEIGNEUR :
      "mon épée... (sur le peuple) voué à l'anathème...".
    Transl.: See Remark
    Trad.:   Voir Remarque

34.7

B עמם
    with them
    avec eux
        RSV : with them
        J   : avec eux
        TOB : en même temps
        L   : mit ihnen
[עם מריאים] (Brockington)
    with fatlings
    avec des bêtes grasses
        NEB*: and buffaloes with them
    Fac.: 14
    Transl.: with them
    Trad.:   avec eux

34.12

חריה B
    of her free / noble ⟨men⟩
    de ses libres / nobles
      NEB : and its frontiers (?) (see Rem.)
      J   : de nobles,(il n'y en a plus)
      TOB : les nobles (n'y proclameront plus)
[על חריה]
    upon her free / noble ⟨men⟩
    sur ses libres / nobles
      RSV*: over its nobles (see Rem.)
 Fac.: 14
[ושעירים ישבו בה ולא יהיו חריה]
    and satyrs will dwell in her, and there will be
    no more her nobles
    et des satyres demeureront en elle, et ses nobles
    ne seront plus
      L   : und Feldgeister werden darin wohnen, und
            seine Edlen werden nicht mehr sein
Fac.: 14
Rem.: RSV and NEB have a different phrase division
    than the MT. In the RSV and NEB the expression
    חריה, "of her nobles" is attached to the preceding
    verse. Moreover, NEB interprets it in another
    way.
Rem.: Contre le TM, RSV et NEB divisent la phrase en
    rattachant l'expression חריה, "de leurs nobles",
    au Verset précédent. NEB l'interprète d'ailleurs
    d'une manière spéciale.
Transl.: of its nobles (there will be no more such
         who could be proclaimed)
Trad.:   de ses nobles, (il n'y en aura plus qu'on
         puisse proclamer roi)

34.16

כי-פי הוא C
    for it ⟨is⟩ my mouth / for ⟨it is⟩ he ⟨who through⟩
    my mouth (commands)
    car c'⟨est⟩ ma bouche / car ⟨c'est⟩ lui ⟨qui par⟩
    ma bouche (commande)
כי פיהו הוא
    for it is his mouth which (commanded)
    car c'est sa bouche qui (a ordonné)
      NEB : for with his own mouth (he has ordered it)
      J* : c'est ainsi que sa bouche (l'a ordonné)
      L   : denn sein Mund (gebietet es)

Fac.: 2,4

כי פי יהוה הוא

  for it is the mouth of LORD which (commanded)
  car c'est la bouche du SEIGNEUR qui (l'a ordonné)
    RSV : for the mouth of the LORD (has commanded)
    TOB : car c'est la bouche du SEIGNEUR qui (a
           donné l'ordre)

Fac.: 1,4

Transl.: for ⟨it is⟩ he ⟨who through⟩ my mouth
       (commands)

Trad.:   car ⟨c'est⟩ lui ⟨qui par⟩ ma bouche com-
          mande

35.6

B בערבה

  in the desert
  dans la steppe
    RSV : in the desert
    J   : dans la steppe
    TOB : dans la steppe
    L   : im dürren Land

בערבה ילכו   (=Brockington)

  in the desert they go
  dans la steppe ils vont
    NEB*: (and torrents) flow in dry land

Fac.: 1

Transl.: in the desert

Trad.:   dans la steppe

35.7

C רבצה

  her resting place
  son lieu de repos
    J   : où gîtaient (les chacals)
    TOB : où gîte (le chacal)
    L   : wo (... die Schakale) gelegen haben

[לבצה]

  a swamp
  un marais
    RSV*: shall become a swamp

Fac.: 14

רבצה =[רָבְצָה]   (=Brockington)

  she lies down
  elle repose
    NEB : where (wolves) now lurk

Fac.: 14
Rem.: "her" in "her resting place" refers to the
    jackal, understood in a collective sense. The in-
    terpretation is therefore as follows : "(in the
    hole <where> the jackal <has>) its resting place"
    or "(in the hole <where> the jackals <have>) their
    resting place".
Rem.: "son" dans "son lieu de repos" se rapporte au
    chacal, pris au sens collectif. On peut donc
    interpréter ainsi : "(dans le repaire <où> le
    chacal <a>) sa litière" ou : "(dans le repaire
    <où> les chacals <ont>) leur litière".
Transl.: See Remark
Trad.:   Voir Remarque

35.8

C ודרך
    and a way
    et un chemin
       J   : et un chemin
  [Lacking.Manque] = NEB*, TOB, RSV, L (=Brockington)
  Fac.: 10
  Transl.: and a way
  Trad.:   et un chemin

35.8

C והוא למו הלך דרך
    and he for them goes the way
    et lui pour eux va le chemin
       J* : c'est Lui qui pour eux ira par ce chemin
       TOB : - car le SEIGNEUR lui-même ouvrira la
             voie - (?)
       L   : nur sie werden auf ihm gehen
  [והוא למהלך דרך] (=Brockington)
    and he for him who goes the way
    et lui pour celui qui fait le chemin
       NEB*: it shall become a pilgrim's way
  Fac.: 14
  [Lacking.Manque] = RSV*
  Fac.: 14
  Rem.: Two interpretations are suggested for the
    second part of verse 8 : (1) "and this <route is>
    for them (i.e. for those mentioned in verses 5-6,
    first part);whoever walks on <this> route, and
    even the fools, will not go astray", or (2) "and
    this <route is> for them; whoever walks on <this>

route, fools will not stumble ⟨there⟩."
Rem.: La deuxième partie du verset 8 peut être interprétée de deux façons, ou bien (1) "et cette
⟨route est⟩ pour eux (c.-à-d. pour les personnes
mentionnées dans les VV.5-6, première partie);
quiconque prendra ⟨cette⟩ route, et même les
écervelés, ne s'égareront pas", ou bien (2) "et
cette ⟨route est⟩ pour eux; quant à ceux qui
prendront ⟨cette⟩ route : aucun écervelé n'y tré-
buchera."
Transl.: See Remark
Trad.:   Voir Remarque

36.5

אמרתי C
   I said
   j'ai dit
אמרתה (Brockington : אמרת)
   and you said
   et tu as dit
     RSV : do you think
     NEB*: do you think
     J* : tu t'imagines
     TOB : tu as dit
     L   : meinst du
Fac.: 5,4
Rem.: 1. See the parallel text of 2 Kings 18.20.
   2. In this case, as well as in all the following
   cases where there is a parallel passage in 2 Kings,
   the Committee considered the textual situation in
   both Isaiah and 2 Kings. Therefore, in the Remarks,
   there will be duly noted also the votes of the
   Committee for the text adopted in 2 Kings, and
   explanations will be added at any time when the
   text of 2 Kings requires a special comment.
   3. Here, the vote of the Committee for 2 Kings
   18.20 was a B rating for the MT.
Rem.: 1. Voir le texte parallèle en 2 R 18.20.
   2. Le Comité a considéré ce cas, et tous les
   suivants qui ont un parallèle dans 2 R, en jugeant
   la situation textuelle en même temps pour Isaïe
   et pour 2 Rois. C'est pourquoi on notera aussi,
   dans les Remarques, chaque fois, le vote du Comité
   pour le texte choisi en 2 R et on ajoutera les
   explications qui seront nécessaires pour les passages de 2 R.
   3. Ici, le vote du Comité en 2 R 18.20 était pour
   le TM avec la note B.

Transl.: I said
Trad.:   j'ai dit

36.9

B אֶת פְּנֵי פַחַת אַחַד
    the face of a governor / captain, one of
    la face d'un gouverneur / capitaine, un de
      RSV : a single captain among
      NEB : the authority of even (the least)... (?)
      TOB : à un simple gouverneur, le
[אֵת פְּנֵי אַחַד]
    the face of one of
    la face d'un de
      J* : un seul des
      L   : auch nur einen der
  Fac.: 1
  Rem.: See the parallel text of 2 Kings 18.24. In
    2 Kings 18.24 the Committee had already voted
    for MT with a B rating, see Preliminary Report,
    vol. 2, p.366.
  Rem.: Voir le texte parallèle de 2 R 18.24. En ce
    lieu de 2 R, le Comité avait déjà voté pour le
    TM avec la note B, voir Rapport préliminaire,
    vol.2, p.366.
  Transl.: the face of a governor, one of
  Trad.:   la face d'un gouverneur, un de

36.19

B סְפַרְוַיִם
    of Sepharvaim
    de Sefarwayîm
      RSV : of Sepharvaim
      TOB*: de Sefarwaïm
[סְפַרְוַיִם (וְ)אַיֵּה אֱלֹהֵי (אֶרֶץ) שֹׁמְרוֹן] (=Brockington)
    of Sepharvaim ? (And) where ⟨are⟩ the gods of
    (the land of) Samaria
    de Sefarwayîm ? (Et) où ⟨sont⟩ les dieux (du pays)
    de Samarie
      NEB*: of Sepharvaim ? Where are the gods of
           Samaria ?
      J* : de Sepharvayim, où sont les dieux du pays
           de Samarie ?
      L   : von Sepharwajim ? Und wo sind die Götter
           des Landes Samarien ?
  Fac.: 5,14

Rem.: 1. See the parallel text of 2 Kings 18.34.
NEB, J and L assimilate to the form which this
parallel passage has in one part of the Septuagint tradition.
2. The vote for 2 Kings 18.34 had been for the
MT with the rating of C, see Preliminary Report,
vol. 2, p.367.
Rem.: 1. Voir le texte parallèle de 2 R 18.34. NEB,
J et L assimilent à ce parallèle, dans la forme
qu'il a dans une partie de la Septante.
2. Le vote pour 2 R 18.34 avait été pour le
TM avec la note C, voir Rapport préliminaire,
vol.2, p.367.
Transl.: of Sepharvaim
Trad.:   de Sefarwayîm

37.9

B וישמע   (2°)
     and he heard
     et il apprit
       RSV : and when he heard it
       TOB*: à cette nouvelle
       L   : als er das hörte
 [וישב] (=Brockington)
     and he came back / again
     et il revint / de nouveau
       NEB*: again
       J* : de nouveau
Fac.: 5,14
Rem.: See the parallel text of 2 Kings 19.9. For
this text, the Committee voted for the MT with a
rating of A.
Rem.: Voir le texte parallèle de 2 R 19.9. Pour ce
texte, le Comité a voté pour le TM avec la note A.
Transl.: and ⟨when⟩ he heard ⟨it⟩
Trad.:   et ⟨lorsqu'⟩ il apprit ⟨cela⟩

37.12

B בתלשר
     in Telassar
     à Telassar
       RSV : in Telassar
       NEB : in Telassar
       TOB*: à Telassar
       L   : in Telassar

[בתלבשר]
   in Tel-Basar
   à Tell-Basar
     J* : à Tell Basar
Fac.: 14
Rem.: See the parallel text of 2 Kings 19.12. The
   vote there was for MT with a rating of A, see
   Preliminary Report, vol.2, p.367-368.
Rem.: Voir le texte parallèle de 2 R 19.12. Le vote
   était là pour le TM avec la note A, voir Rapport
   préliminaire, vol.2, p.367-368.
Transl.: in Telassar
Trad.:   à Telassar

37.18

את-כל-הארצות A
   all the countries
   tous les pays
    NEB : every country
    L   : alle Länder
את-כל-הגוים
   all the nations
   toutes les nations
    RSV : all the nations
    J   : toutes les nations
    TOB*: toutes les nations (en note : "... Texte
          corrigé d'après 2 R 19,17.")
Fac.: 14
Rem.: See the next case also, and see the parallel
   text of 2 Kings 19.17. In this case the Committee
   voted for MT את-הגוים, "the nations" with a rating of A.
Rem.: Voir aussi le cas suivant, et voir le passage
   parallèle en 2 R 19.17. Dans ce cas, le vote était
   pour le TM את-הגוים, "les nations" avec la note A.
Transl.: all the countries
Trad.:   tous les pays

37.18

ואת-ארצם
   and their country
   et leur pays
    RSV : and their lands
    J   : (et leur pays)
    TOB*: avec leurs pays
Fac.: 5,13

B Lacking. Manque = NEB*, L (=Brockington)
  Rem.: See the preceding case, and see the parallel
    text of 2 Kings 19.17, in which the Committee
    changed its mind. It had previously voted for the
    MT with a B rating (see Preliminary Report, vol.
    2, p.368), but it voted now for LXX (which lacks
    the phrase in question) with a C rating. The
    Preliminary Report of 2 Kings 19.17 will be
    changed accordingly.
  Rem.: Voir le cas précédent, et voir le texte pa-
    rallèle de 2 R 19.17. Ici le Comité s'est ravisé:
    s'il avait voté autrefois pour le TM avec la note
    B (voir Rapport préliminaire, vol.2, p.368), il
    vota à présent pour LXX où cette expression manque,
    avec la note C. On changera le Rapport préliminaire
    en conséquence.
  Transl.: to omit
  Trad.:   omettre

37.20

B יהוה (2⁰)
    the LORD
    le SEIGNEUR
      RSV : (that thou alone art) the LORD
      TOB : (que toi seul, tu es) le SEIGNEUR
  יהוה אלהים   (=Brockington)
    the LORD God
    le SEIGNEUR Dieu
      NEB*: (that thou,) O LORD, (alone art) God
      J   : (que toi seul es) Dieu, Yahvé
      L   : (dass du,) HERR, (allein) Gott (bist)
  Fac.: 5
  Rem.: See the parallel text of 2 Kings 19.19, for
    which the Committee voted for the MT יהוה אלהים
    with the rating of A.
  Rem.: Voir le texte parallèle en 2 R 19.19 où le
    Comité vota pour le MT יהוה אלהים avec la note A.
  Transl.: the LORD
  Trad.:   le SEIGNEUR

37.21

C אלי ... אשור
    to me ... of Assyria
    à moi ... d'Assyrie
      RSV : to me ... of Assyria
      J   : m'(as adressé)... d'Assyrie
  אליו ... אשור
    to him ... of Assyria
    à lui ... d'Assyrie
      TOB : auquel (tu as adressé)... d'Assyrie
  Fac.: 1,4
[אלי ... אשור שמעתי] (=Brockington)
    to me ... of Assyria, I have heard
    à moi ... d'Assyrie, j'ai exaucé
      NEB*: I have heard (your prayer) to me ... of
           Assyria
      L   : von mir (erbeten hast)... von Assyrien,
           habe ich gehört
  Fac.: 5
  Rem.: See the parallel text in 2 Kings 19.20; for
  which the vote of the Committee was for the MT
  אלי...אשור שמעתי with the rating of A.
  Rem.: Voir le texte parallèle en 2 R 19.20; en ce
  lieu, le vote du Comité était pour le TM
  אלי ... אשור שמעתי avec la note A.
  Transl.: (concerning the prayer you have adressed)
         to me (about Sennacherib king) of Assyria
  Trad.:   (à propos de la prière que tu) m'(as
         adressée au sujet de Sennachérib, roi)
         d'Assyrie

37.24

C יער כרמלו
    the forest of its park
    la forêt de son parc
      RSV : its densest forest
      J   : son parc forestier
      TOB : son parc forestier
      L   : in seinen dichtesten Wald
[יער וכרמל] (=Brockington)
    the wood and the orchard
    le bois et le verger
      NEB : of forest and meadow
  Fac.: 14

Rem.: See the parallel text of 2 Kings 19.23 : In
   this case, the Committee gave the MT יער כרמלו
   a B rating.
Rem.: Voir le texte parallèle en 2 R 19.23 : pour ce
   texte, le Comité a donné au TM יער כרמלו la qualification B.
Transl.: its forest park
Trad.:   son parc forestier

37.25 see Appendix / voir Appendice.

37.27

ושדמה
   and a field
   et un champ
      J   : et guérets
      TOB : et dans la campagne
   Fac.: 12
ושדפה
   and a blight
   et une nielle / flétrissure
      RSV*: blighted
   Fac.: 1,5
C הנשדף (=Brockington)
   which is blighted / blasted
   qui est niellé / brûlé
      NEB*: blasted
      L   : das verdorrt
   Rem.: See the two following cases and the parallel
      text of 2 Kings 19.26 where the Committee had
      previously voted for the MT שדפה with the rating
      of A, see Preliminary Report, vol.2, p.369, a
      vote which it now changed to B.
   Rem.: Voir les deux cas suivants et voir le texte
      parallèle de 2 R 19.26, où le Comité avait voté
      autrefois pour le MT שדפה avec la note A, voir
      Rapport préliminaire, vol.2, p.369, un vote qu'il
      change maintenant en B.
   Transl.: which is blighted
   Trad.:   qui est niellé / brûlé

37.27

לפני קמה
   before it rises
   avant qu'il se lève
      RSV : before it is grown
      TOB : avant maturation
      L   : ehe es reif wird

Fac.: 5,12

C לפני קד(י)ם (=Brockington)
   before the east wind
   devant le vent d'est
      NEB*: before the east wind
      J* : sous le vent d'orient
   Rem.: See also the next case, and the parallel text
      of 2 Kings 19.26, where the Committee had voted
      for the MT לפני קמה with a C rating, see Prelimi-
      nary Report, vol. 2, p.369, a vote which the Com-
      mittee now changed to B.
   Rem.: Voir aussi le cas suivant et voir le texte
      parallèle de 2 R 19.26, où le Comité avait donné
      au TM למני קמה la note C, voir le Rapport préli-
      minaire, vol. 2, p.369, un vote qu'il a maintenant
      modifié en B.
   Transl.: before the east wind
   Trad.:   devant le vent d'ouest

37.28

ושבתך
   and your sitting down
   et quand tu t'assieds
      RSV : your sitting down
      TOB : quand tu t'assieds
Fac.: 10,4

C קומכה ושבתכה (=Brockington)
   your rising up and your sitting down
   quand tu te lèves et quand tu t'assieds
      NEB*: your rising up and your sitting down
      J* : quand tu te lèves et quand tu t'assieds
      L   : (ich weiss von) deinem Aufstehen und
            Sitzen
   Rem.: See the parallel text of 2 Kings 19.27, where
      the Committee previously voted against the MT (see
      the Preliminary Report, vol.2, p.370) קומך שבתך
      with the rating of C. The Committee has now aban-
      doned this reading and chose the MT שבתך with a B
      rating.
   Rem.: Voir le texte parallèle de 2 R 19.27, où le
      Comité avait donné autrefois le vote C pour la
      leçon קומך שבתך contre le TM (voir le Rapport
      préliminaire, vol.2, p.370). A présent, le Comité
      abandonna cette leçon et choisit le TM שבתך avec
      la qualification de B.
   Transl.: your rising up and your sitting down
   Trad.:   quand tu te lèves et quand tu t'assieds

37.29

B יען התרגזך אלי
  because of your being excited against me
  à cause de ton agitation envers moi
    RSV : because you have raged against me
    J   : parce que tu t'es emporté contre moi
    TOB : parce que tu as tremblé de rage contre moi
    L   : weil du nun gegen mich tobst
Lacking.Manque = NEB* (=Brockington)
Fac.: 1,10
Rem.: See the parallel text of 2 Kings 19.28, where
  the Committee gave the MT יען התרגזך אלי an A
  rating.
Rem.: Voir le texte parallèle de 2 R 19.28, où le
  Comité qualifia le TM יען התרגזך אלי de A.
Transl.: because you have raged against me
Trad.:   à cause de ton agitation / ta rage contre
          moi

37.36

A ויצא
  and he went out
  et il sortit
    RSV : and (the angel of the LORD) went forth
    NEB : (the angel of the LORD) went out
    TOB*: (l'ange du SEIGNEUR) sortit
    L   : da fuhr aus (der Engel des HERRN)
[ויהי בלילה ההוא ויצא]
  and it came to pass that night that went out
  et il arriva cette nuit-là que sortit
    J* : cette même nuit, (l'Ange de Yahvé) sortit
Fac.: 5,14
Rem.: See the parallel text of 2 Kings 19.35, where
  the Committee voted an A rating for the MT.
Rem.: Voir le texte parallèle de 2 R 19.35, où le
  Comité a voté la note A pour le TM.
Transl.: and he went out
Trad.:   et il sortit

38.5

A הנני יוסף

    behold, I will add (lit. I am adding)
    voici, je vais ajouter (litt. suis ajoutant)
      RSV : behold, I will add
      NEB : I will add
      TOB*: je vais ajouter
      L   : siehe, ich will... zulegen

[הנני רפא לך ביום השלישי תעלה בית יהוה:והספתי]

    behold, I will heal you; on the third day you shall
    go up to the house of the LORD. And I will add
    voici, je te guérirai; le troisième jour tu monteras
    à la maison du SEIGNEUR. Et j'ajouterai
      J* : je vais te guérir; dans trois jours, tu
            monteras au Temple de Yahvé. J'ajouterai

Fac.: 5,14
Rem.: See the parallel text of 2 Kings 20.5-6, where
  the Committee voted an A rating for the MT.
Rem.: Voir le passage parallèle de 2 R 20.5-6 où le
  Comité a voté la note A pour le TM.
Transl.: behold, I will add
Trad.:   voici, je vais ajouter

38.7

A וזה

    and this
    et ceci
      RSV : this (is the sign)
      TOB*: et voici (note sur V.6 fin)
      L   : und dies (sei ... das Zeichen)

[ויאמר ישעיהו זה] (=Brockington)

    and Isaiah replied : and this
    et Isaïe répondit : et ceci
      NEB*: and Isaiah said, 'This (shall be)
      J* : Isaïe répondit : "voici (... le signe)

Fac.: 5,14
Rem.: See the parallel text of 2 Kings 20.9, where
  the vote of the Committee was an A rating for the
  MT.
Rem.: Voir le texte parallèle de 2 R 20.9 où le vote
  du Comité était la note A pour le TM.
Transl.: and this
Trad.:   et ceci

38.9

A מכתב
    a writing (of)
    un écrit (de)
      RSV : a writing of
[מכתם]
    a poem
    poème
      NEB : a poem (?)
      J* : cantique
      TOB*: poème
      L   : Lied (?)
 Fac.: 14 or/ou 1
 Transl.: a writing (of)
 Trad.:   un écrit (de)

38.11

B חָדֶל
    of the end / cessation
    de la fin / cessation
      TOB*: du pays où tout s'arrête
חָלֶד (=Brockington)
    of the earth / world
    de la terre / du monde
      RSV : of the world
      NEB*: in the world
      J* : du monde
      L   : auf der Welt
 Fac.: 4,8,12
 Rem.: The expression of the TM implies a play of
   words, in which the reader would expect "the world",
   but in which the author employs, instead, a different, but similar word meaning "ephemeral", sug-
   gesting thereby the passing, ephemeral nature of
   the world, where man lives. It is possible also to
   interpret חדל, "cessation" as "world", on the basis
   of a metathesis of two consonants. This second interpretation, however, is less likely.
 Rem.: Il semble que le TM présente ici un jeu de
   mots : là où le lecteur attendrait "le monde",
   l'auteur a choisi une expression différente, mais
   proche : "l'éphémère", suggérant ainsi la nature
   passagère, éphémère du monde où les hommes habitent.
   Ou bien on pourra interpréter le mot חדל, "cessation" comme "monde", en supposant une permutation
   de deux consonnes. Mais cette deuxième interprétation est moins vraisemblable.

Transl.: (the inhabitants of) the ephemeral / (those
         who dwell) in the ephemeral <world>
Trad.:   (les habitants) de l'éphémère / ceux qui
         habitent l'éphémère

38.12

קפדתי B
    I have rolled up
    j'ai enroulé
      RSV : I have rolled up
      J   : j'ai enroulé
      TOB : j'arrive au bout du rouleau de
      L   : zu Ende gewebt hab ich (?)
[ספרת]
    you have told
    tu as raconté
      NEB*: thou hast cut short (see Rem.)
    Fac.: 14
    Rem.: NEB follows a special interpretation of the
      verb "סָפַר, to recount, to tell".
    Rem.: NEB interprète d'une manière particulière le
      verbe "סָפַר, raconter, narrer".
    Transl.: I have rolled up
    Trad.:   j'ai enroulé

38.13

שויתי C
    I made plain / I waited
    j'ai aplani / j'ai attendu
שפותי (=Brockington)
    I was crushed / put
    j'ai été broyé / mis
      NEB*: then I am racked with pain
      TOB*: je serai réduit à rien
    Fac.: 4,8,12
[שועתי]
    I cry
    je crie
      RSV*: I cry for help
      J* : j'ai crié
      L   : schreie ich
    Fac.: 1/14
    Rem.: There are two possible interpretations of the
      MT : (1) "I thought/I imagined" (God being the
      subject of the following verb : "he will break")
      or (2) "I waited". The second interpretation is
      less probable.

Rem.: On peut interpréter l'expression de deux façons : (1) "J'ai pensé / imaginé" (Dieu étant le
sujet du verbe suivant : "il brisera"), ou (2)
"j'ai attendu". La première solution est préférable.
Transl.: See Rem.
Trad.:   Voir Rem.

38.14

C עגור
    sparrow / migrating bird
    passereau / oiseau migrateur
      RSV*: or a crane
      TOB*: ou le passereau
  [Lacking.Manque] = NEB*, J, L (=Brockington)
  Fac.: 4
  Rem.: עגור in the MT is probably a gloss, but on
    grounds of textual analysis it is not possible
    to regard it as purely secondary. The whole ex-
    pression עגור (כסוס), therefore, may be transla-
    ted into English as "(like a) migrating (bird)"
    or "(like a) migrating (martin)" (martins are a
    kind of swallow).
  Rem.: עגור dans le TM est selon toute vraisemblance
    une glose, mais il n'est pas possible de le con-
    sidérer comme purement secondaire, sur la base
    de l'analyse textuelle. L'expression dans son en-
    semble עגור (כסוס) peut être rendue en français
    par "(comme un martinet) migrateur".
  Transl.: See Rem.
  Trad.:   Voir Rem.

38.14

C עָשְׁקָה-לִּי
    it was an oppression for me
    c'était une oppression pour moi
      RSV : I am oppressed
      J   : je suis accablé
      TOB : je suis écrasé
      L   : ich leide Not
  [עָשְׁקָה-לִי] (=Brockington)
    pay attention to me
    sois attentif à moi
      NEB : pay heed, (stand surety for me)
  Fac.: 1,12

Rem.: The more probable interpretation of the MT
expression is that of a noun of feminine gender
meaning "pressure" (i.e. the pressure exerted by
the creditor on the borrower). It may, however,
also be understood as a verb in the 3d person
feminine with an impersonal meaning "<the sickness/
evil> oppresses me".

Rem.: L'interprétation la plus probable de cette
expression est celle d'un substantif féminin
"pression" (celle qu'exerce le créancier sur son
débiteur); on peut la comprendre aussi comme un
verbe à la 3e personne du féminin avec un sens
impersonnel "<la maladie/le mal> m'opprime".

Transl.: <there is> pressure on me / I am under
         pressure

Trad.:   <il y a> pression sur moi / je suis sous
         pression

38.15

C וְיֹאמַר־לִי
    and he will reply / replied to me
    et il me répondra / répondit
        RSV : for he has spoken to me
        TOB : pour qu'il me réponde
[וְאֹמַר־לוֹ] וְאוֹמַר לוֹא
    and I shall reply / say to him
    et je lui répondrai / dirai
        J* : et que lui dirai-je
        L : (was soll ich...) und was ihm sagen
    Fac.: 5,12
[וְאֹמַר לַיהוה] (=Brockington)
    and I will say to the LORD
    et je dirai au SEIGNEUR
        NEB*: what can I say to the LORD
    Fac.: 14
    Transl.: while / since he has spoken (and it is
             he who did it)
    Trad.:   alors qu'il a parlé (et que c'est lui qui
             a agi)

38.15

C אֲדַדֶּה כָל־שְׁנוֹתַי
    I walk all my years
    je marche, toutes mes années
        J   : je m'avancerai toutes mes années durant
        TOB : je dois traîner toutes mes années

אדודה כל-שנותי (=Brockington)
  I err about all my years
  j'erre, toutes mes années
    NEB : I wander to and fro all my life long
Fac.: 5
[נדדה כל-שנתי]
  all my sleep has gone away
  tout mon sommeil s'est enfui
    RSV*: all my sleep has fled
    L   : entflohen ist all mein Schlaf
Fac.: 14
Rem.: The verb means to take short steps, as people
  do when walking in a procession (Ps 42.5).
Rem.: Le verbe signifie marcher à petits pas, comme
  on marche en procession (Ps 42.5).
Transl.: I will walk slowly all my years
Trad.:   je marcherai à petits pas toutes mes
         années

38.16

עליהם יחיו ולכל-בהן חיי רוחי C
  it is by that that they may live, and concerning
  all ⟨that⟩, in that ⟨is⟩ the life of my spirit
  c'est de cela qu'ils vivent, et quant à tout ⟨cela⟩,
  en cela ⟨est⟩ la vie de mon esprit
    RSV*: by these things men live, and in all these
        is the life of my spirit
[עליהם יחיו ולכל-בהם חיי רוחו]
  upon them, they live; and for everything in them
  ⟨there is⟩ the life of his spirit
  sur eux, ils vivent; et pour tout en eux ⟨il y a⟩
  la vie de son esprit
    J* : (le Seigneur) est sur eux, ils vivent et
        tout ce qui est en eux est vie de son
        esprit
    TOB*: (le Seigneur) est auprès des siens : ils
        vivront et son esprit animera tout ce qui
        est en eux
Fac.: 14
[יחיה לך לבי הנח רוחי] (=Brockington, see Rem.)
  may my heart live for you; give rest to my spirit
  que mon coeur vive pour toi; donne le repos à mon
  esprit
    NEB*: (yet, O LORD,) my soul shall live with
        thee; do thou give my spirit rest
Fac.: 14
[Lacking.Manque] = L

Fac.: 14

Rem.: Brockington's note seems to imply the word
עליהם as part of the Hebrew basis for the translation of NEB. However, this expression is not
translated in NEB.

Rem.: La note de Brockington semble indiquer que
l'expression עליהם fait partie de la base hébraïque
que NEB entend traduire. De fait, cette expression
n'est pas traduite en NEB.

Transl.:　(Lord,) revive the life of my spirit from
　　　　　these things, and with reference to all
　　　　　these things ("things" refer to different
　　　　　words and acts of God)

Trad.:　　(Seigneur,) que de ces choses-ci, et qu'en
　　　　　référence à toutes ces choses-là, revive
　　　　　la vie de mon esprit ("choses-ci" et "choses-
　　　　　là" se réfèrent à diverses paroles et actes
　　　　　de Dieu)

38.17

B חשקת
　　you are attached to / you love
　　tu es attaché / tu aimes
　　　NEB : (but thou) by thy love hast brought me
　　　　　　back
　　　TOB*: tu t'es attaché (à ma vie pour que j'évite)
　　　L　 : du aber hast dich (meiner Seele) herzlich
　　　　　　angenommen

[חשכת]
　　you have spared
　　tu as épargné
　　　RSV*: (but thou) hast held back
　　　J　 : (c'est toi qui) as préservé
　Fac.: 4,6
　Transl.: you have embraced (my soul)
　Trad.:　 tu as étreint (mon âme)

38.19

C אֶל-אֲמִתֶּךָ
　　about your truth (or faithfulness) / concerning
　　your truth (or faithfulness)
　　de ta vérité (ou fidélité) / concernant ta vérité
　　(ou fidélité)
　　　RSV : thy faithfulness
　　　J　 : ta fidélité

TOB : ta fidélité
L   : deine Treue
אל-אמתך   =[אל אמתך] (=Brockington)
O God, your truth / your faithfulness
ô Dieu, ta vérité / fidélité
NEB : thy truth..., O God
Fac.: 14
Transl.: (will make known to...) your truth / faith-
fulness
Trad.:   (fera connaître) ta vérité / fidélité

38.21-22

V.21-22 at their place / à leur place = RSV, TOB, L
Fac.: 5
[V.21-22 transferred after 38.6 / transposés après
38.6] = NEB*, J* (=Brockington)
Fac.: 14
C Lacking.Manque
Rem.: The manuscript 1QIs[a], first hand, omits these
two verses. Translators may quote them in a note.
Rem.: Le manuscrit 1QIs[a], première main, omet ces
deux versets. Les traducteurs peuvent les citer
en note.
Transl.: to omit
Trad.:   omettre

40.6

C וְאָמַר
and he / one said / says
et il / on dit
NEB*: and another asked (=Brockington)
TOB*: l'autre dit
ראומרה =[וָאֹמַר] / ואמר
and I said
et je dis
RSV : and I said
J   : et je dis
L   : und ich sprach
Fac.: 4
Rem.: The subject of the verb may be (1) an unknown
person or voice : "and one said" or (2) the prophet : "and he said".
Rem.: Le sujet du verbe peut être une personne ou
voix anonyme : "et l'on dit" ou bien le prophète :
"et il dit".

Transl.: and one said / and he said
Trad.:   et on dit / et il dit

40.7

B אכן חציר העם
    surely, the people is grass
    certainement, le peuple est de l'herbe
      RSV : surely the people is grass
      J   : (oui, le peuple, c'est de l'herbe)
      TOB : oui, la multitude humaine, c'est de l'herbe
      L   : ja, Gras ist das Volk
 [Lacking.Manque] = NEB* (=Brockington)
 Fac.: 14
 Transl.: surely the people is grass
 Trad.:   certainement, le peuple est de l'herbe

40.10

B בחזק
    as a strong one
    en tant que fort
      NEB : in might
      L   : (er kommt) gewaltig
   בחוזק
    with strength
    avec puissance
      RSV : with might
      J   : avec puissance
      TOB : avec vigueur
 Fac.: 4
 Rem.: RSV, J and TOB perhaps translate the MT.
 Rem.: RSV, J et TOB entendent peut-être simplement
    traduire le TM.
 Transl.: as a strong one
 Trad.:   en puissant

40.12

B מים
    the waters
    les eaux
      RSV : the waters
      NEB : the waters
      L   : die Wasser

מי ים
  the waters of the sea
  les eaux de la mer
    J* : l'eau de la mer
    TOB*: les eaux de la mer
Fac.: 4
Rem.: The waters are all the waters of earth and sky.
Rem.: Les eaux sont la totalité des eaux de l'uni-
    vers.
Transl.: the waters
Trad.:   les eaux

40.14

B וילמדהו דעת
  and he taught him knowledge
  et il lui apprit la connaissance
    RSV : and taught him knowledge
    J   : qui lui enseigne la connaissance
    TOB : (qui puisse...) lui enseigner la science
    L   : und lehre ihn Erkenntnis
[Lacking.Manque] = NEB* (=Brockington)
Fac.: 4
Transl.: so that he taught him knowledge
Trad.:   de sorte qu'il lui a enseigné la connais-
        sance

40.17

B מאפס ותהו
  less than nothing and emptiness
  moins que néant et vide
    RSV : less than nothing and emptiness
    NEB : mere nothings, less than nought
כאפס ותהו
  like nothing and emptiness
  comme néant et vide
    J* : (il les tient) pour néant et vide
    TOB : comme néant et nullité
    L   : als nichtig und eitel
Fac.: 4,5
Rem.: TOB and L have perhaps translated the MT.
Rem.: TOB et L ont peut-être voulu traduire le TM.
Transl.: less than nothing and emptiness
Trad.:   moins que néant et vide

40.21

A מוסדות
    the foundations of
    les fondations de
      RSV : the foundations of
      J   : la fondation de
      TOB*: le fondateur de (en note : "Litt. <u>les</u>
             <u>fondations</u>...")
      L   : von Anbeginn der (?)
[מיסדות] (=Brockington)
    the foundations of / the beginnings of
    les fondations de / les débuts de
      NEB : ever since (the world) began
  Fac.: 14
  Rem.: There are two possible interpretations of
    the MT : (1) "the foundations of (the earth)"
    are the subject matter of the understanding :
    "(have you not understood) the foundations of
    (the earth) ?" (i.e. have you not understood
    the creation of the earth ?); or (2) the ex-
    pression מוסדות הארץ, "foundations of the earth"
    is parallel to the expression מראש, "from the
    beginning" (in the first part of the verse) and
    must be interpreted accordingly as "<from> the
    foundations of the earth" : "(have you not under-
    stood) <from> the foundations of (the earth) ?"
    (i.e. from the creation of the earth ?). The
    first interpretation is better.
  Rem.: On peut comprendre cette expression de deux
    manières : (1) "les fondations de (la terre)"
    sont l'objet de la compréhension : "(n'avez-vous
    pas compris) les fondations de (la terre) ?"
    (c.-à-d. la création de la terre); ou bien (2)
    l'expression מוסדות הארץ, "les fondations de la
    terre" est parallèle à מראש, "depuis le commence-
    ment" qui se trouve dans la première moitié du
    verset et doit donc être traduite de manière
    semblable "<depuis> les fondations de la terre" :
    "(n'avez-vous pas compris) <depuis> les fonda-
    tions de (la terre)?" (c.-à-d. depuis la création
    de la terre). La première interprétation est meil-
    leure.
  Transl.: See Remark
  Trad.:   Voir Remarque

41.2

C יָרְדְּ
    he lowers / overwhelms
    il abaisse / domine
       J   : et assujettit
       TOB : abaisse
       L   : dass er ihrer mächtig wird
  [יָרֹד תַּחְתָּיו] (=Brockington)
    to go down under him
    descendre en-dessous de lui
       RSV : so that he tramples kings under foot
       NEB : (and makes) kings go down before him
    Fac.: 14
    Transl.: so that he may have (kings) trampled
    Trad.:   de sorte qu'il puisse faire fouler

41.3

C ארח ... לא יבוא
    the path ... he does not come
    le chemin ... il ne vient pas
       TOB : sans mettre (le pied) à terre
       L   : und berührt den Weg nicht (mit seinen
             Füssen)
  ארח ... לא יבוא =[...אֹרֵחַ] (=Brockington)
    the traveller ... does not come
    le voyageur ... ne vient pas
       NEB : swifter than any traveller (on foot)
    Fac.: 14
  [ארח ... לא יבוס]
    the path ... he does not tread
    le chemin ... il ne foule pas
       RSV : by paths (his feet) have not trod
       J* : par un chemin (que ses pieds) ne font
             qu'effleurer (en note : "...litt. 'il
             ne foule pas (yabûs) de ses pieds' conj...")
    Fac.: 14
    Transl.: <on> a path which he does not tread
    Trad.:   <sur> un chemin qu'il ne parcourt pas <à
             pied> (litt. avec ses pieds)

41.11

C אַנְשֵׁי
    the men (bringing charges against you)
    les hommes de (ton procès)
      RSV : those who (strive against you)
      J   : ceux qui (te cherchaient querelle)
      TOB : les gens en (querelle avec toi)
      L   : und die Leute, die (mit dir hadern)
כּוֹל אַנְשֵׁי (=Brockington : כָּל־)
   all the men of (your process)
   tous les hommes de (ton procès)
     NEB*: all who set themselves against you
  Fac.: 4,13
  Transl.: the men (bringing charges against you) /
          the men (who strive against you)
  Trad.:   les hommes de (ton procès) / les hommes
          (en procès contre toi)

41.22

C יַגִּישׁוּ
    they may bring near
    qu'ils rapprochent
      RSV : let them bring them
      J   : présentez
      L   : bringt (eure Sache) vor
[יִגְּשׁוּ] (=Brockington)
   they may draw near
   qu'ils s'approchent
     NEB : come, (open your plea...)
     TOB : qu'ils s'avancent
  Fac.: 4
  Transl.: they may bring near
  Trad.:   qu'ils rapprochent

41.23

B וְנִרְאֶה = QERE
   and we shall see
   et nous verrons
     TOB : et nous verrons
וְנִרָא = KETIV (=Brockington)
   and we shall be afraid
   et nous aurons peur
     RSV : (that we may be...) and terrified
     NEB : (anything that may grip us with...) awe
     J   : (que nous éprouvions...) et de la crainte

    L   : (damit wir...) und erschrecken
Fac.: 5/14
Rem.: It is possible that the KETIV reading of the
    Massoretes was not interpreted by them in the
    same way as modern scholars do (and as is indica-
    ted above) : "and we shall be afraid". Such an
    interpretation would be a mere conjecture.
Rem.: Peut-être la leçon du KETIV des Massorètes
    n'était-elle pas comprise par eux dans le sens de
    "et nous avons peur", comme l'interprètent par
    contre certains exégètes modernes. Une telle in-
    terprétation ne serait alors qu'une conjecture.
Transl.: and we shall see
Trad.:   et nous verrons

41.24

C מאפע
    less than nothing
    moins que du néant
      RSV : nought
      NEB : (your works are) rotten
      TOB : moins que néant
      L   : (ist) auch nichts
 [מאפס]
    less than nothing
    moins que néant
      J* : moins que néant
Fac.: 8
Rem.: The meaning of this word, which occurs only
    here in the Old Testament, cannot be determined
    with certainty. The knowledge of its exact meaning
    must have been lost in very early times.
Rem.: Le sens de ce mot, qui ne figure qu'ici dans
    l'Ancien Testament, ne peut plus être déterminé
    avec certitude. On a dû perdre la connaissance de
    sa signification très tôt.
Transl.: less than nothing
Trad.:   moins que du néant

41.25

B יִקְרָא בשמי
 he calls on my name
 il invoque mon nom
  RSV : and he shall call on my name
  L : den, der meinen Namen anruft
ויקרא בשמו
 and he is called on by his name
 et il est appelé par son nom
  TOB*: il s'entend appeler par son nom
Fac.: 4
[יִקָּרֵא בשמי] (=Brockington)
 he will be called on in my name
 il sera appelé en mon nom
Fac.: 14
[אֶקְרָא בשמי]
 I call in my name
 j'appelle en mon nom
  NEB*: I called..., summoned him in my name
Fac.: 1
[יִקָּרֵא בשמו]
 he will be called on by his name
 il sera appelé par son nom
  J* : il est appelé par son nom
Fac.: 14
Transl.: he calls on my name
Trad.: il invoque mon nom

41.25

C ויבא
 and he will come / trample
 et il viendra / piétinera
  NEB : he marches over
  TOB : il piétine
  L : er zerstampft
[ויבס]
 and he will tread down
 et il piétinera
  RSV*: he shall trample on
  J* : il piétine
Fac.: 14
Transl.: and he will trample
Trad.: et il piétinera

41.27

C הנה הנם
   behold, behold them
   voici, les voici
      J   : voici, les voici
      L   : siehe, da sind sie
   הנה הנומה (=Brockington)
   behold him who speaks
   voici celui qui parle
      NEB*: here is one who will speak
      TOB*: que voici ... celui qui parle
   Fac.: 4,8
[הגדתיה / הגדתי]
   I announced id / I announced
   je l'ai annoncé / j'ai annoncé
      RSV*: I ... have declared it
   Fac.: 14
   Transl.: behold, behold them
   Trad.:   voici, les voilà

41.29

C און
   a delusion / an evil
   une chimère / un malheur
      RSV : a delusion
      NEB : empty things
      TOB : une malfaisance
   אין
   nothing
   néant
      J* : ils ne sont rien
      L   : nichts
   Fac.: 4
   Transl.: a delusion / an evil
   Trad.:   une chimère / un malheur

42.3

A לאמת
   for truth
   pour la vérité
      RSV : faithfully
      J   : fidèlement
      TOB : à coup sûr
      L   : in Treue

לאמת =[לְאֻמֹּת] (Brockington)
   for nations
   pour des nations
     NEB*: on every race
  Fac.: 14
  Transl.: for truth
  Trad.:   pour la vérité

42.6

C וְאַחֹזק...וְאֶצָּרְךָ וְאֶתֶּנְךָ
   and I shall fasten ... and I shall keep/form you
   ans I shall give you
   et j'affermirai ... et je te garderai/formerai
   et je te donnerai
     L   : und halte dich (bei der Hand) und behüte
         dich und mache dich
 [וָאַחֹזק...וָאֶצָּרְךָ וָאֶתֶּנְךָ] (=Brockington)
   and I fastened ... and I kept / formed you and I
   gave you
   et j'affermis ... et je te gardai/formai et je te
   donnai
     RSV : I have taken (you by the hand) and kept
         you; I have given you
     NEB : (I ... have...) and taken you (by the
         hand); I have formed you and appointed you
     J   : je t'ai saisi (par la main), et je t'ai
         modelé, j'ai fait de toi
     TOB*: je t'ai tenu (par la main), je t'ai mis
         en réserve et je t'ai destiné
  Fac.: 1,4,5
  Rem.: See a similar textual problem in 43.28 below.
  Rem.: Voir un problème textuel analogue en 43.28.
  Transl.: and I shall fasten ... and I shall keep /
        form you and I shall give you
  Trad.:   et j'affermirai... et je te garderai /
        formerai et je te donnerai

42.11

C יִשְׂאוּ
   they may lift up
   qu'ils élèvent
     RSV : let (the desert and its cities) lift up
         their voice
     J   : que se fassent entendre (?)
     TOB : qu'élèvent la voix
     L   : rufet laut (?)

יַשָׁאוּ =[יִשָׁאוּ = יִשּׂוֹאוּ] (=Brockington)
   they may rejoice
   qu'ils se réjouissent
     NEB : let (the wilderness and its towns) rejoice
Fac.: 14
Transl.: they may lift up ⟨their voice⟩
Trad.:   qu'ils élèvent ⟨leur voix⟩

42.19

C וְעוֵּר
   and blind
   et aveugle
     RSV : or blind
     L   : und so blind
וְחֵרֵשׁ (=Brockington)
   and deaf
   et sourd
     NEB*: so deaf
     J*   : et sourd
     TOB*: sourd
Fac.: 1,4
Transl.: and blind
Trad.:   et aveugle

42.20

רָאוֹת = QERE
   to see
   de voir
     RSV*: he sees (?)
Fac.: 4,5
C רָאִיתָ = KETIV
   you have seen
   tu as vu
     NEB : you have seen
     J   : tu as vu
     TOB : tu as ... vu
     L   : du sahst
Rem.: See also the two following cases.
Rem.: Voir aussi les deux cas suivants.
Transl.: you have seen
Trad.:   tu as vu

42.20

B ‏ולא תשמר‏
     and you do not keep
     et tu ne gardes pas
        NEB : (you have...) but remembered little
        J   : (tu as...) sans y faire attention
        TOB : (tu as...), mais tu n'as pas retenu
        L   : aber du hast's nicht beachtet
   [‏ולא ישמר‏]
     and he does not keep
     et il ne garde pas
        RSV : but does not abserve them
     Fac.: 14
     Transl.: and you do not keep
     Trad.:   et tu ne gardes pas / ne retiens pas

42.20

C ‏ולא יִשְׁמָע‏
      and he does not hear / and one does not hear
      et il n'entend pas / et on n'entend pas
        RSV : but he does not hear
        TOB : mais on n'entend pas
     ‏ולא ישמע‏ =[‏ולא יִשָּׁמַע‏] (=Brockington)
     and it is not heard
     et il ne s'entend pas
        NEB : but nothing is heard
     Fac.: 14
     ‏ולא תשמע‏
     and you do not hear
     et tu n'entends pas
        J* : tu n'entendais pas
        L   : aber du hast nicht gehört
     Fac.: 4,5
     Transl.: and one does not hear / and he does not hear
     Trad.:   et on n'entend pas / et il n'entend pas

42.24

B ‏חטאנו‏
     we have sinned
     nous avons péché
        RSV : we have sinned
        J   : nous avions péché
        TOB : nous avons commis des fautes
        L   : (an dem) wir gesündigt haben

[חטאו] (=Brockington)
   they have sinned
   ils ont péché
     NEB*: they sinned
Fac.: 4,6
Transl.: we have sinned
Trad.:   nous avons péché

43.4

A מאשר...אדם
   since / because...man/men
   puisque / du fait que ... l'homme / des hommes
     RSV : because... (I give) men
     J   : car ... (je livre) des hommes
     TOB : du fait que... (je donne donc) des hommes
     L   : weil ... (ich gebe) Menschen
אדם...מאשר =[מֵאָשֵׁר...אֱדֹם] (=Brockington)
   more than Assyria ... Edom
   plus que l'Assyrie... Edôm
     NEB : than the Assyrians ... (I would give) the
          Edomites
Fac.: 14
Transl.: since / because... man/men
Trad.:   puisque / du fait que... l'homme/les hommes

43.10

B וְעַבְדִּי
   and my servant
   et mon serviteur
     RSV : and my servant
     J   : (vous êtes) le serviteur (que je) me (suis
     TOB*: mon serviteur   choisi)
     L   : und mein Knecht
ועבדי =[וְעַבְדַּי]
   and my servants
   et mes serviteurs
     NEB : my servants
Fac.: 1,4,5
Transl.: and my servant
Trad.:   et mon serviteur

43.13

B גם-מיום
   and from today on also
   et depuis aujourd'hui aussi
      RSV : and also henceforth
      NEB : from this very day
      TOB : oui, désormais
      L   : ehe denn ein Tag war
[גם מעולם]
   and from everlasting also
   et depuis l'éternité aussi
      J* : de toute éternité
Fac.: 6,7
Transl.: and also henceforth
Trad.:   et aussi désormais

43.14

B בְּרִיחִים כלם
   fugitives, all of them
   des fugitifs, eux tous
      NEB : as they flee (?)
      TOB : tous ... en fugitifs
[בְּרִיחִים כלם]=בריחים כלם
   the bars, all of them
   des verrous, eux tous
      RSV : all the bars
      J* : tous les verrous
Fac.: 1,8
[בריחי כלאכם]
   the bars of your prison
   les verrous de votre prison
      L   : die Riegel eures Gefängnisses
Fac.: 14
Transl.: as refugees
Trad.:   en fugitifs

43.14

A בָּאֳנִיּוֹת
   on the ships of
   dans les navires de
      TOB : sur ces navires
[בָּאֳנִיּוֹת]= באניות
   in lamentations
   dans des lamentations
      RSV*: to lamentations

NEB : to groaning
J* : en lamentations
L   : zur Klage
Fac.: 14
Rem.: The last part of the verse may be translated
    as follows : "and I shall bring them all down,
    as refugees, even the Chaldeans, on the ships
    ⟨where⟩ their shouting ⟨resounded⟩".
Rem.: La dernière partie du V. peut être traduite
    comme suit : "et je les ferai descendre, eux
    tous, en fugitifs, même les Chaldéens, sur les
    navires ⟨où⟩ leur acclamation ⟨retentissait⟩".
Transl.: See Remark
Trad.:   Voir Remarque

43.19

C נהרות
    streams
    des fleuves
        RSV : rivers
        J   : des fleuves
        L   : Wasserströme
    Fac.: 5
C נתיבות = 1QIs^a (=Brockington)
    paths
    des sentiers
        NEB*: paths
        TOB*: des sentiers
    Fac.: 5
Rem.: The Committee was evenly divided in this
    case. One half of the Committee preferred the
    MT with a C rating, while the other half voted
    for the reading of 1QIs^a, also with a C rating.
    In both instances textual corruption was viewed
    as having resulted from assimilation to similar
    passages (Fac.5). Translators may therefore
    choose either reading and give the alternative in
    note.
Rem.: Le Comité était divisé, dans ce cas, à parties
    égales : une moitié des membres préféra le TM avec
    la qualification C, alors que l'autre moitié choi-
    sit la leçon de 1QIs^a, avec la même qualification
    C. La corruption du texte était due, selon les
    deux explications, à une assimilation à des pas-
    sages semblables (Fac.5). Les traducteurs peuvent
    donc choisir l'une des deux leçons, en donnant
    l'autre en note.

Transl.: either : streams, or : paths (see Rem.)
Trad.:   ou : des fleuves, ou : des pistes (voir Rem.)

43.25

B לא אזכר
    I will not remember
    je ne me rappellerai point
        RSV : and I will not remember
        J   : et je ne me souviendrai plus
        TOB : que je ne garde pas ... en mémoire
        L   : <u>und gedenke ... nicht</u>
    לא אזכר עוד (=Brockington)
    I shall remember no longer
    je ne me rappellerai pas plus longtemps
        NEB*: (I...) will remember...no more
    Fac.: 4
    Transl.: I will not remember
    Trad.:   je ne me rappellerai point

43.28

C וָאֲחַלֵּל שרי קדש
    and I profane the princes of the sanctuary
    et je profane les princes du sanctuaire
    [וָאֲחַלֵּל]= ואחלל שרי קדש
    and I profaned the princes of the sanctuary
    et j'ai profané les princes du sanctuaire
        RSV : therefore I profaned the princes of the
              sanctuary
        J   : alors j'ai destitué les chefs du sanctuaire
        TOB*: alors j'ai déshonoré les sacro-saintes au-
              torités (en note : "Ou: <u>profané</u>... litt.
              les <u>princes du sanctuaire</u>...")
        L   : darum habe ich die Fürsten des Heiligtums
              entheiligt
    Fac.: 1,8,6
    [ויהללו שריך קדשי] (=Brockington)
    and your princes profane my sanctuary
    et tes princes profanent mon sanctuaire
        NEB*: and your princes profaned my sanctuary
    Fac.: 7
    Rem.: The verbal forms of verse 28 in the MT indicate
    a connection between verses 27 and 28, whether one
    regards the events of these verses as having taken
    place in the past, the present or the future.
    Translators may choose the tense which is appropri-
    ate to their exegetical interpretation of the whole
    passage. See the next case also.

Rem.: Les formes verbales du verset 28 en TM étab-
   lissent une suite entre les versets 27 et 28, sans
   fixer explicitement le niveau temporel, passé,
   présent ou futur, sur lequel les événements se
   passent. Les traducteurs choisiront le temps des
   verbes selon l'interprétation d'ensemble qu'ils
   donnent du passage. Voir le cas suivant aussi.
Transl.: so I profane / profaned / will profane the
        princes of the sanctuary
Trad.:   de sorte que je profane / profanais / pro-
        fanerai les princes du sanctuaire

43.28

B וָאֶתְּנָה
     and I will give
     et je donnerai
   ואתנה= [וָאֶתְּנָה] (=Brockington)
     and I gave
     et je donnai
       RSV : I delivered
       NEB : so I sent
       J   : j'ai livré
       TOB : j'ai voué
       L   : (darum habe ich...) und ... übergeben
Fac.: 8,6
Rem.: See the precedent case with its Remark.
Rem.: Voir le cas précédent avec sa Remarque.
Transl.: so I give / gave / will give
Trad.:   de sorte que je donne / donnais / donnerai

44.4

C בבין
     in between / among / as between
     entre / parmi / comme parmi
   כבין (=Brockington)
     as among
     comme parmi
       NEB*: like a green tamarisk
       J   : comme parmi (les herbages)
       TOB : comme en (plein herbage)
 Fac.: 4
 [כבין מים]
     like, between waters
     comme, entre les eaux
       RSV*: like (grass) amid waters
       L   : wie (Gras) zwischen Wassern

Fac.: 4.13
Transl.: as among
Trad.:   comme parmi

44.5

C יְקָרֵא...וְכַנֶּה
    he/one will call...he/one will name
    il/on appelle...il/on nomme
  [יְכָנֶּה...יְקָרֵא=] יקרא...יכנה   (Brockington)
    he will be called ... he will be named
    il s'appellera... il se nommera
      RSV : another will call himself... and sur-
            name himself
      NEB : that one shall call himself... and shall
            add the name... to his own
      J   : et cet autre se réclamera (du nom...)
            et on lui donnera (le nom...)
      TOB : l'autre s'appellera... et se qualifiera
      L   : und jener wird genannt werden... und
            wird genannt werden
Fac.: 14 (see Rem.2 / voir Rem.2)
Rem.: 1. There are two ways of interpreting the
   above variants : (1) it is the foreigners who
   appeal in the name of Jacob and Israel, or (2)
   it is the Israelites who will be proud to carry
   the name of Jacob and Israel, from whom they
   have descended.
   2. The passive forms of either verb, taken sepa-
   rately, is attested by textual witnesses, but
   no such witness exists for the two passive forms
   taken together. Therefore, the passive reading
   of both verbs is a conjecture, and the text
   witnesses who have either verbal form in the
   passive mood, have smoothed out the differences
   within the MT (Fac.4).
Rem.: 1. Il y a deux manières d'entendre ces expressions : ou bien ce sont des étrangers qui
   font appel au nom de Jacob et d'Israël, ou bien
   ce sont des Israélites qui se font une gloire
   d'être Israélites de la souche de Jacob-Israël.
   2. Les formes passives de chaque verbe sont
   attestées, mais aucun témoin textuel ne donne
   les deux verbes au passif à la fois. C'est pourquoi il s'agit là d'une conjecture, et les témoins textuels qui ont une forme passive dans
   l'un des deux verbes, ont facilité la leçon par
   le passif (Fac.4).

Transl.: he will call (by the name of...) he will
         name (by the name of...)
Trad.:   il appellera (par le nom de...)... il
         nommera (par le nom de...)

44.7

B ומי-כמוני
    and who <is> like me
    et qui <est> comme moi
       RSV : who is like me
       J   : qui est comme moi
       TOB : qui est comme moi
       L   : und wer ist mir gleich
 [ומי-כמוני יעמד] (=Brockington)
    and who is like me ? He may stand up
    et qui est comme moi ? Qu'il se lève
       NEB*: who is like me ? Let him stand up
 Fac.: 13
 Transl.: and who <is> like me
 Trad.:   et qui <est> comme moi

44.7

B משומי עם-עולם
    since my establishing the people of long ags
    depuis que j'ai établi le peuple au passé lointain
       J   : depuis que j'ai constitué un peuple
             éternel
       TOB*: depuis que j'ai établi la multitude qui
             remonte à la nuit des temps (en note :
             "Litt. le peuple de l'antiquité...")
 [מי השמיע מעולם]
    who has announced from of old
    qui a annoncé depuis lontemps
       RSV*: who has announced from of old
       L   : wer hat vorzeiten kundgetan
 Fac.: 14
 [ישמע מעולם] (=Brockington)
    he may announce from of old
    qu'il annonce depuis longtemps
       NEB*: let him announce beforehand
 Fac.: 14
 Transl.: since I established a people of old
 Trad.:   depuis que j'ai établi un peuple au passé
          lointain

44.7

C ואחירת
    and coming ⟨events⟩
    et ⟨des événements⟩ à venir
[אחירת] (=Brockington)
    coming ⟨events⟩
    ⟨des événements⟩ à venir
      RSV*: the things to come
      NEB*: things to come
      L   : das Künftige
 Fac.: 1,4
ואותירת יואמר
  he may tell the coming ⟨events⟩
  qu'il dise les ⟨événements⟩ à venir
    J* : ce qui se passe, qu'il le dise
    TOB*: qu'il dise les choses qui arriveront
 Fac.: 13
 Rem.: See the two following cases also.
 Rem.: Voir les deux cas suivants aussi.
 Transl.: and coming ⟨events⟩
 Trad.:   et ⟨des événements⟩ à venir

44.7

A יגידו
    let them announce (a kind of 3d person imperative)
    qu'ils annoncent
      RSV : let them tell
      TOB : qu'on... annonce
      L   : sie sollen... verkündigen
[יגד] (=Brockington)
    let him announce (a kind of 3d person imperative)
    qu'il annonce
      NEB*: let him declare
      J* : qu'il ... annonce
 Fac.: 14
 Rem.: See the preceding and the following case.
 Rem.: Voir le cas précédent et le cas suivant.
 Transl.: let them announce
 Trad.:   qu'ils annoncent

44.7

B למו
    to them
    à eux
      J* : (qu'il le) leur (annonce)

[לָנוּ]
    to us
    à nous
        RSV*: (let them tell) us
        TOB : (qu'on) nous (les annonce)
        L   : (sie sollen) uns (verkündigen)
 Fac.: 1,4
 [Lacking.Manque] = NEB
 Fac.: 1,4,6
 Rem.: 1. See the two preceding cases also. 2. There
    are two interpretations of this pronoun : (1)
    as a so-called ethical dative : "they may announce
    it for them" (i.e. for their own sake and ad-
    vantage), or (2) as a dative of the person to
    whom the announcement is made : "they may announce
    it to theirs" (i.e. to their believers and follo-
    wers). The second interpretation is more probable.
 Rem.: 1. Voir les deux cas précédents aussi. 2. On
    peut interpréter ce pronom de deux manières, soit
    comme datif éthique "qu'ils l'annoncent pour eux"
    (c.-à-d. pour leur propre avantage et dans leur
    propre intérêt), soit comme datif de la personne
    à qui le message s'adresse "qu'ils l'annoncent
    aux leurs" (c.-à-d. à leurs croyants et adhérents).
    La deuxième interprétation est plus probable.
 Transl.: See Remark
 Trad.:   Voir Remarque

44.12

C חרש ברזל
    the iron worker / ironsmith
    l'artisan sur fer / le forgeron
        RSV : the ironsmith fashions (?)
        J   : le forgeron (fabrique)
        L   : der Schmied (macht)
 Fac.: 10
C[יחד חרש ברזל] = LXX (=Brockington)
    the ironsmith sharpens
    le forgeron aiguise
        NEB*: the blacksmith sharpens
        TOB*: l'artisan sur fer appointe
 Fac.: 11,13
 Rem.: The Committee was evenly divided in this
    case. One half voted for the MT with a C rating,
    and explained the reading of the LXX as an er-
    roneous double writing or an expanded text form.
    The MT should then be explained as a so-called

"casus pendens" (i.e. as a series of nouns without
verb or preposition, forming an incomplete part
of a clause). The phrase may be translated : "<as
for> the ironsmith, the tool (he works) it...".
The other half of the Committee preferred the
reading of the LXX, also with a C rating, and
explained the MT as a haplography (Fac.10). It may be
translated as : "the smith sharpens the iron with
a tool and...". Translators may choose either
reading for their translation and give the alternative reading in a note.

Rem.: Le Comité était divisé en ce cas : une moitié
vota pour le TM avec la qualification C, expliquant
la leçon de la LXX comme la répétition erronée
d'un même mot ou comme l'introduction d'un mot
dans le texte. On peut comprendre le TM comme
"casus pendens", c.-à-d. comme un ensemble de
substantifs sans verbe ni préposition qui forme
une partie incomplète de phrase. On peut traduire:
"<quant> au forgeron sur fer, l'instrument : (il)
le (travaille)...". L'autre moitié du Comité
préféra la leçon de la LXX, également avec la
qualification C, expliquant le TM comme une haplographie (Fac.: 10). Elle peut être traduite comme
suit : "le forgeron aiguise le fer avec un instrument et...". Les traducteurs pourront choisir
l'une des deux leçons et donner l'autre en note.

Transl.: See Remark
Trad.:   Voir Remarque

44.12

C ופעל
    and makes
    et fait
      RSV : and works it
      TOB*: le passe
[יפעל]
    makes
    fait
      J   : fabrique
      L   : macht
  Fac.: 4
[ופעלו] (=Brockington)
    and his work
    et son ouvrage
      NEB*: his work
  Fac.: 14

Rem.: See the preceding case also.
Rem.: Voir aussi le cas précédent.
Transl.: and makes / and works (it on charcoal)
Trad.:   et fait / et (le) travaille (sur les
         charbons)

44.21

C לֹא תִּנָּשֵׁנִי
   you will not be forgotten by me
   tu ne seras pas oublié de moi
      RSV : you will not be forgotten by me
      J   : je ne t'oublierai pas
      L* : ich vergesse dich nicht
   לוא תשאני
   you will not deceive me
   tu ne me tromperas pas
      TOB*: tu ne me décevras pas
   Fac.: 4
   [לֹא תִנְשֵׁנִי] (=Brockington)
   you will not forget me
   tu ne m'oublieras pas
      NEB : you shall not forget me
   Fac.: 6
   Transl.: you will not be forgotten by me
   Trad.:   tu ne seras pas oublié de moi

44.24

   מֵאִתִּי = QERE
     by myself
     de moi-même
        NEB : alone
     Fac.: 4
C מִי אִתִּי = KETIV
     who with me ?
     qui avec moi ?
        RSV*: - who was with me ? -
        J   : sans personne avec moi
        TOB : qui m'assistait ?
        L   : ohne Gehilfen
     Transl.: who <is/was> with me ?
     Trad.:   qui <est/était> avec moi ?

44.26

B עבדו
    of his servant
    de son serviteur
        RSV : of his servant
        J   : de mon serviteur
        TOB*: de mon serviteur (en note : "Litt. ...
            de son serviteur...")
[עבדיו]
    of his servants
    de ses serviteurs
        NEB : my servants' (prophecies)
        L   : meiner Knechte
  Fac.: 1,4
  Transl.: of his servant
  Trad.:   de son serviteur

44.28

B והיכל תוסד
    and of the temple : you will be founded
    et du temple : tu seras fondé
        RSV : and of the temple, 'Your foundation shall
            be laid'
        J* : et au Temple : "Tu seras rétabli."
        TOB : et pour le Temple : "Sois à nouveau fondé !"
        L   : und zum Tempel : Werde gegründet
[והיכל יוסד] (=Brockington)
    and the temple will be founded
    et le temple sera refondé
        NEB*: and the foundations of the temple may
           be laid
  Fac.: 3,5,6
  Rem.: Two interpretations of the MT are possible :
    (1)"and a temple will/may be founded", or
    (2)"and to the temple : 'you will/shall be founded'".
    The first interpretation is more likely.
  Rem.: Deux interprétations sont possibles, soit
    (1)"et un temple sera fondé/ et qu'un temple soit
    fondé", soit (2) "et au temple : 'tu seras fondé/
    sois fondé'". La première interprétation est plus
    probable.
  Transl.: See Remark
  Trad.:   Voir Remarque

45.8

ויפרו-ישע
   they may bring forth salvation
   qu'ils produisent le salut
  Fac.: 12
C ויפרח-ישע
   and salvation may spront forth
   et que le salut germe
     RSV*: that salvation may spront forth
     TOB : que s'épanouisse le salut
[ויפר-ישע]
   and it may bring forth salvation
   qu'elle (la terre) produise le salut
     NEB : that it may bear the fruit of salvation
     J   : (que...) et produise le salut
     L   : und bringe Heil
  Fac.: 4,6
  Transl.: and salvation may sprout forth
  Trad.:   et que le salut germe

45.9

C אֶת-חַרְשֵׂי אדמה
   with the potsherds of clay
   avec les tessons d'argile
     J   : parmi les vases de terre
     TOB : parmi les cruchons de glaise
     L   : unter irdenen Scherben
את-חרשי אדמה =[אֶת-חֹרְשֵׂי אדמה] (=Brockington)
   with the potters of clay
   avec les potiers d'argile
     NEB : with the hand that shapes it
  Fac.: 4,5
[אֶת-חֹרֵשׁ אדמה]
   with the potter of clay
   avec le potier d'argile
     RSV*: with the potter
  Fac.: 14
  Transl.: with the potsherds of clay
  Trad.:   avec les tessons d'argile

45.9

C ופעלך ... לו
   and your work ... to him
   et ton oeuvre ... à lui
     RSV : or 'Your work has (no handles)

```
         J   : ton oeuvre (n') a (pas de mains)
         TOB : et l'oeuvre réalisée par toi..." ...
               (n') a (pas de mains)"
[לך ... ופעלו] (=Brockington)
      and his work ... to you
      et son oeuvre ... pour toi
         NEB*: or his handiwork ... you have (no skill)
         L   : und sein Werk : Du hast (keine Hände)
   Fac.: 14
   Rem.: It is possible to interpret this expression
      as : (1) "and <says> your work : 'He has no
      hands !'?", or (2) "and your work has no handles",
      or (3) "and your work <is the work of> someone
      who has no hands"  (i.e. one who has no skill).
   Rem.: Il est possible d'interpréter cette expres-
      sion : (1) "et ton oeuvre <dit-elle> : 'Il n'a
      pas de mains !'?", ou bien (2) "et ton oeuvre
      n'a pas d'anses", ou bien (3) "et ton oeuvre
      <est l'oeuvre de> celui qui n'a pas de mains"
      (c.-à-d. d'un maladroit).
   Transl.: See Remark
   Trad.:   Voir Remarque
```

45.10

```
C הוי אמר
      woe to him who says
      malheur à qui dit
         RSV : woe to him who says
         J   : malheur à qui dit
         TOB : malheur à qui dit
         L   : weh dem, der ... sagt
[היאמר] (=Brockington)
      does he say ?
      dit-il ?
         NEB*: will the babe say
   Fac.: 14
   Transl.: woe to him who says
   Trad.:   malheur à qui dit
```

45.11

B האתיות שאלוני
   the things to come, ask them from me ! (imper.plur.)
   les choses à venir, demandez-les-moi !
     TOB*: exigez donc de moi les choses à faire
האותות שאלוני
   the signs, they ask them from me
   les signes, ils me les demandent
     J* : on me demande des signes
 Fac.: 4
[האתם תשאלוני]
   do you ask me ?
   est-ce vous qui me demandez ?
     RSV*: will you question me
     L   : wollt ihr mich zur Rede stellen
 Fac.: 14
[האתי תשאלוני] (=Brockington)
   would you ask me ?
   me demanderez-vous à moi ?
     NEB : would you dare question me
 Fac.: 14
 Rem.: The entire verse in the MT may be interpre-
    ted in the following way : "thus says the LORD,
    the Holy One of Israel, and his Maker : 'question
    me about the things to come, ⟨but⟩ as to my sons
    and the work of my hands, let me take care of them!"
 Rem.: Le verset, dans son ensemble, peut être inter-
    prété comme suit : "ainsi parle le SEIGNEUR, le
    Saint d'Israël et celui qui l'a fait : interrogez-
    moi sur les choses à venir, ⟨mais⟩ quant à mes
    fils et l'oeuvre de mes mains, laissez-m'en la
    charge !"
 Transl.: See Remark
 Trad.:   Voir Remarque

45.14

B וְּסֹחָר ... יְגִיעַ
   the labour of ... and the trade of
   le labeur de ... et le commerce de
     RSV : the wealth of ... and the merchandise of
     J   : les productions de ... le commerce de
     TOB : la main-d'oeuvre d'... le commerce de
     L   : der (Aegypter) Erwerb und der (Kuschiter)
        Gewinn
וסחר ... יגע =[וְסֹחֵר] ... וְיגַע] (=Brockington)
   the labourer(s) of ... and the merchant(s) of
   le(s) travailleur(s) de ... et le(s) commerçant(s)
   de

          NEB : toilers of ... (Nubian) merchants
     Fac.: 14
     Transl.: the labour of ... and the trade of
     Trad.:   le labeur de ... et le commerce de

45.16

C כלם יחדו
     all of them together
     eux tous, ensemble
        RSV : all of them..., ... together
        J   : tous ensemble
        TOB : tous ensemble
        L   : alle ... und miteinander
 [כל-נחריו] (=Brockington)
     all his enemies
     tous ses adversaires
        NEB*: those who defy him
     Fac.: 5
     Transl.: all of them together
     Trad.:   eux tous ensemble

45.24

C אך ביהוה לי אמר
     only in the LORD, to / of me he says (or : one says)
     seulement dans le SEIGNEUR, à moi /de moi il dit
     (ou : on dit)
        RSV : "only in the LORD, it shall be said of me
        NEB : in the LORD alone, men shall say
     אך ביהוה ליא יאמר
     only in the LORD, it (i.e. the tongue, verse 23)
     will say to/of me
     seulement dans le SEIGNEUR, elle (c.-à-d. la langue,
     verset 23) me dira/dira de moi
        TOB*: c'est seulement dans le SEIGNEUR, dira-t-elle
              de moi
     Fac.: 3,4,8
 [אך ביהוה לאמר]
     only in the LORD, saying
     seulement dans le SEIGNEUR, disant
        J* : en disant : En Yahvé seul
        L   : (und alle Zungen...) und sagen : Im HERRN
     Fac.: 3,4,8
     Rem.: לי, "to me" means here "about me" or "concer-
     ning me"; אמר has an impersonal meaning "one says"
     and refers to a future which is certain : "one
     will say".

Rem.: לי, "à moi" signifie ici "de moi" ou "à mon
sujet", אמר a un sens impersonnel "on dit" et
exprime un futur certain : "on dira".
Transl.: one will say about me
Trad.:   on dira à mon sujet

47.3

C ולא אפגע אדם
    and ⟨with kindness⟩ I shall meet no one
    et je ne rencontrerai ⟨avec bienveillance⟩ personne
      RSV : and I will spare no man
      NEB : I will treat with none of you
      TOB : et je n'aurai pas recours à un homme
      L   : ich will mich rächen, unerbittlich (?)
[ולא יפגע אדם]
    and no one will meet me
    et personne ne s'opposera à moi
      J* : et personne ne s'y opposera
   Fac.: 6
   Rem.: Two interpretations are suggested : (1) "I
     shall spare nobody" (i.e. by shutting the ears
     to prayers in favour of guilty Babylon), or (2)
     "I shall meet nobody" (i.e. who could oppose my
     taking vengeance on Babylon).
   Rem.: Deux interprétations peuvent être suggérées,
     soit (1) "je n'épargnerai personne" (c.-à-d. que
     je fermerai mes oreilles à toute prière en faveur
     de Babylone coupable), soit (2) "je ne rencontrerai
     personne" (c.-à-d. qui pourrait m'empêcher de tirer
     vengeance de Babylone).
   Transl.: See Remark
   Trad.:   Voir Remarque

47.4

B גאלנו
    our redeemer
    notre rédempteur
      RSV : our Redeemer
      TOB : celui qui nous rachète
[אמר גאלנו]   (=Brockington)
    says our redeemer
    dit notre rédempteur
      NEB*: says...our ransomer
      J* : notre rédempteur...a dit
      L   : spricht unser Erlöser
   Fac.: 14

Transl.: our redeemer ⟨is⟩
Trad.:   notre rédempteur ⟨est⟩

47.14

C לַהְמָם
   for their bread / of their bread
   pour leur pain / de leur pain
לחמם   [לְחֻמָּם](=Brockington) / להומם = 1QIs[a]
   for warming themselves
   pour se chauffer
     RSV : for warming oneself
     NEB : to warm them
     J   : pour se chauffer
     TOB : pour se chauffer
     L   : (an der) man sich wärmen...könnte
Fac.: 4,5
Rem.: There are two possible interpretations of the
  MT expression : (1) "(no charcoal) for their bread",
  or (2) "(no charcoal) for warming oneself".
Rem.: Deux interprétations de cette expression peuvent être suggérées, soit (1) "(pas de braise) pour
  leur pain", soit (2) "(pas de braise) pour se
  chauffer".
Transl.: See Remark
Trad.:   Voir Remarque

48.1

B וממי יהודה
   and from the waters of Judah
   et des eaux de Juda
     J* : (vous qui êtes issus) des eaux de Juda
     TOB*: (vous qui êtes issus) des sources de Juda
           (en note : "Litt. des eaux de Juda...")
     L   : und aus dem Wasser Judas
[ומזרע יהודה]
   and from the seed of Judah
   et de la semence de Juda
     NEB : from the seed of Judah
  Fac.: 1,6
[וממעי יהודה]
   and from the loins of Judah
   et des reins de Juda
     RSV*: and (who came forth) from the loins of
           Judah
  Fac.: 14

Rem.: The "waters" refer here to the sperm of a man
      (his seed).
Rem.: Les "eaux" signifient ici le sperme de l'homme,
      sa semence.
Transl.: and from the waters of Judah
Trad.:   et des eaux de Juda

48.9

B ותהלתי
    and ⟨for⟩ my praise
    et ⟨pour⟩ ma louange
      RSV : for the sake of my praise
      J   : pour mon honneur
      TOB : par égard pour la louange qui m'est due
      L   : und um meines Ruhmes willen
  [Transposed to V.11 / Transposé au V.11] = NEB*
  (=Brockington)
  Fac.: 14
  Rem.: See the textual problem in V.11 below.
  Rem.: Voir le problème textuel au V.11 ci-dessous.
  Transl.: and ⟨for⟩ my praise
  Trad.:   et ⟨pour⟩ ma louange

48.10

B צרפתיך
    I have refined you
    je t'ai épuré
      RSV : I have refined you
      NEB : how I tested you
      TOB : je t'ai épuré
      L   : ich habe dich geläutert
  [קניתיך] (?) / [מכרתיך] (?)
    I have bought you
    je t'ai acheté
      J* : je t'ai acheté
  Fac.: 5
  Transl.: I have refined you
  Trad.:   je t'ai épuré

48.11

איך יחל
  how should it be profaned
  comment serait-ce profané
 Fac.: 7
[איך יחל שמי]
  how should my name be profaned
  comment mon nom serait-il profané
    RSV*: for how should my name be profaned
    J* : comment mon nom serait-il profané
    TOB*: comment, en effet, mon nom serait-il désho-
 Fac.: 7   noré
C [איך אחל] = 1QIs^a = איכה איחל
  how should I be profaned
  comment serais-je profané
    L   : dass ich nicht gelästert werde
[איך יחל תהלתי] (=Brockington)
  how should my praise be profaned
  comment ma louange serait-elle profanée
    NEB*: let them disparage my past triumphs if
          the will
 Fac.: 14
 Rem.: See also the textual problem in 48.9 above.
 Rem.: Voir aussi le problème textuel en 48.9 ci-
    dessus.
 Transl.: how should I be profaned
 Trad.:   comment serai-je profané

48.14

B בהם
    among / in them
    parmi / en eux
      RSV : among them
      J   : parmi eux
      TOB : parmi les autres
      L   : unter ihnen
    בכם (=Brockington)
    among you (plural)
    parmi vous
      NEB*: of you
 Fac.: 2,4,5
 Transl.: among them
 Trad.:   en eux

48.14

C יהוה אהבו יעשה חפצו
    whom the LORD loves, will do his will
    celui que le SEIGNEUR aime fera sa volonté
        RSV : the LORD loves him; he shall perform his
              purpose
        J   : Yahvé l'aime; il accomplira son bon plai-
              sir
        TOB : celui que le SEIGNEUR aime exécutera son
              bon plaisir
        L   : er, den der HERR liebt, wird seinen Wil-
              len ... beweisen
    [אהבי יעשה חפצי]
    my beloved one will do my will
    mon bien-aimé fera ma volonté
        NEB*: that he whom I love shall wreak my will
    Fac.: 14
    Rem.: The Hebrew basis for the NEB, as given above,
      while corresponding to the translation of NEB,
      does not agree with the text indicated by Brocking-
      ton. The text as given by Brockington would have
      to be translated as "his beloved one will do his
      will".
    Rem.: Le texte hébraïque de NEB, cité ci-dessus,
      ne correspond pas au texte que Brockington in-
      dique, mais il est clairement la base de la
      traduction de NEB. Le texte de Brockington devrait
      être traduit ainsi : "son bien-aimé fera sa vo-
      lonté".
    Transl.: whom the LORD loves will do his will
    Trad.:   celui que le SEIGNEUR aime fera sa volonté

48.14

C וזרעו
    and his arm
    et son bras
        RSV : and his arm
        L   : und seinen Arm
    [וזרע]
    and the seed / posterity of
    et la semence / descendance de
        J* : et la race des (Chaldéens)
        TOB*: et son engeance
    Fac.: 4
    [וזרעו]
    and they shall be scattered
    et ils seront dispersés

NEB : and (the Chaldaeans) shall be scattered
Fac.: 14
Rem.: וזרעו, "and his arm" is parallel to אהבו,"and
whom he (i.e. the LORD) loves" in the first part
of the same line of the Hebrew text. Therefore,
the second part of the Verse 14 may be interpreted as follows : "whom the LORD loves will do his
will on Babylon, and ⟨it is⟩ his arm ⟨who will do
his will on⟩ the Chaldeans".
Rem.: וזרעו, "et son bras" est parallèle à אהבו,
"celui qu'il (c.-à-d. le SEIGNEUR) aime" dans la
première partie de ce stique. C'est pourquoi le
deuxième stique du V.14 peut être interprété
comme suit : "celui que le SEIGNEUR aime fera sa
volonté sur Babylone, et ⟨c'est⟩ son bras ⟨qui
fera sa volonté sur⟩ les Chaldéens".
Transl.: See Remark
Trad.:   Voir Remarque

49.7

לבזה-נפש
to a despising of a person
à un mépriser d'une personne
Fac.: 7
לבזוי-נפש
to one whose person is despised / to one who is
despised
à quelqu'un dont la personne est méprisé / à quelqu'un qui est méprisé
    RSV : to one deeply despised
    J* : à celui dont l'âme est méprisée
    TOB*: à celui dont la personne est méprisée
          (en note : "... à un méprisé dans sa
          personne...")
    L   : zu dem, der verachtet ist
  Fac.: 4,8
[לִבְזֹה-נפשו]
to one who despises his person / himself
à quelqu'un qui méprise sa personne / se méprise
lui-même
    NEB*: to one who thinks little of himself
  Fac.: 7,4
C לבזה נפשו = vocal.babylon.   [=... לִבְזֹה vocal.tiber.]
to a despised person
à une personne méprisée
Rem.: See also the following case with Rem.
Rem.: Voir aussi le cas suivant avec la Rem.

Transl.: to a despised person (literally : to
         someone despised ⟨with regard to⟩ his
         person)
Trad.:   à une personne méprisée (littéralement :
         à quelqu'un ⟨qui est⟩ méprisé ⟨quant à⟩
         sa personne)

49.7

לִמְתָעֵב גּוֹי
  to one who abhors the nations / heathens
  à quelqu'un qui a en dégoût les nations / païens
Fac.: 7
C [לִמְתָעֵב גּוֹי] = למתעב גוי
  to one abhorred by the nation(s)
  à quelqu'un qui est en dégoût à la nation / aux
  nations
    RSV : (to one...) abhorred by the nations
    NEB : whom every nation abhors
    J* : (à celui dont l'âme est...) honnie de la
          nation
    TOB*: et que le monde regarde comme un être
          abject
    L   : und verabscheut von den Heiden
  Rem.: See the preceding case also : In these two
  cases the text was corrected in the MT in order
  to avoid a statement which would present Israel
  as a despised person which the nations abhorred.
  Rem.: Voir aussi le cas précédent : dans ces deux
  cas, le TM a été altéré afin d'éviter une présenta-
  tion d'Israël comme méprisé et en dégoût aux nations.
  Transl.: to one abhorred by the nations
  Trad.:   à celui que les nations ont en dégoût

49.12

סִינִים
  people of Sinim
  peuple de Sînîm
    J* : de Sînîm (en note : "Probablement Syène,
          Eléphantine des Grecs et Assouan des
          Arabes...")
    L   : Sinim
  Fac.: 9
C סוניים (Brockington : סונים)
  people of Syene / of Assuan
  gens de Syène / d'Assouan

RSV*: of Syene
NEB*: of Syene
TOB*: d'Assouan (en note : "Litt. Syène...")
Transl.: people of Syene / Assuan
Trad.:   gens de Syène / d'Assouan

49.14

A וַאדֹנָי
   and the Lord
   et le Seigneur
      J   : le Seigneur
      L   : der HERR (L = 2. Aufl.)
וְאדֹנָי] ואדני
   and my Lord
   et mon Seigneur
      RSV : my Lord
      TOB : mon Seigneur
   Fac.: 6
ואלוהי (Brockington : וֵאלֹהַי)
   and my God
   et mon Dieu
      NEB*: my God
   Fac.: 1
[ויהוה]
   and the LORD
   et le SEIGNEUR
      L   : der HERR (L = 1. Aufl.)
   Fac.: 14
   Rem.: RSV and TOB may perhaps be regarded as having
      translated the MT.
   Rem.: RSV et TOB entendent peut-être traduire le TM.
   Transl.: and the Lord
   Trad.:   et le Seigneur

49.17

בָּנָיִךְ
   your sons
   tes fils
   Fac.: 5,7 (?)
C בוניך / בָּנַיִךְ = Babylonian vocalization/vocalisation
                     babylonienne
      [=Tiberian vocalization/vocalisation tibérien-
      ne : וּבֹנַיִךְ] (=Brockington)
   your builders / those who build you up
   tes bâtisseurs / ceux qui te bâtissent

```
        RSV : your builders
        NEB : those who are to rebuild you
        J*  : tes bâtisseurs
        TOB*: tes bâtisseurs
        L   : deine Erbauer
    Transl.: your builders / those who build you up
    Trad.:  tes bâtisseurs / ceux qui te bâtissent
```

49.17

מְהָרְסַיִךְ
```
    your destroyers / those who demolish you
    tes destructeurs / ceux qui te démolissent
        J   : ceux qui te détruisent
        TOB : et tes démolisseurs
        L   : aber die dich zerbrochen ... haben
    Fac.: 5,7 (?)
C  מהרסיך [=מְהֹרְסָיִךְ] (=Brockington)
    more than your destroyers;
    plus que tes destructeurs;
        RSV : (your builders outstrip) your destroyers,
        NEB : (those who are to rebuild you make better
               speed) than those who pulled you down,
    Transl.: more than your destroyers
    Trad.:  plus que tes destructeurs
```

49.19

B תצרי
```
    you are <too> narrow
    tu es <trop> étroite
        RSV : you will be too narrow
        NEB*: your boundaries shall ... be too narrow
        TOB : tu seras trop étroite
    [תצר]
    it (the land) is (too) narrow
    elle (la terre) est (trop) étroite
        J*  : (... tes décombres, ton pays désolé) sont
               ... trop étroits
        L   : (... dein ... Land) wird dir ... zu eng
               werden
    Fac.: 4
    Transl.: you are <too> narrow (for the inhabitants)
    Trad.:  tu es <trop> étroite (pour les habitants)
```

49.21

C גלה וסורה
    exiled and put away
    exilée et écartée
        RSV : exiled and put away
        J   : exilée et rejetée
        TOB : en déportation, éliminée
        L   : vertrieben und verstossen
 [Lacking.Manque] = NEB* (=Brockington)
 Fac.: 4
 Transl.: exiled and put away
 Trad.:   exilée et écartée

49.24

    צדיק
    of a righteous (man)
    d'un juste
    Fac.: 7
C עריץ (=Brockington)
    of a brutal ⟨man⟩/tyrant
    d'un ⟨homme⟩ brutal/tyran
      RSV*: of a tyrant
      NEB*: from the ruthless
      J* : d'un tyran
      TOB*: du tyran
      L   : einem Gewaltigen
    Transl.: of a brutal ⟨man⟩ / tyrant
    Trad.:   d'un ⟨homme⟩ brutal / tyran

50.4

B יעיר בבקר בבקר יעיר לי
    he wakens morning by morning, he wakens for me
    il éveille matin après matin, il éveille pour moi
        RSV : morning by morning he wakens, he wakens
                (my ear)
        J   : il éveille chaque matin, il éveille (mon
                oreille)
 [בבקר בבקר יעיר לי]
    morning by morning he awakens for me
    matin après matin il éveille pour moi
        TOB : matin après matin, il me fait dresser
                (l'oreille)
        L   : alle Morgen weckt er mir (das Ohr)
    Fac.: 14

[בבקר יעיר לי] (=Brockington)
   in the morning, he awakens for me
   le matin, il éveille pour moi
      NEB*: in the morning; he sharpened (my hearing)
            (in note : "lit. bored my ears.")
   Fac.: 14
   Transl.: he wakens morning by morning (i.e. every
            morning), he wakens for me (my ear)
   Trad.:   il éveille matin après matin (c.-à-d.
            chaque matin), il m'éveille (l'oreille)

50.11

B מאזרי
   those who gird on
   ceux qui se ceignent de
      J* : qui vous armez de
      TOB : qui formez un cercle de
   ומאזרי
   and those who gird on
   et ceux qui se ceignent de
      L   : (die ihr...) und (Brandpfeile) zurüstet
   Fac.: 4
   [ומאירי]
   and those who set afire
   et ceux qui allument
      RSV*: (you...) who set (brands) alight
      NEB*: (you who...) and set (fire-brands) alight
   Fac.: 1,6
   Rem.: There are two interpretations of this difficult expression, which may be suggested : (1) "you
   who make a round of (fire-brands)", or (2) "you
   who arm yourselves with (fire-brands)", literally
   "you who gird on (fire-brands)".
   Rem.: On suggère ici deux interprétations de cette
   difficile expression, soit (1) "vous qui formez
   un cercle de (brandons)", soit (2) "vous qui vous
   armez de (brandons)", littéralement "qui vous
   ceignez (de brandons)".
   Transl.: See Remark
   Trad.:   Voir Remarque

50.11

C בְּאוּר
   in the blaze of
   dans la flamme de

```
              NEB : into (your) own (fire)
              J   : aux flammes de
              TOB : dans le rougeoiement de
              L   : in die Glut
באור   [בְּאוֹר]
         in the light of
         dans la lumière de
              RSV : by the light of
         Fac.: 6,9
         Transl.: in the blaze of
         Trad.:   dans la flamme de
```

51.4

עמי ולאמי B
```
         my people, and my nation
         mon peuple, et ma nation
              RSV : my people, and ... my nation
              NEB*: my people, and ... O my nation
              J   : mon peuple, ô ma nation
              TOB*: vous, mon peuple, vous ma Cité
עמים ולאמים
         peoples, and nations
         peuples, et nations
              L   : ihr Völker, und ihr Menschen
         Fac.: 1,5,4
         Transl.: my people, and my nation
         Trad.:   mon peuple, et ma nation
```

51.16

לנטע A
```
         to plant
         à planter
              NEB : that I might fix
              TOB : en plantant
[לנטות]
         to stretch out
         à étendre
              RSV*: stretching out
              J*  : pour tendre
              L   : auf dass ich ... ausbreite
         Fac.: 6
         Transl.: to plant
         Trad.:   à planter
```

51.19

C מי אנחמך
   who (am I that) I should comort you ?
   qui (suis-je pour que) je te réconforte ?
מי ינחמך (=Brockington)
   who will comfort you ?
   qui te consolera ?
    RSV*: who will comfort you
    NEB*: who can comfort you
    J*   : qui t'en consolera
    TOB*: qui te réconfortera
    L   : wer hat dich getröstet
Fac.: 4,6
Rem.: The subject of the MT verb, namely "I", may
  refer either to God or to the prophet. Two interpretations of this difficult expression may be
  suggested : (1) "as who (i.e. how) shall / can
  I comfort you ?", or (2) "by whom can I console
  you ?" (i.e. by reminding the hearers of the
  destruction of which other people ?).
Rem.: Le sujet du verbe, "je", peut être ou bien
  Dieu ou bien le prophète. On peut suggérer deux
  interprétations de cette expression difficile, ou
  bien (1) "en tant que qui (c.-à-d. à quel titre)
  pourrai-je te consoler ?", ou bien (2) "par qui
  pourrai-je te consoler ?" (c.-à-d. en évoquent
  le malheur de quel autre peuple ?).
Transl.: See Remark
Trad.:   Voir Remarque

51.23

ביד-מוגיך
   in the hand of your tormentors
   dans la main de tes tortionnaires
    RSV : into the hands of your tormentors
    J   : dans la main de tes tortionnaires
    TOB : dans la main de tes tourmenteurs
    L   : deinen Peinigern in die Hand
Fac.: 10
C ביד-מוגיך ומעניך (=Brockington)
   in the hand of your tormentors and oppressors
   dans la main de tes tortionnaires et oppresseurs
    NEB*: (I will give it...) to your tormentors
          and oppressors
Transl.: in the hand of your tormentors and oppressors
Trad.:   dans la main de tes tortionnaires et oppres-
      seurs

52.2

B שְׁבִי
    captivity of / sit down
    captivité de / assieds-toi
      TOB : toi, la capture, (Jérusalem)
[שביה]
    captive
    captive
      RSV*: O captive (Jerusalem)
      NEB : captive (Jerusalem) (see Rem.)
      J* : (Jérusalem) captive
      L   : (Jerusalem,) du Gefangene
  Fac.: 14
  Rem.: NEB may possibly follow the MT, giving it
  however the interpretation of the variant reading.
  Rem.: NEB a peut-être suivi le TM, mais en l'inter-
  prétant comme la variante.
  Transl.: sit down ! / throne ! (imperative singular)
  Trad.:   assieds-toi ! / trône !

52.2

  הִתְפַּתְּחִי = QERE
  open ! (imperative feminine)
  ouvre ! (impératif féminin)
    RSV : loose (the bonds from your neck)
    NEB : loose (your neck from the collar)
    TOB : fais sauter (les liens de ton cou)
    L   : mach dich los (von den Fesseln deines
          Halses)
  Fac.: 5
C התפתחו = KETIV
  they got opened
  ils s'ouvrirent
    J* : (les chaînes) sont tombées (de ton cou)
  Transl.: (the bonds of your neck) became opened
  Trad.:   (les liens de ton cou) se sont ouverts /
         déliés

52.5

C יהילילו
  they howl
  ils hurlent
    RSV : (their rulers) wail
    J   : (ses maîtres) poussent des cris de triomphe
    TOB : (ses despotes) hurlent

```
    L    : (seine Tyrannen) prahlen
[וְהֵלִלוּ] (=Brockington)
    they are praised / derided (?)
    ils sont loués / ridiculisés (?)
       NEB : (their rulers) derided
  Fac.: 14
  Transl.: (its leaders) howled ⟨with pain⟩
  Trad.:   (ses chefs) ont hurlé ⟨de douleur⟩
```

52.6

```
C לכן (2°)
    therefore
    c'est pourquoi
       RSV : therefore
       J   : c'est pourquoi
       TOB : dès lors
  Lacking.Manque  = NEB*(=Brockington), L
  Fac.: 4,6
  Rem.: The beginning of verse 6 may be rendered as :
    "(therefore the people may know my name :) there-
    fore (in that day because it is I who...)".
  Rem.: Le début du V.6 peut être rendu ainsi : "(c'est
    pourquoi le peuple connaîtra mon nom :) c'est pour-
    quoi (ce jour-là, parce que c'est moi qui...)".
  Transl.: See Remark
  Trad.:   Voir Remarque
```

52.8

```
B ציון
    to Zion
    à Sion
       RSV : to Zion
       J   : à Sion
       TOB : Sion
       L   : nach Zion
  ציון ברחמים   (=Brockington)
    to Zion with pity
    à Sion avec miséricorde
       NEB*: in pity to Zion
  Fac.: 13
  Transl.: to Zion
  Trad.:   à Sion
```

52.14

B עליך
   on you
   sur toi
     NEB : (aghast) at you
[עליו]
   on him
   sur lui
     RSV*: (astonished) at him
     J   : (épouvantés) à sa vue
     TOB*: (horrifiées) à son sujet
     L   : über ihn
  Fac.: 3,5
  Rem.: See the next case with the Remark given there.
  Rem.: Voir le cas suivant avec la Remarque.
  Transl.: on you
  Trad.:   sur toi

52.15

B יזה
   he sprinkles
   il asperge
     RSV*: so shall he startle
     L* : so wird er ... besprengen
θαυμάσονται = LXX
   they will be astonished
   ils seront stupéfaits
     NEB : so (many nations) recoil (at him)
     J* : seront dans la stupéfaction
     TOB*: vont être émerveillés
  Fac.: 4,6
  Rem.: There are two possible interpretations of
    verse 14 and of the first part of verse 15, which
    the Committee has proposed (the first being more
    likely): (1) "in the same way as many were asto-
    nished/terrified because of you, so his appearance
    ⟨will be object of⟩ an anointing more than human,
    and his form ⟨will be object of an anointing⟩ a-
    bove that of mortals (literally : more than of sons
    of man), so will he purify many nations (literally:
    will he sprinkle upon many nations)..."; or (2) "in
    the same way as many were astonished/terrified be-
    cause of you - so his appearance ⟨was an object of⟩
    inhuman defiguring and his form ⟨was an object of
    defiguring⟩ beyond that of mortals (literally :
    more than of sons of man) -, so will he startle
    many nations...".

Rem.: Le Comité a proposé deux interprétations
     des versets 14 et 15 début, la première étant
     d'ailleurs plus probable, soit (1) "comme beau-
     coup furent atterrés à ton propos, ainsi sa
     prestance ⟨sera l'objet d'⟩ une onction plus qu'hu-
     maine et son prestige ⟨sera l'objet d'une onction⟩
     dépassant les mortels (litt. les fils de l'homme),
     ainsi il fera l'aspersion de nations nombreuses...",
     soit (2) "comme beaucoup furent atérrés à ton
     propos - tellement sa prestance ⟨était atteinte
     d'⟩ une défiguration plus qu'humaine et son
     prestige ⟨atteint d'une défiguration⟩ dépassant
     les mortels (litt. les fils de l'homme) -, ainsi
     il fera sursauter des nations nombreuses...".
Transl.: See Remark
Trad.:   Voir Remarque

53.3

B נבזה (2°)
    despised
    méprisé
       RSV : he was despised
       J   : méprisé
       TOB : oui, méprisé
       L   : er war so verachtet
    ונבוזהו (=Brockington)
     and we despised him
     et nous l'avons méprisé
       NEB*: we despised him
Fac.: 5
Transl.: despised
Trad.:   méprisé

53.8

C עמי
    of my people
    de mon peuple
       RSV : of my people
       NEB : (for) my people's (transgression)
       L   : meines Volks
    עמו
     of his people
     de son peuple
       J* : de son peuple
       TOB*: de son peuple

Fac.: 1,4
Rem.: See the next case too.
Rem.: Voir le cas suivant aussi.
Transl.: of my people
Trad.:   de mon peuple

53.8

נֶגַע לָמוֹ
  a blow for them / for him
  un coup pour eux / pour lui
    TOB : le coup est sur lui
Fac.: 12,   5
נורגע למו
  stricken for them
  frappé pour eux
    RSV : stricken for (the transgression of my
          people)
    J* : qu'il ait été frappé pour (le crime de
          son peuple)
    L   : da er für (die Missetat meines Volkes)
          geplagt war
Fac.: 12
C[וְנֶגַע לָמוֹת] (=Brockington)
  stricken to death
  frappé à mort
    NEB*: stricken to the death
Rem.: The entire expression is to be interpreted
as "(by the sin) of my people, stricken to death".
Rem.: L'expression entière peut être interprétée
ainsi : "(par le péché) de mon peuple, frappé à
mort".
Transl.: See Remark
Trad.:   Voir Remarque

53.9

בְּמֹתָיו
  in his deaths
  dans ses décès
    RSV : in his death (?)
    L   : als er gestorben war
Fac.: 12,8
C בומתו (=Brockington)
  his grave
  son sépulcre
    NEB*: (he was assigned...) a burial-place

```
        J*  : sa tombe
        TOB*: son tombeau
  Transl.: his grave
  Trad.:    son tombeau
```

53.10

```
C הֶחֱלִי
      he made sick
      il rendit malade
        RSV : he put him to grief (in note : "Heb made
              him sick") (?)
        TOB*: par la souffrance (en note : "Litt. il
              l'a fait souffrir.")
  [הֶחֱלִי / בְּחֳלִי]
      the sickness / with sickness
      la maladie / par la maladie
        J    : par la souffrance
        L    : mit Krankheit
   Fac.: 4
  [הֶהֱלִים] (=Brockington)
      he healed
      il guérit
        NEB*: healed him
   Fac.: 14
   Rem.: See the following case also.
   Rem.: Voir aussi le cas suivant.
   Transl.: <whom> he had made sick
   Trad.:    <qu'>il avait rendu malade
```

53.10

```
C אם-תשׂים
      if you put / if she puts (i.e. the soul)
      si tu mets / si elle met (c.-à-d. l'âme)
        TOB : daigne faire de (sa personne)
  [אם-ישׂים]
      if he puts
      s'il met
        RSV*: when he makes (himself)
        J*  : s'il offre (sa vie)
        L    : wenn er (sein Leben...) gegeben hat
   Fac.: 4
  [אֶת-שׂם] (=Brockington)
      him who puts
      celui qui met
        NEB*: him who made (himself)
   Fac.: 14
```

Rem.: 1. See the preceding case.
2. The interpretation of the first part of verse
10 may be either (1) : "the LORD was pleased in
that he, who had been crushed by his hand (literally : his crushed one), whom he had made sick, if
his soul makes a sin offering, sees descendants
(literally : a seed)...", or (2) "the LORD was
pleased to crush him whom he had made sick; if
his soul makes a sin offering, <then> he will
see descendants (literally : a seed)...".
Rem.: 1. Voir le cas précédent.
2. L'interprétation de toute cette expression dans
la première partie du verset 10, peut être interprétée soit (1) "le SEIGNEUR a pris plaisir à ce
que le broyé par sa main (litt. son broyé), celui
qu'il avait rendu malade, si son âme offre un
sacrifice d'expiation, voie une descendance...",
soit (2) "le SEIGNEUR a pris plaisir à le broyer,
celui qu'il avait rendu malade; si son âme offre
un sacrifice d'expiation, il verra une descendance...".
Transl.: See Remark 2
Trad.:   Voir Remarque 2

53.11

יראה
  he will see
  il verra
    RSV : he shall see the fruit (of the travail of
          his soul)
    TOB*: il verra une descendance (en note : "...
          litt. il verra...")
Fac.: 12
B יראה אור (=Brockington)
  he will see the light
  il verra la lumière
    NEB*: he shall be bathed in light
    J* : il verra la lumière
    L   : wird er das Licht schauen
Rem.: "To see the light" means to live.
Rem.: "Voir la lumière" signifie vivre.
Transl.: he will see the light
Trad.:   il verra la lumière

53.12

חטא-רבים
  the sin of many
  le péché de beaucoup
    RSV : the sin of many
    NEB : the sin of many
    J   : le péché des multitudes
    L   : die Sünde der Vielen
  Fac.: 12,5
B חטאי-רבים
  the sins of many
  les péchés de beaucoup
    TOB : les fautes des foules
  Transl.: the sins of many
  Trad.:   les péchés des multitudes

53.12

וְלַפֹּשְׁעִים
  and for the sinners
  et pour les pécheurs
    RSV : and ... for the transgressors
    J   : et ... pour les criminels
    TOB : et ... pour les pécheurs
    L   : und für die Uebeltäter
  Fac.: 12,5
ולפשעים =[וְלַפְּשָׁעִים]   (=Brockington)
  and for the sins
  et pour les péchés
  Fac.: 14
B ולפשעיהם / ולפשעיהמה
  and for their sins
  et pour leurs péchés
    NEB : and ... for their transgressions
  Transl.: and for their sins
  Trad.:   et pour leurs péchés

54.2

C יַטּוּ
  they may stretch out
  qu'ils étendent
    TOB : qu'on les distende
 [הטּי] (=Brockington)
  stretch out (imperative feminine)
  étends (impératif féminin)

NEB*: spread wide
J*   : déploie
L   : breite aus
Fac.: 5
יְטּוּ [= יִטּוּ]
they may be stretched out
qu'ils soient étendus
   RSV : let (the curtains...) be stretched out
Fac.: 4
Rem.: The subject of the verb is not mentioned. The
  expression means : "they may stretch out ! (Do
  not hold ⟨them⟩ back !)".
Rem.: Le sujet de ce verbe n'est pas mentionné.
  L'expression signifie : "qu'ils étendent ! (Ne
  ⟨les⟩ en empêche pas !)".
Transl.: See Remark
Trad.:   Voir Remarque

54.13

A וכל-בָּנָיִךְ
  and all your sons
  et tous tes fils
    RSV : all your sons
    J   : tous tes enfants
    TOB : tous tes fils
    L   : und alle deine Söhne
  וכל-בניך =[וכל-בָּנָיִךְ] (=Brockington)
  and all your builders
  et tous tes bâtisseurs
    NEB : your masons
Fac.: 14
Transl.: and all your sons
Trad.:   et tous tes fils

56.5

B לו
  to him
  à lui
    TOB*: (j')y (mettrai) (en note : "Litt. ...
        (je) lui (donnerai)...")
  להמה (Brockington: להם)
  to them
  à eux
    RSV : (I will give) them
    NEB*: (I will give) them

        J*   : (je) leur (donnerai)
        L   : (will ich) ihnen (geben)
Fac.: 4
Rem.: Two interpretations are suggested for this
    MT expression : (1) "to each of them", as a distri-
    butive singular; or (2) "to it", with reference
    to יד, "the hand", i.e. "to the hand".
Rem.: Deux interprétations sont proposées pour cette
    expression du TM, soit (1) comme singulier distri-
    butif "à chacun d'eux", ou (2) avec référence à
    יד, "la main" : "à elle" (c.-à-d. à la main).
Transl.: See Remark
Trad.:   Voir Remarque

56.12

B אקחה
    I shall take / I will take
    je prendrai / que je prenne
      NEB : let me fetch (wine)
      J   : je vais chercher (du vin)
      TOB : je prendrai (du vin)
      L   : ich will (Wein) holen
נקחה / [ונקחה]
    and we shall take / we will take
    et nous prendrons / prenons
      RSV*: let us get (wine)
Fac.: 5
Rem.: The MT singular is a distributive singular :
    "come ! (imperative plural) <every one of us shall
    say :> I will/shall take !".
Rem.: Ce singulier du TM est distributif : "venez,
    que <chacun de nous dise :> que je prenne...".
Transl.: I will / shall take
Trad.:   que je prenne

57.8

B משכבם יד חזית
    their bed, you have looked at the hand
    leur couche, tu as regardé la main
      RSV*: their bed, you have looked on nakedness
      J   : (avec) ceux dont (tu aimes) la couche,
            tout en contemplant le monument
      TOB*: (grâce à ces gens) dont (tu aimes) la
            couche; le membre, tu l'as contemplé
            (en note : "Litt. la main...")

    L : ihr Lager und buhltest mit ihnen (?)
[מִשְׁכָּבָם וַתַּרְבִּי תַזְנוּתֵךְ יָד חָזִית] (=Brockington)
    their bed, and you have multiplied your fornication,
    you have looked at the hand
    leur couche, et tu as multiplié ta fornication,
    tu as regardé la main
      NEB*: (for the pleasure of) sleeping together,
            and you have committed countless acts of
            fornication in the heat of your lust.
Fac.: 14
Rem.: Two interpretations can be suggested : (1)
    taking יד "hand" in the meaning of "power" : "their
    bed, when you have the opportunity/occasion", or
    (2) taking יד "hand" in the meaning of "penis" :
    "their bed, when you have seen the penis".
Rem.: Deux interprétations peuvent être suggérées,
    soit (1) en prenant יד "main" dans le sens de
    "pouvoir" : "leur couche, quand tu as vu la possi-
    bilité/l'occasion", ou (2) en prenant יד "main"
    dans le sens de "membre viril" : "leur couche,
    quand tu as vu le membre viril".
Transl.: See Remark
Trad.:   Voir Remarque

57.9

וַתָּשֻׁרִי לַמֶּלֶךְ בשמן B
    and you went to the king with oil
    et tu es allé au roi avec de l'huile
      J* : tu t'es approchée de Mèlèk avec des pré-
            sents d'huile (en note : "'Le Roi', titre...")
      TOB*: tu as dévalé vers Mélek avec de l'huile
            (en note : "Litt. le roi...")
      L   : du bist mit Oel zum König gezogen
[לַמֹּלֶךְ...] [= ...וְתַשְׁרִי למלך בשמן]
    and you went to Molech with oil
    et tu es allé à Molèk avec de l'huile
      RSV*: you journeyed to Molech with oil
Fac.: 14
[וַתָּשֻׁרִי לְמֶלֶךְ...] [= ...וְתַשְׁרִי למלך בשמן] (=Brockington)
    and you drenched your tresses in oil
    et tu as baigné tes tresses dans l'huile
      NEB : you drenched your tresses in oil
Fac.: 14
Rem.: The expression means to bring a present of oil.
Rem.: L'expression signifie apporter un présent d'huile.
Transl.: you have made a present of oil to Melech
Trad.:   tu as fait présent d'huile à Mélek

57.11

C ומעלם
    and from eternity
    et depuis l'éternité
        RSV : even for a long time
        J   : et depuis l'éternité
        TOB : depuis longtemps
    ומעלם [= וּמֵעֹלָם] (=Brockington)
    and being hidden
    et étant caché
        NEB : (did I not...) and seem not to see
        L   : (weil ich...) und mich verbarg
Fac.: 4,12
Transl.: and from eternity
Trad.:   et depuis l'éternité

57.17

A בעון בצעו
    in the guilt of his unjust gain
    dans la faute de son profit injuste
        RSV : because of the iniquity of his covetousness
        J   : contre sa criminelle cupidité
        TOB : par la perversité de sa rapine
        L   : über die Sünde ihrer Habgier
  [בעונו בֶצַע] (=Brockington)
    in his guilt, a moment
    dans sa faute, un moment
        NEB*: for a time (I was angry) at the guilt of
            Israel
Fac.: 14
Transl.: because of the guilt of his unjust gain /
       covetousness
Trad.:   pour/à cause de la faute de son profit in-
       juste/sa cupidité

57.18

C וְאֶרְפָּאֵהוּ וְאַנְחֵהוּ
    and I will heal him and I will lead him
    et je le guérirai et je le guiderai
        RSV : but I will heal him; I will lead him
        J   : mais je le guérirai, je le conduirai
        TOB : cependant je le guérirai, je le guiderai
        L   : aber ich will sie heilen und sie leiten

וָאֶרְפָּאֵהוּ וָאֲנָחֵהוּ [= וארפאהו ואנחהו] (Brockington)
      and I healed him and gave him relief
      et je l'ai guéri et l'ai soulagé
        NEB : I cured him and gave him relief
    Fac.: 14 (for/pour וַאֲנַחֲמֵהוּ = Biblia Hebraica,
                                        3d ed./3e éd.), and/et
            5 (for the past tense/pour le passé)
    Transl.: and I will heal him and I will lead him
    Trad.:   et je le guérirai et je le guiderai

59.18

B לאיים גמול ישלם
      to the islands he will render requital
      aux îles il paiera en retour
        RSV : to the coastlands he will render requital
        J   : aux îles il paiera leur salaire
        TOB*: - Contre les îles il exercera des repré-
              sailles
        L   : ja, den Inseln will er heimzahlen
    [Lacking.Manque] = NEB* (=Brockington)
    Fac.: 4
    Transl.: he will pay the islands back
    Trad.:   aux îles il paiera en retour

60.1

B קומי אורי
      arise, shine (imperative feminine)
      lève-toi, resplendis (impératif féminin)
        RSV : arise, shine
        J   : debout ! Resplendis !
        TOB*: mets-toi debout, et deviens lumière
        L   : mache dich auf, werde licht
    [קומי ירושלם אורי] (=Brockington)
      arise, O Jerusalem, shine
      lève-toi, ô Jérusalem, resplendis
        NEB*: arise, Jerusalem, rise clothed in light
    Fac.: 14 (and/et 5,13 for/pour LXX)
    Transl.: arise, shine (imperative feminine)
    Trad.:   lève-toi, resplendis (impératif féminin)

60.5

C ורחב
    and will be wide
    et se dilatera
      J   : et se dilatera
      TOB : et se dilatera
      L   : (dein Herz wird...) und weit werden
  ורהב (=Brockington)
    and will make noise
    et fera du bruit
      RSV*: (your heart shall...) and rejoice
      NEB : (your heart shall thrill) with pride
    Fac.: 12
    Transl.: and will be wide
    Trad.:   et se dilatera

60.7

B אפאר
    I will glorify
    je glorifierai
      RSV : I will glorify
      J   : je glorifierai
      TOB : je rendrai splendide
      L   : ich will ... zieren
  [יפאר] (=Brockington)
    it will be glorified
    sera glorifié
      NEB*: and glory shall be added
    Fac.: 4
    Transl.: I will glorify
    Trad.:   je glorifierai

60.19

C ולנגה הירח
    and for brightness the moon
    et pour la clarté la lune
      J   : la clarté de la lune
      L   : und der Glanz des Mondes

  ולנגה הירח בלילה
    and for brightness, the moon by night
    et pour la clarté, la lune de nuit
      RSV*: nor for brightness (shall) the moon
            (give light...) by night
      TOB*: la lune, avec sa clarté,... de la nuit

Fac.: 4,5
[ןוללנגה הלילה הירח] (=Brockington)
and for brightness by night the moon
et pour la clarté de nuit la lune
   NEB*: (the sun shall...) nor the moon (shine...)
        when evening falls
Fac.: 14
Transl.: nor will the moon shine for brightness
Trad.:   ni pour la clarté la lune (ne rayonnera)

61.4

B שממות דור ודור
   the devastations of generations and generations
   les désolations de générations et générations
     RSV : the devastations of many generations
     J   : les restes désolés des générations passées
     TOB : les désolations traînent de génération en
         génération
     L   : die von Geschlecht zu Geschlecht zerstört
         gelegen haben
   שוממות דור ודור יקוממו (Brockington: יְקוֹמְמֻהוּ)
   they restore the devastations of generations and
   generations
   ils restaurent les désolations de générations et
   générations
     NEB*: (they shall...) and restore what has long
        lain desolate
Fac.: 1,13
Transl.: the devastations of generations and genera-
       tions/the devastations of many generations
Trad.:   les désolations de générations et généra-
       tions/ les désolations de nombreuses généra-
       tions

61.6

B תתימרו
   you will glory / you will change
   vous vous vanterez / vous changerez
     RSV : you shall glory
     J   : vous leur succéderez (dans leur gloire)
     TOB : vous vous féliciterez
     L   : (ihr werdet...) und euch ... rühmen
[תתמירו] (=Brockington)
   you will be furnished
   vous serez pourvus

NEB*: (you shall...) and be furnished
Fac.: 14
Rem.: Two interpretations of this expression can
  be given : (1) "(and their glory) will become
  yours" (literally : you will substitute you to
  them with regard to their glory), (2) "(of their
  glory) you will be proud (or : you will glorify)".
Rem.: On peut donner deux interprétations de cette
  expression (1) "(et leur gloire,) vous la revêti-
  rez ⟨à leur place⟩", (2) "(de leur gloire,) vous
  tirerez orgueil/vous vous vanterez".
Transl.: See Remark
Trad.:   Voir Remarque

61.7

A חלקם ירנו
    they will rejoice in their lot
    ils se réjouiront de leur part
    J   : les cris de joie seront leur part
    TOB*: (au lieu que... et que les outrages)
          clamés par les gens soient votre part
[חלקכם תרנו]
    you will rejoice in your lot
    vous vous réjouirez de votre lot
    RSV*: you shall rejoice in your lot
 Fac.: 5
[חלקם ורן] (=Brockington)
    and insulting their lot
    et moquerie leur part
    NEB*: and insults have been my people's lot
          (in note d : "... lit. their.")
 Fac.: 14
[חלקם]
    their lot
    leur part
    L   : (und Schande) ihr Teil war
 Fac.: 14
Rem.: 1. The vote of the Committee concerns only
  the verb ירנו "they will rejoice", not the noun
  חלקם "their lot".
  2. L may have followed the MT which it may have
  translated in a free manner.
Rem.: 1. Le vote du Comité ne concerne que le verbe
  ירנו, "ils se réjouiront", et non pas le nom חלקם,
  "leur part".
  2. Il se peut que L veuille suivre le TM qu'elle
  traduit librement.

Transl.: (and instead of the shame ⟨of which⟩) they
         cry ⟨that it is⟩ their lot
Trad.:   (et au lieu de la honte ⟨dont⟩) ils crient
         ⟨qu'elle est⟩ leur part

61.8

B בְּעוֹלָה
  with a burnt offering
  avec un holocauste
  בְּעַוְלָה (=Brockington)
  with wrong-doing
  avec injustice
    RSV*: and wrong
    NEB : and wrong-doin
    J* : et l'injustice
    TOB*: enrobé de perfidie (en note : "Litt.
          en perfidie...")
    L   : und Unrecht
  Fac.: 6
  Rem.: Two interpretations of this expression are pos-
    sible, (1) "(robbery) with burnt-offerings", (2)
    "(robbery) with perversity (or : crimes)".
  Rem.: On peut interpréter cette expression de deux
    manières, (1) "(rapine) avec holocaustes", (2)
    "(rapine) avec perversité (ou : crimes)".
  Transl.: See Remark
  Trad.:   Voir Remarque

62.5

A יבעלוך בָּנָיִך
  your sons will marry you / take possession of you
  tes fils t'épouseront / prendront possession de toi
    RSV : so shall your sons marry you
    TOB : tes enfants t'épouseront
  יבעלוך בניך [= בֹּנָיִך...] (=Brockington)
  your builders will marry you
  tes bâtisseurs t'épouseront
  Fac.: 14
  [תִּבָּעֵל בֹּנֵךְ]
  you will marry your builder
  tu épouseras ton bâtisseur
    NEB : so you shall wed him who rebuilds you
  Fac.: 14
  [יבעלך בנך]
  your builder will marry you
  ton bâtisseur t'épousera

J*   : ton bâtisseur t'épousera
L   : so wird dich dein Erbauer freien
Fac.: 14
Transl.: your sons will take possession of you
Trad.:   tes fils prendront possession de toi

63.1

B צעה
   stooping
   se cambrant
      NEB : stooping
      TOB : arqué
 [צעד]
   marching
   marchant
      RSV : marching
      J*   : s'avançant
      L   : (der...) einherschreitet
Fac.: 1,8,5
Transl.: stooping
Trad.:   se cambrant

63.3

B ומעמים
   and from the peoples
   et des peuples
      RSV : and from the peoples
      NEB : (no man,) no nation
      TOB*: parmi les peuples
      L   : unter den Völkern
 ומעמי
   and from my people
   et de mon peuple
      J*   : et des gens de mon peuple
Fac.: 1,4,5
Transl.: and from the peoples
Trad.:   et des peuples

63.6

ואשכרם B
>   and I made them drunk
>   et je les ai saoûlés
>>   RSV : I made them drunk
>>   TOB : je les ai enivrés
>>   L   : (ich...) und habe sie trunken gemacht

ואשברם
>   and I broke them
>   et je les ai brisés
>>   NEB : I pierced them
>>   J* : je les ai brisés

Fac.: 1,12
Rem.: NEB may possibly have followed the MT, giving
   the verb a special interpretation.
Rem.: NEB a peut-être voulu traduire le TM, en don-
   nant au verbe une interprétation spéciale.
Transl.: and I made them drunk
Trad.:   et je les ai enivrés/saoûlés

63.9

C צָר וּמַלְאַךְ פָּנָיו לוֹ = QERE
>   for him it was affliction, and the angel of his face
>   pour lui c'était une affliction, et l'ange de sa face
>>   RSV*: he was afflicted, and the angel of his presence

לֹא צָר וּמַלְאַךְ פָּנָיו = KETIV
>   he was not afflicted/he did not afflict, and the
>   angel of his face
>   il n'était pas affligé/il n'affligeait pas, et l'ange
>   de sa face
>>   RSV note : he did not afflict, and the angel of
>>   his presence

Fac.: 12

צָר וּמַלְאָךְ פָּנָיו [=...צָר וּמַלְאָךְ...] (=Brockington)
>   it was no messenger, no angel, it was his face
>   ce n'était pas un messager ni un ange, c'était
>   sa face
>>   NEB : it was no envoy, no angel, but he himself
>>   J* : ce n'est pas un messager ou un ange, c'est
>>   sa face
>>   TOB : ce n'est pas un délégué ni un messager,
>>   c'est lui, en personne (en note : "...
>>   litt. c'est sa face...")
>>   L   : nicht ein Engel und nicht ein Bote, son-
>>   dern sein Angesicht

Fac.: 12

Transl.: for him it was an affliction, and the
         angel of his face/of his presence
Trad.:   pour lui c'était une affliction, et l'ange
         de sa face/de sa présence

63.11

B עמו
    his people
    son peuple
      NEB*: his people (note in Brockington also)
      TOB : son peuple alors (se rappela)
      L   : (da gedachte) sein Volk
עבדו
    his servant
    son serviteur
      RSV : his servant
      J* : son serviteur
Fac.: 3,4
Rem.: עמו, "his people" is the subject of the
    sentence : "his people remembered the days of
    old, of Moses", or "they remembered the days of
    old : his people ⟨remembered⟩ Moses".
Rem.: עמו, "son peuple" est le sujet de la phrase :
    "le peuple se souvint des jours d'autrefois, de
    Moïse", ou "on se souvint des jours d'autrefois :
    son peuple ⟨se souvint⟩ de Moïse".
Transl.: See Remark
Trad.:   Voir Remarque

63.11

C את רעי
    the shepherds of / with the shepherds of
    les pâtres de / avec les pâtres de
      RSV : the shepherds of
את רעה
    the shepherd of / with the shepherd of
    le pâtre de / avec le pâtre de
      NEB*: with the shepherd of
      J   : le pasteur de
      TOB*: le pasteur de
      L   : (aus dem Wasser zog) den Hirten (seiner
            Herde)
Fac.: 5,4
Transl.: with the shepherds of
Trad.:   avec les pâtres de

63.14

B תְּנִיחֶנּוּ
    gives him rest / gives us rest
    le fait reposer / nous fait reposer
      RSV : (the Spirit of the LORD) gave them rest
      J   : (l'Esprit de Yahvé) les menait au repos
      TOB : (l'Esprit du SEIGNEUR) les menait au repos
      L   : so brachte (der Geist des HERRN) uns zur Ruhe
[תַּנְחֶנּוּ] (=Brockington)
    leads him / leads us
    le conduit / nous conduit
      NEB*: guided (by the spirit of the LORD)
Fac.: 1,5,6
Transl.: (the spirit of the LORD) gave him (i.e.
          the people) rest
Trad.:   (l'esprit du SEIGNEUR) lui faisait trouver
          du repos (c.-à-d. au peuple)

63.15

B אלי התאפקו
    towards me are withheld
    envers moi sont contenus
      RSV : are withheld from me
      J   : pour moi se sont-ils contenus ?
      TOB : pour moi ont-elles été contenues ?
      L   : hält sich hart gegen mich
[אל נא תתאפק] (=Brockington)
    do not withheld yourself
    ne te contiens pas
      NEB*: stand not aloof
Fac.: 14
Transl.: (the yearning of your heart and your com-
          passion) towards me are withheld
Trad.:   (le frémissement de tes entrailles et ta
          pitié) envers moi sont contenus

63.18

C למצער ירשו עם-קדשך
    for a little while ⟨only⟩ your holy people had
    inherited / for a little while they have disin-
    herited / driven away your holy people
    pour un peu de temps ⟨seulement⟩ ton peuple saint
    avait hérité / pour un peu de temps ils ont
    déshérité / chassé ton peuple saint

    RSV : thy holy people possessed (thy sanctuary)
          a little while
    J   : pour bien peu de temps ton peuple saint
          a joui de son héritage
    TOB : c'est pour peu de temps que ton peuple
          saint est entré dans son héritage
    L   : kurze Zeit haben sie dein heiliges Volk
          vertrieben
[למה עצרו רשעים קדשך] (=Brockington)
    why have the wicked men shut up your sanctuary
    pourquoi les impies ont-ils fermé ton sanctuaire
    NEB*: why have wicked men trodden down thy
          sanctuary (see Rem.2)
  Fac.: 14
  Rem.: 1. The C rating does not imply that the con-
    jecture of NEB has any validity, but it indicates
    a difficulty involved in the MT.
    2. The Committee suggests two interpretations of
    this expression : (1) "for a little while they
    had your holy people in possession"; or (2) "your
    holy people entered into possession for a little
    while ⟨only⟩". In the first interpretation, צרינו,
    "our adversaries" (in the second part of the verse)
    is the subject of the sentence; in the second inter-
    pretation the subject is "your holy people".
  Rem.: 1. La qualification C n'implique pas une pro-
    babilité quelconque pour la conjecture de NEB,
    mais indique une difficulté inhérente au TM.
    2. Le Comité suggère deux interprétations de cette
    expression : (1) "pour peu de temps ils ont eu ton
    peuple saint en possession"; (2) "pour peu de
    temps ⟨seulement⟩ ton peuple saint est entré en
    possession". Dans la première interprétation,
    c'est צרינו, "nos adversaires" (dans la deuxième
    partie du Verset) qui est le sujet de la phrase,
    alors que dans la deuxième interprétation, "ton
    peuple saint" est le sujet.
  Transl.: See Remark
  Trad.:   Voir Remarque

64.2(3)

B ירדת
    you went down
    tu es descendu
      RSV : thou camest down
      J* : (tu es descendu:

        TOB : tu descendrais
        L   : - und führest herab
 [Lacking.Manque] = NEB* (=Brockington)
 Fac.: 1,6
 Transl.: you went down
 Trad.:   tu es descendu

    64.3(4)

 B לא-שמעו לא האזינו עין
     they did not hear, they did not listen, the eye
     ils n'ont pas entendu, ils n'ont pas écouté, l'oeil
        RSV : no one has heard or perceived by the ear,
              (no) eye
        J   : (jamais) on n'avait ouï dire, on n'avait
              pas entendu, et l'oeil
        TOB : (jamais) on n'a entendu, (jamais) on n'a
              ouï dire, (jamais) l'oeil
 [לא שמעו לא האזינה אזן עין]
     they did not hear, and the ear did not listen,
     the eye
     ils n'ont pas entendu, et l'oreille n'a pas
     écouté, l'oeil
        L   : und das man... nicht vernommen hat. Kein
              Ohr hat gehört, (kein) Auge
    Fac.: 14
 [לא שמעה אזן ועין] (=Brockington)
     the ear did not hear, and the eye
     l'oreille n'a pas entendu, et l'oeil
        NEB*: (never) has ear heard or eye (seen)
    Fac.: 14
    Transl.: they did not hear, they did not listen,
             the eye
    Trad.:   ils n'ont pas entendu, ils n'ont pas écou-
             té, l'oeil

    64.4(5)

 B את-שש ועשה
     the joyful man and him who works
     l'homme joyeux et celui qui opère
        RSV : him that joyfully works
        NEB : him who rejoices to do what is right
        J   : celui qui, plein d'allégresse, pratique
        TOB : celui qui se réjouit de pratiquer

[אֵת עֹשֵׂי]
   them who work
   ceux qui opèrent
      L   : denen, die (Gerechtigkeit) übten
   Fac.: 1,6
   Rem.: The meaning of this expression is "him who re-
      joices to do (righteousness)", literally "him
      who rejoices and does (righteousness)".
   Rem.: Le sens de cette expression est "celui qui
      se réjouit de faire (la justice)", littéralement
      "celui qui se réjouit et fait (la justice)".
   Transl.: See Remark
   Trad.:   Voir Remarque

64.4(5)

B בהם עולם ונושע
      in them an eternity, and we shall be saved
      en eux une éternité, et nous serons sauvés
         RSV*: in our sins we have been a long time,
               and shall we be saved
         J*   : nous sommes à jamais dans tes voies et
                nous serons sauvés (en note : "Litt. en
                elles nous sommes à jamais...")
         TOB*: c'est sur ces chemins d'autrefois que
               nous serons sauvés (en note : "... sur
               ceux (les chemins) d'autrefois, alors
               ils seront sauvés (4d)...")
[בך מעולם ונפשע]
   against you from of old and we rebelled
   contre toi depuis longtemps et nous nous sommes
   révoltés
      L   : (als wir) von alters her gegen dich
            (sündigten) und abtrünnig wurden
   Fac.: 14
[בה מעולם ונרשע] (=Brockington)
   with it, from of old we did evil
   avec cela, depuis longtemps nous avons commis le
   mal
      NEB*: in spite of it we have done evil from of
            old
   Fac.: 14
   Rem.: The whole verse may be interpreted as follows :
      "you have met (this verb can be understood in a
      positive meaning "you have agreed" or in a nega-
      tive meaning "you have attacked". This ambiguity
      of meaning is intentional) him who rejoiced in

doing righteousness, ⟨these people⟩ who remembered
you, on your ways ("you" and "your ways" refer to
God and to his ways). But you, you were angry, and
we sined. By these ⟨interventions⟩ however, we
will always be saved."
Rem.: Tout le verset peut être interprété ainsi :
"tu as rencontré (en un sens positif : "tu as
accueilli" ou en un sens négatif : "tu as attaqué";
cette ambiguité de sens est voulue) celui qui
trouvait sa joie à faire la justice, ⟨ces gens⟩
qui sur tes chemins, faisaient mention de toi
("toi" et "de toi" se rapportent à Dieu). Mais
toi, tu t'es irrité, et nous avons péché. ⟨C'est⟩
par ces ⟨interventions⟩ toujours pourtant ⟨que⟩
nous serons sauvés."
Transl.: See Remark
Trad.:   Voir Remarque

64.6(7)

ותמוגגנו C
    and you melted us
    et tu nous as fait fondre
        TOB*: (tu as...) pour faire de nous des disso-
              lus (en note : "Litt. <u>tu nous as fait
              mollir</u>...")
        L : (du...) und lässt uns vergehen
ותמגדנו = 1QIs[a]
    and you made us excellent
    et tu nous as fait exceller
    Fac.: 4
[ותמגננו] (=Brockington)
    and you delivered us
    et tu nous as livrés
        RSV*: and hast delivered us
        NEB*: (thou hast...) and abandoned us
        J* : et tu nous as livrés
    Fac.: 14
Rem.: The entire expression may be translated as
    follows : "you have melted us into the hand of
    our iniquity" (so that the iniquity overwhelms
    us with its power, which we are unable to resist).
Rem.: L'expression peut être traduite ainsi : "tu
    nous as fait fondre dans la main de notre ini-
    quité" (de sorte que l'iniquité nous tient sou-
    mis à son pouvoir auquel nous sommes incapables
    de résister).

Transl.: See Remark
Trad.:   Voir Remarque

65.1

לֹא־קֹרָא
  not called / was not called
  non appelé / n'était pas appelé
Fac.: 7
C לא קרא   =[לֹא־קָרָא] = 1QIs[a]
  did not call
  n'a pas appelé
    RSV : that did not call on
    NEB : that did not invoke
    J* : qui n'invoquait pas
    TOB*: qui n'invoquait pas
    L   : das ... nicht anrief
לא קרא   =[לֹא־קֹרָא] (=Brockington)
  does not call
  n'appelle pas
Fac.: 1
Transl.: (to a nation which) did not invoke
Trad.:   (à une nation qui) n'invoquait pas

65.4

B כליהם
  their vessels / plates
  leurs vases / plats
    NEB : their cauldrons
    TOB : leurs plats
בכליהמה
  in their vessels / plates
  dans leurs vases / plats
    RSV : in their vessels
    J* : dans ses plats
    L   : in ihren Töpfen
Fac.: 4
Rem.: The expression may be understood as "(and
  broth of abominable things) are their dishes"
  or, "(and broth...) is in their dishes".
Rem.: On peut comprendre cette expression "(et un
  brouet d'ordures) sont leurs plats", ou aussi :
  "(et un brouet...) est dans leurs plats".
Transl.: their dishes / in their dishes
Trad.:   leurs plats / dans leurs plats

65.5

B קִדַשְׁתִּיךָ
   I am sacred for you
   je suis sacré pour toi
     RSV : I am set apart from you
     NEB : I am too sacred for you
     L   : ich bin für dich heilig
קדשתיך =[קִדַשְׁתִּיךָ]
   I have sanctified you
   je t'ai sanctifié
     J* : je te sanctifierais
     TOB*: je te rendrais sacro-saint
  Fac.: 14
  Transl.: I am holy for you
  Trad.: je suis saint pour toi

65.6

B ושלמתי
   and I will repay
   et je rendrai
     RSV : yea, I will repay
     J* : (que je n'aie réglé leur compte,) réglé
          (à pleine mesure)
     TOB*: (jusqu'à ce que j'aie payé de retour,) et
          payé de retour
     L   : ja, ich will es (ihnen) heimzahlen
 [Transposed at V.7 end before על-חיקם / Transposé
 au V.7 fin avant על-חיקם] =NEB* (=Brockington,
  but see Remark 1)
  Fac.: 14
  Rem.: 1. Brockington says "transposed to beginning
    of verse 7", while in the translation of NEB the
    expression is transposed to the <u>end</u> of V.7.
    2. The Committee voted a B rating for MT ושלמתי
    על-חיקם, "and I will pay them back into their
    bosom", while the transposition of NEB is con-
    jectural without any textual basis. See the
    following case too.
  Rem.: 1. Brockington dit "transposé au début du
    V.7", tandis que, dans la traduction de NEB,
    l'expression est transposée à la <u>fin</u> du V.7.
    2. Le Comité a voté la note B pour le TM ושלמתי
    על-חיקם, "et je paierai de retour dans leur giron",
    tandis que la transposition de NEB est une con-
    jecture sans fondement textuel. Voir aussi le cas
    suivant.

Transl.: and I will pay them back (into their bosom)
Trad.:   et je paierai de retour (dans leur giron)

65.7

B עונתיכם...אבותיכם
   your iniquities ... of your fathers
   vos iniquités ... de vos pères
      NEB : your iniquities ... your fathers'
      J   : vos fautes... de vos pères
      TOB : vos perversités ... de vos pères
[עונתיהם...אבותיהם]
   their iniquities ... of their fathers
   leurs iniquités ... de leurs pères
      RSV*: their iniquities ... their fathers'
      L   : ihre Missetaten (und) ihrer Väter
            (Missetaten)
   Fac.: 4
   Rem.: The whole sequence of verses 6-7 should be
   interpreted as "... I will not keep silent, but
   I will repay, yes, I will repay them into their
   bosom for your iniquities and for the iniquities
   of your fathers together, says the LORD, they
   who ... and I will measure their former works
   into their bosom (or : I will pour into their
   bosom ⟨a retribution⟩ according to the measure
   of their former works)".
   Rem.: Toute la séquence des versets 6-7 doit être
   interprétée ainsi : "... je ne me tairai pas que
   je n'aie payé de retour, oui payé de retour dans
   leur giron vos fautes et les fautes de vos pères
   tout à la fois, dit le Seigneur, eux qui ... et
   je verserai à la mesure de leurs oeuvres anciennes
   dans leur giron".
   Transl.: your iniquities ... of your fathers
   Trad.:   vos iniquités ... de vos pères

65.15

C וְלַעֲבָדָיו יִקְרָא
   and his servants he will call
   et ses serviteurs il appellera
      RSV : but his servants he will call
      NEB : but his servants he shall call
      J   : mais à ses serviteurs il donnera (un
            autre nom)

[וְלַעֲבָדַי יִקְרָא]
  and for my servants, there will be called
  et pour mes serviteurs on appellera
      TOB*: mais en faveur de mes serviteurs sera
            évoqué
      L   : aber meine Knechte wird man ... nennen
  Fac.: 4,5
  Transl.: and he will call his servants
  Trad.:   et ses serviteurs, il ⟨les⟩ appellera

66.2

B ויהיו
  and they existed
  et ils existèrent
      L   : (alles...,) was da ist
[והיו לי]
  and so they are mine
  et ainsi sont-ils à moi
      RSV*: and so all these things are mine
      J   : quand tout cela est à moi
      TOB*: et ils sont à moi
  Fac.: 5
[ויהיו לי] (=Brockington)
  and so they became mine
  et ainsi furent-ils à moi
      NEB*: and all these are mine (see Remark)
  Fac.: 5
  Rem.: NEB translates as if it had read : והיו
  "and so they are", and not, as Brockington states,
  ויהיו, "and so they were".
  Rem.: NEB traduit comme si elle avait lu והיו "et
  ainsi sont-ils", et non pas, comme Brockington
  indique ויהיו "et ainsi furent-ils".
  Transl.: and so they existed / and so they were
  Trad.:   et ainsi furent-ils / et ainsi étaient-ils

66.5

C יִכְבַּד
  that he may be glorious
  qu'il soit glorieux
  יכבד =[יְכֻבַּד] (=Brockington)
  that he may be glorified / that he may glorify himself
  qu'il soit glorifié / qu'il se glorifie
      RSV : let (the LORD) be glorified

```
      NEB : let (the LORD) show his glory
      J*  : que (Yahvé) manifeste sa gloire
      TOB : que (le SEIGNEUR) montre donc sa gloire
      L   : lasst doch (den HERRN) sich verherrlichen
Fac.: 4
```
Rem.: The expression can be interpreted in two
  ways : (1) according to the phrase division of
  the MT : "your brethren who hate you and cast you
  out, have said 'for my name (i.e. to the benefit
  of my own reputation), may the LORD be glorious !'";
  (2) with another phrase division : "your brethren
  who hate you and cast you out for my name's sake,
  have said 'may the LORD be glorious !'".
Rem.: On peut donner deux interprétations de cette
  expression : (1) en respectant la division de la
  phrase selon le TM : "vos frères qui vous haïssent
  et qui vous excluent ont dit 'pour mon nom (c.-à-
  d. pour servir ma propre réputation) que le SEIGNEUR
  soit glorieux !'"; (2) selon une autre division :
  "vos frères qui vous haïssent et qui vous excluent
  à cause de mon nom, ont dit 'que le Seigneur soit
  glorieux !'".
Transl.: See Remark
Trad.:   Voir Remarque

66.12

C וינקתם
    and you shall suck
    et vous sucerez / serez allaités
      RSV : and you shall suck
      NEB : it shall suckle you
      J   : vous serez allaités
      TOB : vous serez allaités
[וירנקתה] / וירנקותיהמה
    and her baby / and her babies
    et son nourrisson / et ses nourrisons
      L   : ihre Kinder
    Fac.: 5
    Transl.: and you shall suckle / be nursed
    Trad.:   et vous serez allaités
```
```

66.17

C אחר אחת בתוך = QERE
  behind one (feminine) in the middle
  derrière une au milieu
  Fac.: 12
C אחר אחד בתוך = KETIV
  behind one (masculine) in the middle
  derrière un au milieu
    RSV : following one in the midst
    J   : derrière quelqu'un qui se tient au centre
    TOB*: à la suite du numéro un, qui est au milieu
          (en note : "Litt. à la suite du UN...")
    L   : dem einen nach, der in der Mitte ist
  Fac.: 12
[אחד אחר אחד בתוך] (=Brockington)
  one behind the other in the middle
  l'un derrière l'autre au milieu
    NEB*: one after another in a magic ring
  Fac.: 1
Rem.: In this text, there is an allusion to a re-
  ligious rite which is unknown to us, but which
  was evidently known to the prophet. The Committee
  was evenly divided in this case, with one half of
  the Committee voting for the QERE reading, and the
  other half voting for the KETIV reading, both of
  them with a C rating. The QERE should be interpreted as follows : "(those who...⟨going⟩ into the
  gardens) to serve one ⟨Ashera⟩ who is in the middle",
  while the KETIV reading has the following interpretation : "(those who... ⟨going⟩ into the gardens) imitating one who is in the middle".
Rem.: Il s'agit dans ce texte d'une allusion à un
  rite religieux qui ne nous est plus connu, mais
  que le prophète devait connaître. Le Comité était
  divisé en ce cas. Une moitié préférait la leçon
  du QERE, l'autre celle du KETIV, les deux avec la
  note C. La leçon du QERE peut être traduite ainsi :
  "(ceux qui... ⟨en se rendant⟩ aux jardins) pour
  servir une (Ashéra) qui est au milieu", celle du
  KETIV ainsi : "(ceux qui... ⟨en se rendant⟩ aux
  jardins) imitant quelqu'un qui est au milieu".
Transl.: See Remark
Trad.:   Voir Remarque

66.18

B ואנכי
    and I / but I
    et moi / mais moi
      J   : mais moi
      TOB*: c'est moi qui motiverai (en note : "Litt.
          (ce sera) Moi,...")
[ואנכי ידעתי] (=Brockington)
    and I know / but I know
    et je sais / mais je sais
      RSV*: for I know
      NEB*: for I know
      L   : ich kenne
 Fac.: 4,13
 Rem.: See the next case also.
 Rem.: Voir le cas suivant aussi.
 Transl.: as for me, (given their deeds and their
       thoughts)
 Trad.:   quant à moi, (étant donné leurs actions et
       leurs desseins)

66.18

C באה
    it is coming
    elle vient / la chose vient
[בא] / [באתי]
    I come / coming
    je viens / en train de venir
      RSV*: and I am coming
      J   : je viendrai
      TOB : je viens
      L   : (ich...) und komme
 Fac.: 4
[ובאתי] (=Brockington)
    so I shall come
    aussi je viendrai
      NEB*: then I myself will come
 Fac.: 14
 Rem.: See the preceding case. The expression can
  be translated : "<time> comes / has come (to
  gather...)".
 Rem.: Voir le cas précédent. L'expression peut être
  traduite ainsi : "<le temps> vient / est venu
  (de rassembler...)".
 Transl.: See Remark
 Trad.:   Voir Remarque

66.19

C פול
    Pul
    Pûl / Poul
 [פוט] (=Brockington)   / [ופוט]
    Put
    Pût / Pout
      RSV*: Put
      NEB*: Put
      J* : Put
      TOB*: Pouth
      L   : nach Put
    Fac.: 12
    Transl.: Pul
    Trad.:   Pûl / Poul

66.19

C משכי קשת
    those who draw the bow
    les tireurs d'arc
      RSV : (and Lud,) who draw the bow
      TOB : (et Loud) qui bandent l'arc
    Fac.: 5
C[ומשך] = LXX
    and Meshek
    et Méshèk
      J* : Méshek
    Fac.: 5
 [משך ראש] (=Brockington)
    and Meshek, Rosh
    et Méshèk, Rosh
      NEB*: to Meshek, Rosh
      L   : nach Meschech und Rosch
    Fac.: 14
    Rem.: The Committee was evenly divided in this case.
      One half voted for the MT, the other half for LXX,
      and both with a C rating. Translators may choose
      either one of the two readings. If they follow the
      MT, they can translate "those who draw the bow";
      if they adopt LXX, they can interpret the reading
      as a proper name "Meshek". The textual corruption,
      whether represented by the MT or by LXX, was brought
      about by assimilation to similar biblical texts
      (Fac.5).
    Rem.: Le Comité était divisé en ce cas. Une moitié
      vota pour le TM, l'autre pour la LXX, tous les

deux avec la note C. Les traducteurs peuvent donc
choisir l'une des deux leçons. S'ils suivent le
TM, ils traduiront "les tireurs d'arc", s'ils
optent pour LXX, ils interpréteront "Meshèk".
La corruption textuelle, qu'elle soit représentée
par le TM ou par la LXX, est le résultat d'une
assimilation à des passages bibliques similaires
(Fac.5).
Transl.: See Remark
Trad.:   Voir Remarque

JEREMIAH / JEREMIE

====================

J   =   La Sainte Bible, traduite en français sous la direction de l'Ecole Biblique de Jérusalem, nouvelle édition, Paris 1973.

L   =   Die Bibel oder die ganze Heilige Schrift des Alten und Neuen Testaments nach der Uebersetzung Martin Luthers, 3. Aufl., Stuttgart 1971.

NEB   =   The New English Bible, The Old Testament, Oxford 1970.

RSV   =   The Holy Bible, Revised Standard Version, New York 1952.

TOB   =   Traduction Oecuménique de la Bible, Edition intégrale, Ancien Testament, Paris 1975.

NOTE
───

In the books of Jeremiah and Ezekiel the history of
the text is distinctive, for both the MT and the
Septuagint are the result of specific literary developments which took place after the period in which the
Septuagint translation was made. Therefore, it is no
longer always possible to establish, by means of textual analysis, the form of the text prior to these
two specific literary developments. In view of this
the Comittee decided not to mix these two textual
traditions, one belonging to the MT, the other to the
Septuagint, but to stay with the MT.

NOTE
───

Dans les livres de Jérémie et d'Ezéchiel, l'histoire
du texte est particulière. En effet, aussi bien le
TM que la Septante sont le résultat d'un développement littéraire spécifique, qui a eu lieu après l'é-
poque où la traduction de la Septante avait été réa-
lisée. Il n'est donc plus toujours possible, par les
moyens de l'analyse textuelle, de remonter à l'état
textuel antérieur à ces deux développements littéraires
spécifiques. Dans ces conditions, le Comité décide
de ne pas mélanger les deux traditions textuelles
propres l'une au TM et l'autre à la Septante, mais
de s'en tenir à celle du TM.

2.16

B ירעוך קדקד
- they will break / they have broken you ⟨as for⟩
  the crown of ⟨your⟩ head / they will shave the
  crown of your head
  ils te briseront / ils t'ont brisé ⟨quant à ton⟩
  crâne / ils tondront ton crâne
  - RSV : (the men...) have broken the crown of your
    head
  - NEB : (men...) will break your heads
  - TOB*: te défoncent le crâne
  - L   : scheren (die Leute...) dir den Kopf kahl

[ירעוך קדקד]
- they shave / lay bare the crown of your head
  ils rasent / mettent à nu ton crâne
  - J*   : t'ont rasé le crâne

Fac.: 14
Rem.: The best interpretation of this expression
  is : "they will shave the crown of your head"
  (literally : "they will graze / pasture the crown
  of your head").
Rem.: La meilleure interprétation de cette expression semble être : "ils tondront ton crâne" (littéralement : "ils brouteront ton crâne").
Transl.: See Remark
Trad.:   Voir Remarque

2.17

A בעח מוליכך בדרך
- in the time when he led you in the way
  au temps où il te conduisait sur la route
  - RSV : when he led you in the way
  - J   : alors qu'il te guidait sur ta route
  - TOB : au temps où il était ton guide sur ta route
  - L   : sooft er dich den rechten Weg leiten will

[Lacking.Manque] = NEB* (=Brockington) = LXX
Fac.: 13
Rem.: See the Introductory Note to Jeremiah. The
  variant reading belongs to the LXX text tradition,
  which should not be confused with the MT tradition.
  Therefore no other factor than fac.13 is indicated.
  For the LXX text has not grown out of the MT by
  corruption, but represents a textual development
  parallel to that of the MT. Both MT and LXX are
  separate developments from one common base.

Rem.: Voir la Note d'Introduction à Jérémie. La
   variante fait partie de la tradition textuelle
   de la LXX, qu'il ne faut pas mélanger avec la
   tradition du TM. C'est pourquoi on n'indique que
   le facteur 13. Car le texte de la LXX ne s'est
   pas développé à partir du TM par corruption, il
   constitue plutôt un développement textuel parallèle à celui du TM. En effet, le TM et la LXX
   sont tous les deux des développements secondaires
   à partir d'une base commune.
Transl.: in the time when he was your guide in the
   way
Trad.:   au temps où il était ton guide sur la route

2.21

C נהפכת לי סורי הגפן נכריה
   you have turned for me into the wild shoots of
   an alien vine
   tu as tourné pour moi en sauvageons d'une vigne
   étrangère
      J   : (comment) t'es-tu changée pour moi en
            sauvageons d'une vigne étrangère
      TOB : (comment) as-tu dégénéré en vigne in-
            connue aux fruits infects (?)
[נהפכת לי גפן נכריה]
   you have turned for me into an alien vine
   tu as tourné pour moi en une vigne étrangère
      L   : (wie) bist du mir denn geworden zu einem
            schlechten, wilden Weinstock
 Fac.: 1,4
[נהפכת לסוריה גפן נכריה] (Brockington)
   you have turned into a degenerate <plant>, an
   alien vine
   tu as tourné en une <plante> dégénérée, une
   vigne étrangère
      RSV : (how then) have you turned degenerate and
            become a wild wine
      NEB : you are turned into a vine debased and
            worthless
Fac.: 14
Rem.: The Hebrew basis of L, given above, is uncertain.
Rem.: La base textuelle hébraïque, que l'on assigne
   ici à L, est incertaine.
Transl.: in a wild shot of an exotic vine
Trad.:   en sauvageon de vigne exotique

2.24

C פרה למד מדבר
    a wild ass used to the wilderness
    un onagre habitué au désert
        RSV : a wild ass used to the wilderness
        J   : ânesse sauvage, habituée au désert
        TOB : une ânesse sauvage habituée à la steppe
        L   : wie eine Wildeselin in der Wüste (?)
[מפרדה למדבר] (=Brockington)
    isolating herself into the wilderness
    se séparant en allant au désert
        NEB*: rushing alone into the wilderness
    Fac.: 14
    Transl.: a wild ass used to the wilderness
    Trad.:   un onagre habitué au désert

2.31

B הדור אתם ראו דבר-יהוה
    you, O generation, see the word of the LORD
    vous, génération, voyez la parole du SEIGNEUR
        RSV : and you, O generation, heed the word
             of the LORD
        J   : et vous, de cette génération, voyez la
             parole de Yahvé
        TOB*: - vous, hommes de ce temps, comprenez la
             parole du SEIGNEUR !-
        L   : du böses Geschlecht, merke auf des HERRN
             Wort
[Lacking.Manque] = NEB* (=Brockington)
    Fac.: 14
    Rem.: L may presuppose another Hebrew basis than the
    MT or it may reflect a rather free translations
    of it.
    Rem.: L peut présupposer une autre base hébraïque
    que le TM ou traduire celui-ci avec liberté.
    Transl.: you, O generation, heed the word of the
           LORD (literally : see/look at the word of
           the LORD)
    Trad.:   vous, oh génération, prêtez attention à
           la parole du SEIGNEUR (littéralement :
           voyez/regardez la parole du SEIGNEUR)

2.34

C עַל-כָּל-אֵלֶּה
   on all that/with all that/in spite of all that
   sur tout cela/avec tout cela/en dépit de tout cela
     RSV : in spite of all these things
     J   : malgré tout cela
     TOB*: sur tout cela
     L   : (die) alledem widerstanden
 עַל-כל-אלה   =[עַל-כָּל-אַלָּה] (=Brockington) =LXX
   on every oak
   sur tout chêne
     NEB : by your sacrifices under every oak
   Fac.: 4,12
   Rem.: This difficult expression may be interpreted
     in the following three ways : (1) "but ⟨it is⟩
     because of all that" (i.e. for all these reasons);
     (2) "but ⟨it is⟩ upon all that" (i.e. in addition
     to all that), (3) (with another phrase division)
     "in addition to all that (you said : I am inno-
     cent)".
   Rem.: Cette expression difficile peut être inter-
     prêtée de trois façons : (1) "mais ⟨c'est⟩ à cause
     de tout cela" (c.-à-d. pour toutes ces raisons);
     (2) "mais ⟨c'est⟩ en plus de tout cela"; (3) (avec
     une autre division de la phrase) "En plus de tout
     cela, (tu as dit : je suis innocente)".
   Transl.: See Remark
   Trad.:   Voir Remarque

2.36

B מַה-תָּזְלִי
   how you want to go away
   comme tu veux t'en aller
 מה-תזלי   =[מַה-תָּזְלִי] (=Brockington)
   how lightly you take things
   combien tu es légère / comme tu t'avilis
     RSV : how lightly you gad about
     NEB : why do you so lightly (change your course)
     J* : que tu mets de légèreté (à changer de
           voie)
     TOB*: comme tu t'avilis
     L   : was läufst du denn so leichtfertig (bald
           dahin, bald dorthin)
   Fac.: 6,8
   Rem.: The whole expression may be interpreted as
     follows : "how you hasten to go away, changing

your route". Or "how you are so very vile, in
order to change your route".
Rem.: Toute l'expression peut être interprétée
ainsi : "comme tu as hâte de partir en changeant
ta route...", ou aussi : "comme tu t'avilis si bas
pour changer ta route".
Transl.: See Remark
Trad.:   Voir Remarque

3.1

B לאמר
     to say / saying
     pour dire / en disant
        L : und er sprach
Lacking.Manque = RSV*, NEB*, J*, TOB* (=Brockington)
Fac.: 6
Rem.: There are two ways to explain this expression:
(1) it introduces a principale or proverb or
juridical statement which must be made known to
Israel : "it must be said"; or (2) the expression
depends upon what precedes in Jer 2.37 : "(...the
LORD has rejected those in whom you trust...)
saying : ...".
Rem.: Il y a deux possibilités pour expliquer cette
expression : (1) elle introduit une sorte de
maxime, de principe juridique qu'il faut citer
à Israël : "il faut dire"; (2) l'expression dépend de ce qui précède en Jr 2.37 : "(... le
SEIGNEUR rejette ceux en qui tu as confiance...)
en disant...".
Transl.: See Remark
Trad.:   Voir Remarque

3.1

B הארץ
     the land
     le pays
       RSV : (that) land
       J   : (cette) terre (-là)
       TOB*: (cette) terre (-là)
       L   : das Land
   [האשה] (=Brockington)
     the woman
     la femme
       NEB*: (that) woman

Fac.: 4,12
Transl.: the land
Trad.:   la terre

3.5

A הִנֵּה
   behold
   voici
     RSV : behold, (you have spoken)
     TOB : mais, (tout en parlant)
     L   : siehe, (so redest du)
הנה =[הֵנָּה]
   these things
   ces choses
     NEB : this is (how you spoke)
     J   : (tu parles) ainsi
Fac.: 14
Rem.: See a similar textual problem at 4.16 below.
Rem.: Voir un problème textuel analogue ci-dessous
   en 4.16.
Transl.: behold
Trad.:   voici

3.8

B וארא
   and I saw
   et j'ai vu
     TOB : et moi j'ai vu
ותרא (=Brockington)
   and she saw
   et elle a vu
     RSV : she saw
     NEB*: she saw too
     J* : elle a vu aussi
Fac.: 1,4
[Lacking.Manque] = L
Fac.: 1
Rem.: What God saw, is stated in the second half of
   the verse. Therefore the interpretation is :
   "and I saw that, when ... I had sent away Israel...,
   she became not afraid...".
Rem.: Ce que Dieu a vu sera mentionné dans la
   deuxième partie du verset, si bien qu'il faut
   comprendre : "et j'ai vu que, lorsque... j'ai
   renvoyé Israël..., elle n'en a pas conçu de
   crainte...".

Transl.: yes, I saw
Trad.:   oui, j'ai vu

3.9

C וַתֶּחֱנַף אֶת-הָאָרֶץ
    and she was defiled together with the land
    et elle était profanée avec le pays
       TOB*: la terre elle-même est profanée
וַתֶּחֱנַף...] [= וַתַּחֲנֵף אֶת-הָאָרֶץ (=Brockington)
    and she defiled the land
    et elle a profané le pays
      RSV : she polluted the land
      NEB : she defiled the land
      J   : elle a profané le pays
      L   : hat das Land unrein gemacht
Fac.: 1,4
Rem.: The expression may best be interpreted as
  follows : "she defiled herself together with
  the land".
Rem.: On doit interpréter cette expression ainsi :
  "elle s'est profanée avec la terre".
Transl.: See Remark
Trad.:   Voir Remarque

3.23

C לַשֶּׁקֶר מִגְּבָעוֹת הָמוֹן הָרִים
    for delusion, coming from the hills, noise ⟨on⟩
    the mountains
    pour l'illusion, du côté des collines, du bruit
    ⟨sur⟩ les montagnes
      TOB : ce qui vient des collines est faux, on ne
           fait que du bruit sur les montagnes
[לַשֶּׁקֶר הַגְּבָעוֹת וְהָמוֹן הֶהָרִים]
    for delusion ⟨are⟩ the hills and the noise of the
    mountains
    pour l'illusion ⟨sont⟩ les collines et le bruit des
    montagnes
      J* : les collines ne sont que duperie, ainsi que
           le tumulte des montagnes
Fac.: 6
לַשֶּׁקֶר מִגְּבָעוֹת הָמוֹן הָרִים
    for delusion, coming from the hills, the noise
    of the mountains
    pour l'illusuion, du côté des collines, le bruit
    des montagnes

```
        RSV : the hills are a delusion, the orgies
              on the mountains (?)
        L   : es ist ja nichts als Betrug mit den
              Hügeln und mit dem Lärm auf den Bergen (?)
```
Fac.: 1,6
[לשקרים גבעות הָמוֹן הרים] (=Brockington)
  for delusions the hills, the noise of the mountains
  pour des illusions les collines, le bruit des
  montagnes
```
        NEB : there is no help in worship on the hill-
              tops, no help from clamour on the heights
```
Fac.: 14
Rem.: 1. The interpretation of the first part of
  the verse is as follows : "(truly,) it is pure
  lying ⟨that which comes⟩ from the hills, the
  mountains ⟨are⟩ noise".
  2. RSV and L do not indicate their underlying
  Hebrew text. Therefore, the reconstruction of
  this text, given above, is not certain.
Rem.: 1. L'interprétation de ce stique peut être
  exprimée comme suit : "(vraiment,) ce n'est que
  pur mensonge, ⟨ce qui vient⟩ des collines; les
  montagnes, ⟨c'est⟩ du vacarme/bruit".
  2. RSV et L n'indiquent pas le texte hébraïque
  qui leur sert de base. La reconstruction de ce
  texte donnée ci-dessus n'est donc pas certaine.
Transl.: See Remark 1
Trad.:   Voir Remarque 1

4.2

A בו...ובו
    in him ... and in him
    en lui ... et en lui
```
        RSV : in him ... then... in him
        J   : en lui, en lui
        TOB*: en son nom; c'est de lui (qu'elles se
              loueront) (en note : "Litt. en lui...")
        L   : in ihm ... und (sich) seiner (rühmen)
```
[ובך...בך] (=Brockington)
  in you ... and in you
  en toi ... et en toi
```
        NEB*: like you and in you
```
Fac.: 14
Transl.: in him ... and in him
Trad.:   en lui ... et en lui

4.16

A הִנֵּה
  behold
  voici
    RSV : that he is coming
  הנה [= הֵנָּה] (=Brockington)
  these things
  ces choses
    NEB : all this
    J   : ceci
Fac.: 14
Rem.: 1. TOB and L translate neither of the two
  readings. Therefore, it is not possible to determine which one they assume to be the underlying Hebrew text.
  2. See a similar textual problem in 3.5 above.
Rem.: 1. TOB et L ne traduisent aucune des deux
  leçons. C'est pourquoi il n'est pas possible de
  voir laquelle des deux leur sert de base textuelle.
  2. Voir un problème textuel analogue ci-dessus
  en 3.5.
Transl.: behold
Trad.:   voici

4.16

B נֹצְרִים
  those who keep / guards
  des gardiens / des gardes
[צרים]
  enemies/besiegers
  des ennemis/des assiégeants
    RSV : besiegers
    J* : les ennemis
    TOB : des assiégeants
    L   : Belagerer
Fac.: 6
נצרים [= נָצְרִים] (=Brockington)
  invaders
  des envahisseurs
    NEB : hordes of invaders
Fac.: 14
Rem.: 1. RSV, TOB, L may have followed the MT.
  2. The guards referred to here are those who had
  the responsability to watch a besieged city in
  order to arrest any escaping citizen.

Rem.: 1. Il se peut que RSV, TOB et L entendent
simplement traduire le TM.
2. Il s'agit des gardes qui doivent arrêter tout
citoyen qui tente de s'échapper de la ville
assiégée.
Transl.: guards
Trad.:   gardiens

4.20

B רֶגַע
    in a moment
    à l'instant
        RSV : in a moment
        J   : en un clin d'oeil
        TOB : en un instant
רגע [= רֻגַּע] (=Brockington)
    torn
    déchiré
        NEB : torn to shreds
    Fac.: 5
    Rem.: L does not translate this adverb, probably
    for translational reasons.
    Rem.: L ne traduit pas cet adverbe, probablement
    pour des motifs de traduction.
    Transl.: in a moment / instantly
    Trad.:   à l'instant / en un clin d'oeil

4.29

B כל-העיר (1°)
    the whole city / every city
    toute la ville / toute ville
        RSV : every city
        J   : toute la ville
        TOB : toute ville
        L   : aus allen Städten
[כל-הארץ] (=Brockington)
    the whole country
    le pays tout entier
        NEB*: the whole country
    Fac.: 4,6
    Rem.: The expression has a collective meaning :
    "every city" (=all the cities). These "cities"
    were unfortified towns which the inhabitants
    left in war time in order to seek a more secure
    place.

Rem.: L'expression a un sens collectif : "chaque
ville" (= toutes les villes). Ces "villes" sont
des villages sans fortifications que les habitants abandonnent en temps de guerre pour chercher
un abri sûr.
Transl.: every town / all the towns
Trad.:   chaque village / tous les villages

4.29

באו בעבים
   they come / came into thickets
   ils viennent / vinrent en des taillis
      RSV : they enter thickets
      J   : on s'enfonce dans les taillis
      TOB : on pénètre dans les taillis
      L   : (werden sie...) und in die dichten Wäl-
            der laufen
   Fac.: 10
B[באו במערות נחבאו בעבים] = LXX
   they come into holes and they hide in thickets
   ils viennent dans les grottes et se cachent dans
   les taillis
      NEB*: they creep into caves, they hide in
            thickets
   Rem.: Brockington reconstructs the Hebrew base of
   LXX in a sligthly different form from that
   given above : ... ויחבאו...
   Rem.: Dans sa reconstruction, Brockington donne
   une forme un peu différente à la base hébraïque
   de LXX : ... ויחבאו...
   Transl.: they come into holes and they hide in
            thickets
   Trad.:   ils viennent dans les grottes et se cachent
            dans les taillis

4.30

B שדוד
   overwhelmed / destroyed
   terrassé / dévasté
      RSV : O desolate one
      J   : la dévastée
      L   : du Ueberwältigte
   [Lacking. Manque] = NEB*, TOB* (=Brockington)
   Fac.: 4,8

Rem.: The expression should be interpreted as
  "(but you,) <once> desolated, (what will you
  do ?...)".
Rem.: On doit interpréter l'expression ainsi :
  "(mais toi,) <une fois> dévastée, (que feras-tu ?...)".
Transl.: desolate
Trad.:   dévastée

5.2

B ואם :
   And if
   Et si
     RSV : (I may pardon her.) Though
     NEB : (I may forgive that city.) (Men may swear...)
     TOB : (je pardonnerai à la ville.) (Ils ont beau
           dire...)
     L   : (will ich ihr gnädig sein). Und wenn (sie)
           auch (sprechen)
[נאם יהוה:ואם]
   word of the LORD. And if
   oracle du SEIGNEUR. Et si
     J* : (je pardonnerai à cette ville) dit Yahvé.
           Mais s'(ils disent)
   Fac.: 14
   Rem.: J does not follow exactly the LXX reading, where.
   ואם, "and if" is replaced by נאם יהוה, "said the
   LORD", a text corrupted by Fac.12.
   Rem.: J ne suit pas exactement la leçon de LXX, où
   ואם, "et si" est remplacé par נאם יהוה, "dit le
   SEIGNEUR", une forme textuelle résultant d'une
   corruption selon Fac. 12.
   Transl.: (to her.) And if
   Trad.:   (à elle.) Et si

5.7

יתגדדו
   they troop
   ils se mettent en bande
     RSV : (they ... and) trooped
     J   : ils se précipitaient
     TOB : ils se bousculent
     L   : liefen
   Fac.: 12

C יתגוררו (יתגררו = Brockington)
    they dwell
    ils sont hôtes
        NEB*: (they ... and) haunted
    Rem.: The meaning of the expression is that the
        men are accustomed to visiting the house of the
        prostitute.
    Rem.: Le sens de l'expression est qu'ils fréquentent
        habituellement la maison de la prostituée.
    Transl.: they dwell / they use to visit
    Trad.:   ils sont hôtes / ils fréquentent

5.13

A כה יעשה להם
    thus shall it be done to them
    qu'ainsi il leur soit fait
        RSV : thus shall it be done to them
        J   : que leur arrive tout cela
        TOB*: que leurs menaces soient pour eux (en
              note : "Litt. ainsi qu'il soit fait à
              eux ...")
        L   : es ergehe ihnen selbst so
    [Lacking.Manque] = NEB* (=Brockington)
    Fac.: 1,10
    Transl.: thus shall it be done to them
    Trad.:   qu'ainsi il leur soit fait

5.16

B אשפתו
    his quiver
    son carquois
        RSV : their quiver
        J   : son carquois
        TOB : leur carquois
        L   : seine Köcher
    [שפתו] (=Brockington)
    his lip
    sa lèvre
        NEB*: their jaws
    Fac.: 1,4,5
    Transl.: his quiver
    Trad.:   son carquois

5.26

ישור כשך יקושים C

    he lurks, like the lying-in-wait of the fowlers
    il épie, comme le blottissement des oiseleurs
        RSV*: they lurk like fowlers lying in wait
             (see Rem.1)
        J* : ils guettent comme des oiseleurs à
             l'affût (voir Rem.1)
        TOB : aux aguets comme l'oiseleur accroupi
             (voir Rem.1)
        L   : um sie zu fangen, wie's die Vogelfänger
             tun (siehe Rem.1)
[ישרכו שך יקשים] (=Brockington)
    they lay snares like a fowler's net
    ils posent des trappes comme le filet des
    oiseleurs
        NEB*: (men) who lay snares like a fowler's net
  Fac.: 14
  Rem.: 1. RSV, J, TOB and L may have another textual
    base than the MT, but this is not certain. The
    notes of RSV and J do not allow one to determine
    their underlying Hebrew text, while TOB and L
    give no textual explanation at all.
    2. The best interpretation of this difficult text
    seems to be : "<everybody> lurks like a fowler lying
    in wait" (literally "... like the lying-in-wait
    of the fowlers").
  Rem.: 1. RSV, J, TOB et L pourraient se baser sur un
    autre texte que le TM. Cela n'est pas certain ce-
    pendant. Car les notes de RSV et J ne permettent
    pas de voir clairement leur texte hébreu de base,
    tandisque TOB et L renoncent à toute justification
    textuelle de leur traduction.
    2. La meilleure interprétation de ce difficile
    texte semble être : "<chacun> épie comme un
    oiseleur blotti" (littéralement "... comme le
    blottissement des oiseleurs").
  Transl.: See Remark 2
  Trad.: Voir Remarque 2

6.2

הנוה והמענגה דמיתי C

    I destroyed the comely and spoiled <person>,
    (the daughter of Zion)
    j'ai anéanti la <personne> gracieuse et gâtée,
    (la fille de Sion)

RSV : the comely and delicately bred I will
      destroy, (the daughter of Zion)

J   : la belle, la délicate, je la détruis,
      (la fille de Sion)

[הנוה והמענגה דמית]

O comely and spoiled ⟨person⟩, you are brought to
an end, (O daughter of Zion) / ... you are silen-
ced...

O ⟨personne⟩ gracieuse et gâtée, tu es finie,
(O fille de Sion)/... tu es réduite au silence...

   TOB : toi, (la belle Sion), la charmante, la
         coquette, tu es réduite au silence

Fac.: 1

[דמת= הנוה והמענגה דמתה]   (=Brockington)

the comely and spoiled ⟨person⟩ is brought to
an end, (the daughter of Sion)

la ⟨personne⟩ gracieuse et gâtée est finie, (la
fille de Sion)

   NEB : (Zion,) delightful and lovely : her end
         is near -

Fac.: 14

[הלנוה מענג דמתה]

she looks like a delicate meadow, (the daughter
of Zion)

elle ressemble à un pré délicieux, (la fille de
Sion)

   L   : die Tochter Zion ist wie eine liebliche
         Aue

Fac.: 14

Rem.: This MT expression is to be interpreted as
   "I have destroyed the comely and the spoiled,
   (the daughter of Zion)", literally : "the comely
   and the spoiled, I have destroyed (the daughter
   of Zion) !".

Rem.: On doit interpréter cette expression du TM
   ainsi : "j'ai détruit la jolie et la dorlotée,
   (la fille de Sion) !", littéralement : "la jolie
   et la dorlotée - j'ai détruit (la fille de Sion)!".

Transl.: the comely and the spoiled - I have destro-
         yed of Zion) !

Trad.:   la jolie et la dorlotée - j'ai anéanti
         (la fille de Sion)!

6.6

C היא העיר הפקד
   this is the city which must be visited
   c'est la ville qui doit être visitée
     RSV : this is the city which must be punished
     J   : c'est la ville qui va recevoir ma visite
     L   : denn es ist eine Stadt, die heimgesucht
          werden soll
[היא העיר הפקדה]
   this is the city which must be visited
   c'est la ville qui doit être visitée
     TOB*: c'est la ville qui est livrée
 Fac.: 14
[היא העיר הֻפְקַר] (sic) (=Brockington)
   this is the city which
   c'est la ville qui
     NEB*: the city whose name is Licence
 Fac.: 14
 Rem.: The entire MT expression can be interpreted
   as "this is the city which has been investigated :
   (all ⟨is⟩ oppression in its midst)".
 Rem.: L'ensemble de ce stique du TM doit être traduit ainsi : "voici la ville ⟨dont⟩ il a été
   contrôlé (que tout est oppression en son sein)".
 Transl.: See Remark
 Trad.:   Voir Remarque

6.9

B עולל יעוללו
   they shall glean thoroughly
   qu'ils grappillent à fond
     J   : on va grappiller, grappiller
     TOB : qu'on grappille soigneusement
[עולל עולל] (=Brockington)
   glean thoroughly ! (imperative singular)
   grappille à fond !
     RSV*: glean thoroughly
     NEB*: glean
     L   : halte Nachlese
 Fac.: 14
 Transl.: they shall glean thoroughly / one shall
         glean thoroughly
 Trad.:   qu'ils grappillent soigneusement / qu'on
         grappille soigneusement

6.11

B שְׁפֹךְ
    pour out ! (imperative singular)
    verse !
      RSV : pour ... out
      J   : déverse(-la) donc
      TOB : répands(-la)
      L   : so schütte ... aus
שפך =[שְׁפֹךְ] (=Brockington)
    pouring out
    à verser
      NEB : I must pour ... out
Fac.: 4,12
Rem.: The MT expression is to be understood as an
    imperative, not as an infinitive.
Rem.: L'expression du TM doit être comprise comme
    un impératif, et non comme un infinitif.
Transl.: pour out ! (imperative singular)
Trad.:   verse !

6.15

A הבישׁו
    they were ashamed
    ils ont été confus
      J   : les voilà dans la honte
      TOB : ils sont confondus
      L   : sie werden mit Schande dastehen
[הֲבוֹשׁוּ] (=Brockington)
    have they been ashamed ?
    étaient-ils confus ?
      RSV : were they ashamed
      NEB : are they ashamed
Fac.: 14
Rem.: 1. See a similar case in 8.12 below.
    2. The MT expression refers to a situation in which
    the people regarded these prophets as shameful
    persons, whereas the following clause גם-בושׁ לא-בושׁו
    refers to their feeling of shame : "but they did
    not feel ashamed", literally "and also with shame
    they were not ashemed".
Rem.: 1. Voir un cas analogue en 8.12 ci-dessous.
    2. L'expression du TM se rapporte à la situation
    de honte publique, dans laquelle ces prophètes se
    trouvaient, alors que la phrase qui suit
    גם-בושׁ לא-בושׁו concerne leurs sentiments de honte:

"et ils n'éprouvaient pas de honte non plus",
littéralement "et ils n'étaient pas honteux de
honte".
Transl.: they were ashamed / they were in the con-
         fusion
Trad.:   ils ont été confus / ils étaient dans la
         honte

6.27

C בעמי מבצר ותדע
   among my people, a fortress, so that you may know
   dans mon peuple, une forteresse, que tu connaisses
בעמי מבצר ותדע =[...מְבַצֵּר...]
   among my people, testing, so that you may know
   dans mon peuple, faisant un test, que tu connaisses
      RSV : and tester among my people, that you may
            know
   Fac.: 14
[בעמי ותדע]
   among my people, so that you may know
   dans mon peuple, que tu connaisses
      J* : (qui éprouve) mon peuple, pour que tu
            connaisses
      TOB*: chez mon peuple..., tu apprécieras
      L   : für mein Volk, dass du ... erkennen ...
            sollst
   Fac.: 14
[בעמי מבצרו תדע] (= Brockington)
   among my people; you will know its testing
   dans mon peuple; tu connaîtras son examination
      NEB : of my people; you will know how to test
            them
   Fac.: 14
Rem.: The MT expression may be translated as "among my
   people, (as an assayer <of metals> I established you
   (literally: I gave you)), as a fortress (literally :
   you fortress) (with an allusion to the title
   given to the prophet in his vocation in Jer 1.18);
   you will examine (and test...)". Translators may
   mention the allusion to Jer 1.18 in a note.
Rem.: L'expression du TM peut se traduire le mieux
   ainsi : "dans mon peuple (comme essayeur <de métaux>
   je t'ai établi (littéralement: je t'ai donné)), toi
   forteresse (avec une allusion au titre donné au
   prophète à sa vocation en Jr 1.18); tu apprécie-
   ras (et examineras...)". Les traducteurs peuvent

mentionner l'allusion à Jr 1.18 dans une note.
Transl.: See Remark
Trad.:   Voir Remarque

6.29

B מַפֻּחַ מֵאֵשְׁתַּם = QERE
   the bellows, by the fire is consumed
   le soufflet, par le feu est consumé
     RSV : the bellows..., ... is consumed by the fire
     J   : le soufflet..., pour que... soit dévoré par le
     TOB : le soufflet..., le feu fait disparaître   feu
     L   : der Blasebalg..., wurde flüssig vom Feuer
מפח מאשתם = KETIV
   the bellows, from their fire
   le soufflet, de leur feu
Fac.: 12
[מַפֻּחַ אֵשׁ תַּם] (=Brockington)
   the bellows, the fire is consumed
   les soufflets, le feu se consume
     NEB : the bellows..., the furnace glows
Fac.: 14
Rem.: 1. NEB introduces other textual changes into
its underlying Hebrew text, cf. Brockington and
NEB's note a. These changes are attested by no
ancient text witness.
2. The best interpretation of this MT expression
seems to be the following : "the bellows (blow
fiercely , the lead) is consumed by the fire :
(in vain the refining goes on (literally : one
refines and one refines); the wicked are not
removed. Dross of silver they are called...)".
The lead was used as a means of refining precious
metals.
Rem.: 1. NEB introduit d'autres changements textuels
dans sa base textuelle hébraïque, cf. Brockington
et la note a de NEB. Mais ces changements ne sont
appuyés par aucun témoin textuel ancien.
2. La meilleure interprétation semble être la
suivante : "le soufflet (ahane (ou : ronfle)),
<sous l'action> du feu (le plomb) est épuisé : (c'est
en vain que l'on épure, on épure; les mauvais ne
se détachent pas. Argent de rebut, voilà comment
on les nomme...)". Le plomb sert comme moyen pour
épurer les métaux.
Transl.: See Remark 2
Trad.:   Voir Remarque 2

7.3

C וַאֲשַׁכְּנָה אֶתְכֶם
  and I shall settle you
  et je vous ferai résider
    RSV : and I will let you dwell
    NEB*: that I may let you live
    J : et je vous ferai demeurer
[וְאֶשְׁכְּנָה...] = ראשכנה אתכם
  and I shall dwell with you
  et je résiderai avec vous
    TOB*: pour que je puisse habiter avec vous
    L* : so will ich bei euch wohnen
Fac.: 5,12
Rem.: See a similar cas in 7.7 below.
Rem.: Voir un cas semblable en 7.7 ci-dessous.
Transl.: and I shall settle you / and I will let
    you dwell
Trad.: et je vous ferai résider / et je vous lais-
    serai résider

7.4

B המה
  they / these / this
  eux / ces choses / cela
    RSV : this is
    J : c'est
    L : hier ist ... hier ist ... hier ist
[המקום הזה]
  this place
  ce lien
    NEB*: this place is
    TOB*: il est ici (en note : "... litt. ce lieu.")
Fac.: 14
Transl.: this is (literally : they are)
Trad.: cela est (littéralement : eux sont)

7.7

C וְשִׁכַּנְתִּי אֶתְכֶם
  and I shall settle you
  et je vous ferai résider
    RSV : then I will let you dwell
    NEB*: then will I let you live
    J : alors je vous ferai demeurer

וְשָׁכַנְתִּי אתכם
  and I shall dwell with you
  et je résiderai avec vous
    TOB*: je pourrai alors habiter avec vous
    L   : so will ich ... bei euch wohnen
Fac.: 5
Rem.: See a similar case in 7.3 above.
Rem.: Voir un cas analogue en 7.3 ci-dessus.
Transl.: and I shall settel you / and I will let
         you dwell
Trad.:   et je vous ferai résider / et je vous
         laisserai résider

7.24

B במעצות
  in <their> counsels
  dans <leurs> conseils
    RSV : in their own counsels
    J   : selon leurs desseins
    TOB : à leur guise
    L   : nach ihrem eigenen Rat
במעצות = [בְּמַעֲצוֹת] (=Brockington)
  in disobedience
  en désobéissance
    NEB : in disobedience
Fac.: 14
Transl.: in <their> counsels
Trad.:   dans <leurs> conseils

7.25

B אליכם
  towards you / to you
  vers vous
    J   : (je) vous (ai envoyé)
    L   : zu euch
אליהם (=Brockington)
  towards them
  vers eux
    RSV : to them
    NEB*: to them
    TOB : (de) leur (envoyer)
Fac.: 1,4,5
Transl.: to you
Trad.:   vers vous

7.31

B במות

    the high places of
    les hauts lieux de
       J   : les hauts lieux de
       L   : die Höhen des
  [במת] (=Brockington)
    the high place of
    le haut lieu de
      RSV*: the high place of
      NEB : a shrine of
      TOB : le tumulus du
  Fac.: 4
  Rem.: See a similar textual problem below at 26.18
    and in Mic 3.12.
  Rem.: Voir un problème textuel analogue ci-dessous
    en 26.18 et en Mi 3.12.
  Transl.: the high places of
  Trad.:   les hauts lieux de

8.3

C הנשארים (2°)

    of those who remain
    de ceux qui restent
      TOB : ceux qui survivront (?)
  Lacking.Manque = RSV, NEB*, J*, L (=Brockington)
  Fac.: 4
  Rem.: The best interpretation of the MT expression
    would be the following : "(in all the places
    where I will have driven them,) those who will
    be left (or : those who will have survived)", or :
    "those who will be left (in all the places where
    I will have driven them)".
  Rem.: La meilleure interprétation de l'expression
    du TM sera : "(dans tous les lieux où je les aurai
    chassés,) ceux qui seront restés (ou : qui auront
    survécu)", ou bien "ceux qui seront restés (dans
    tous les lieux où je les aurai chassés)".
  Transl.: See Remark
  Trad.:   Voir Remarque

8.5

B העם הזה ירושלם
   this people Jerusalem
   ce peuple Jérusalem
      J   : ce peuple-là... Jérusalem
      TOB : ce peuple, Jérusalem
      L   : dies Volk zu Jerusalem
  העם הזה (=Brockington)
   this people
   ce peuple
      RSV : this people
      NEB*: this people
  Fac.: 4
  Transl.: this people, Jerusalem
  Trad.:   ce peuple, Jérusalem

8.8

A עָשָׂה
   he made
   il fit
  [עָשָׂהֻ] (=Brockington)
   he made it
   il la fit
      RSV : has made it
      NEB : (pens) have falsified it
      J   : l'a changée
      L   : (die Schreiber) daraus machen
  Fac.: 14
  ἐγενήθη = LXX
   it became
   elle est devenue
      TOB : elle est devenue
  Fac.: 6
  Transl.: (yes, behold, it is lying (or : a lie)
         into which the false pen of the scribes)
         changes ⟨things⟩ (literally : makes)
  Trad.:   (oui, voici que c'est en mensonge que le
         burin mensonger des scribes) transforme
         ⟨les choses⟩ (littéralement : opère)

8.12

A הבשׁו

    they were ashamed
    ils ont été confondus
      J   : les voilà dans la honte
      TOB : ils sont confondus
      L   : sie werden mit Schande dastehen
[הֲבוֹשׁוּ] (=Brockington)
    are they ashamed ?
    sont-ils confus ?
      RSV : were they ashamed
      NEB : are they ashamed
Fac.: 14
Rem.: See a similar case at 6.15 above, with Rem.2.
Rem.: Voir un cas analogue en 6.15 ci-dessus, avec
    Rem.2.
Transl.: they were ashamed / they were in the shame
Trad.:   ils ont été confus / ils étaient dans la
       honte

8.13

C אֹסֵף אֲסִיפֵם

    I shall put a definite end to them
    je mettrai fin à eux définitivement
      RSV : when I would gather them
      J   : je vais les supprimer
      TOB : je suis décidé à en finir avec eux
      L   : ich will unter ihnen Lese halten
אסף אסיפם =[אֹסֵף אֲסִיפֵם] (=Brockington)
    I shall gather their harvest
    je rassemblerai leur récolte
      NEB : I would gather their harvest
Fac.: 14
Rem.: This difficult MT expression may be inter-
    preted in two ways : (1) "I shall/will suppress
    them completely" (literally : "I shall/will
    suppress them, yes suppress"); or (2) "gathering
    ⟨them⟩ together I will suppress them".
Rem.: Cette expression difficile du TM peut être
    interprétée de deux manières : (1) "je veux les
    supprimer (ou : je les supprimerai) complètement"
    (littéralement : "je veux les supprimer, oui,
    supprimer"); ou bien (2) "en ⟨les⟩ rassemblant
    je veux les supprimer" (ou : "... je les suppri-
    merai").
Transl.: See Remark
Trad.:   Voir Remarque

8.13

B ואתן להם יעברום
    I gave them ⟨people who⟩ will pass over them
    je leur ai donné ⟨des gens qui⟩ leur passeront
    dessus
        RSV*: and what I gave them has passed away from
            them
        J : je leur ai fourni des gens qui les pié-
            tinent
        TOB*: je les donne à ceux qui leur passeront
            dessus
        L : und was ich ihnen gegeben habe, das soll
            ihnen genommen werden
[Lacking.Manque] =NEB* (=Brockington)
Fac.: 4
Rem.: The interpretation of this MT expression may
  be as follows : (1) "and I gave them ⟨things which⟩
  escape them" (i.e. fruits of the earth); or (2)
  "and I gave them ⟨precepts which⟩ they have trespas-
  sed".
Rem.: L'interprétation de cette expression du TM sera
  la suivante :   "et je leur ai donné ⟨ceux qui⟩
  leur échappent" (c.-à-d. les fruits de la terre),
  ou aussi" et je leur ai donné ⟨les préceptes qu'⟩
  ils ont transgressés".
Transl.: See Remark
Trad.:   Voir Remarque

8.18

C מבליגיתי עלי יגון
    my grimacing at my sorrow
    mon rictus sur mon chagrin
[מבלי גהת עלי יגון] (=Brockington)
    without healing ⟨is⟩ on me the sorrow
    sans guérison ⟨est⟩ sur moi le chagrin
      RSV*: my grief is beyond healing
      NEB*: how can I bear my sorrow
      TOB*: mon affliction est sans remède
      L : was kann mich in meinem Jammer erquicken
  Fac.: 14
[מבלי גהת עלה יגון]
    without healing comes up sorrow
    sans guérison monte le chagrin
      J* : sans remède la peine m'envahit
  Fac.: 14
Rem.: The best interpretation of this very difficult

MT expression is the following : "my grimacing
because of my sorrow, (and my heart is sick)"
("my grimacing" or "my grimace" refers to the
kind of grin which sorrow and pain force upon
the face of a pain fully suffering person).
Rem.: La meilleure interprétation de cette expression très difficile du TM est : "mon rictus
porte sur mon chagrin, (mon coeur est malade)"
(le "rictus" étant le sourire grimaçant que les
chagrins et les souffrances imposent à une personne qui souffre d'une douleur aigue).
Transl.: See Remark
Trad.:   Voir Remarque

9.2(3)

B שקר ולא לאמונה גברו
    there is lying, and not for truth are they strong
    il y a le mensonge, et ce n'est pas pour la vé-
    rité qu'ils sont forts
[שקר ולא אמונה גבר]   (=Brockington)
    lying, and not truth, is strong
    le mensonge, et non pas la vérité, est fort
      RSV*: falsehood and not truth has grown strong
      NEB*: lying, not truth, is master
      J* : c'est le mensonge et non la vérité qui
            prévaut
  Fac.: 4
[לשקר ולא לאמונה גברו]
    for lying and not for truth they are strong
    pour le mensonge et non pas pour la vérité, ils
    sont forts
      TOB*: leur essor ... sert le mensonge, non la
            vérité
  Fac.: 1,4
[שקר ולא אמונה גברו]
    lying and not truth, they are violent
    le mensonge et non pas la vérité, ils sont vio-
    lents
      L   : lauter Lüge und keine Wahrheit und trei-
            ben's mit Gewalt
  Fac.: 1,4
  Rem.: All the five modern translations, RSV, NEB,
  J, TOB and L, neglect the phrase division of the
  MT. - Translators should interpret the MT as
  "(and they arm their tongues, their bows,) with
  falsehood; and it is not for ⟨the sake of⟩ loyalty

that they are strong (upon the earth).
Rem.: Les cinq traductions modernes, RSV, NEB, J,
TOB et L, ont toutes négligé la division de la
phrase du TM. - On interprétera le TM comme suit :
"(ils arment leur langue, leur arc,) de mensonge;
et ce n'est pas pour la loyauté qu'ils s'imposent
(sur terre)".
Transl.: See Remark
Trad.:   Voir Remarque

9.4(4),5(6)

שבתך : נלאו העוה
they get tired by doing wrong. Your dwelling
ils se fatiguent à force de faire le mal. Ton
habitat
     J   : ils se fatiguent à mal agir. Tu habites
Fac.: 12
[תך : נלאושב העוו](=Brockington) / [שב:תך נלאו ורנו העורו]
they do wrong; they are ⟨too⟩ tired to come back.
The oppression / The middle
ils font le mal, ils sont ⟨trop⟩ fatigués pour
revenir. L'oppression / Le milieu
     RSV*: they commit iniquity and are too weary
           to repent. Heaping oppression (upon
           oppression)
     NEB : deep in their sin, they cannot retrace
           their steps. Wrong (follows wrong)
     L   : sie freveln, und es ist ihnen leid umzu-
           kehren. Es ist allenthalben (nichts als
           Trug unter ihnen)
   Fac.: 14
C[תך:שׁוּב נלאו העֲוֵה] = LXX
perversion, they are unable to come back. (V.5)
Oppression
perversité, ils sont incapables de revenir. (V.5)
Oppression
     TOB*: dans leur perversion, ils ne peuvent plus
           revenir. Brutalité (sur brutalité)
Rem.: העוה, "perversion" is in apposition to the
preceding expression : "they have taught their
tongue to speak lies, perversion". נלאו here
does not mean : "they are tired of", but "they
are unable to". The whole expression is to be
interpreted as : "(they have taught their tongue
to speak lies), perversion; they are unable to
come back. (V.5) Oppression (upon oppression...)".

Rem.: העוה, "perversité" est une apposition à
l'expression qui précède : "ils ont entraîné
leur langue à dire des mensonges, de la perversité". נלאו ne signifie pas ici : "ils sont fatigués de", mais "ils sont incapables de".
L'ensemble de l'expression doit être interprété
ainsi : "(ils ont entraîné leur langue à dire des
mensonges, de la perversité (c.-à-d. ce qui est
pervers); ils sont incapables de revenir. (V.5)
Oppression (sur oppression...)".
Transl.: See Remark
Trad.:   Voir Remarque

9.9(10)

B אשא
   I will lift
   j'élèverai
      NEB : (over the mountains) will I raise
      J   : j'élève
      TOB : s'élève ma (plainte)
      L   : ich muss... weinen
   [שאו]
   lift ! (imperative plural)
   élevez !
      RSV*: take up
   Fac.: 4
   Transl.: I will lift
   Trad.:   j'élèverai

9.16(17)

B התבוננו וקראו
   consider and call ! (imperative plural)
   réfléchissez et appelez !
      RSV : consider, and call for
      J   : pensez à appeler
      TOB : informez-vous ! Faites venir
      L   : gebt acht und bestellt
   [קראו] (=Brockington)
   call ! (imperative plural)
   appelez !
      NEB*: summon
   Fac.: 6,4
   Transl.: consider and call ! (imperative plural)
   Trad.:   réfléchissez et appelez !

9.25(26)

B עַרלים
    uncircumcised
    incirconcis
       RSV : are uncircumcised
       NEB : are uncircumcised
       TOB : sont incirconcises
       L   : sind nur unbeschnitten
[הָאֵלה]
    these (nations)
    ces (nations)
       J* : ces (nations-)là
  Fac.: 14
  Transl.: uncircumcised
  Trad.:   incirconcis

10.6,7

B מֵאֵין...מֵאֵין
    without being ... without being
    sans être ... sans être
       RSV : there is none... there is none
       J   : nul n'est ... nul n'est
       TOB*: il n'y a personne... il n'y a personne
       L   : ist niemand ... ist niemand
מאֵין...מאֵין = [מֵאַיִן...מֵאַיִן] (=Brockington)
    from where... from where
    d'où ... d'où
       NEB : where can one be found ... where ... can
            one be found
  Fac.: 1,6
  Transl.: without being, without being / there is
        none... there is none
  Trad.:   sans être... sans être / il n'y a personne...
        il n'y a personne

10.9

מאופז C

    from Ophaz
    d'Ouphaz / d'Oufaz
      RSV : from Uphaz
      TOB*: d'Oufaz
      L   : aus Uphas
[מאופיר] (=Brockington)
    from Ophir
    d'Ophir
      NEB*: from Ophir
      J* : d'Ophir
  Fac.: 5,9
  Rem.: This unknown place is also mentioned in Dan
    10.5.
  Rem.: Ce lieu est inconnu. Il est aussi mentionné
    en Dn 10.5.
  Transl.: from Uphaz
  Trad.:   d'Ouphaz/d'Oufaz

10.18

למען יִמְצָאוּ C

      in order that they may find
      afin qu'ils trouvent
        RSV : that they may feel it
[למען ימצאוני]
      in order that they may find me
      afin qu'ils me trouvent
        J* : pour qu'ils me trouvent
  Fac.: 1
ימצאו למען =[יִמָּצֵאוּ...] (=Brockington)
      in order that they may be found / in order that
      they may be drained out
      afin qu'ils soient trouvés / afin qu'ils soient
      vidés
        NEB : (and I will...) and squeeze them dry
        TOB*: pour qu'ils n'échappent pas
        L   : damit sie sich finden lassen
  Fac.: 4
  Rem.: This clause can be interpreted in two ways :
    (1) "(I will bring distress upon them (or : I
    will compress them)), in order that they find
    (or : discover) : (V.19) ("Woe is me...")"; or
    also (2) : "(I will press them) (i.e. into the
    sling), in order to hit ⟨the target⟩" (this ren-
    dering presupposes the pressing of the stone into
    its place in the sling).

Rem.: Cette phrase peut être interprétée de deux
   façons : (1) "(je vais les mettre dans l'angoisse
   (ou : je vais les enserrer)), pour qu'ils trouvent
   (ou : fassent l'expérience) : (V.19) ("Malheur à
   moi...")"; ou aussi (2) "(aussi les enserrerai-
   je (c.-à-d. dans la fronde) pour qu'ils atteignent
   ⟨le but⟩" (il s'agirait d'ajuster la pierre dans
   la fronde).
Transl.: See Remark
Trad.:   Voir Remarque

10.24

B יסרני...פן-תמעטני
   correct me... lest you diminish me
   corrige-moi... pour que tu ne me diminues pas
      RSV : correct me... lest thou bring me to
            nothing
      J   : corrige-moi... pour ne pas trop me réduire
      TOB*: corrige-moi... car tu me réduirais à rien
      L   : züchtige mich... auf dass du mich nicht
            ganz zunichte machst
   [יסרנו... פן-תמעטנו] (=Brockington)
   correct us... lest you diminish us
   corrige-nous... pour que tu ne nous diminues pas
      NEB*: correct us... lest thou bring us almost
            to nothing
   Fac.: 6
   Rem.: The first person singular "I" has here a
   collective meaning (as in verse 19). It is the
   people who speaks.
   Rem.: La première personne singulier "moi" a ici un
   sens collectif (comme au verset 19). C'est le
   peuple qui parle.
   Transl.: correct me... lest you diminish me
   Trad.:   corrige-moi... pour que tu ne doives pas
            me diminuer

10.25

C ואכלהו ויכלהו
   and they ate him and consumed him
   et ils l'ont mangé et consumé
      RSV : they have devoured him and consumed him
      J   : elles l'ont dévoré et achevé
      TOB : on le dévore, on l'achève
      L   : (sie haben...) und verschlungen, sie haben
            ihn vernichtet

ויכלהו (=Brockington)
  and they consumed him
  et ils l'ont consumé
    NEB*: (they have...) and made an end of him
  Fac.: 4,6
  Transl.: and they devoured him and consumed him
  Trad.:   et ils l'ont dévoré et ils l'ont consumé

11.13

C מזבחות לבשת מזבחות
  altars for shame, altars
  des autels à la honte, des autels
    RSV : the altars (you have set up) to shame,
          altars
    J   : (autant vous avez érigé) d'autels pour la
          Honte, des autels
    TOB*: et les autels (que vous avez érigés) à la
          Honte - autels
 [מזבחות] = LXX (=Brockington)
  altars
  des autels
    NEB*: (you have set up as many) altars
    L   : (so viele Schandaltäre)
  Fac.: 10 or/ou 4,6
  Transl.: altars of shame, altars
  Trad.:   des autels à la honte, des autels

11.14

C בעד (2°)
  for/because of
  pour/à cause de
    NEB : in the hour of   (disaster)
    J   : à cause de (leur malheur)
    L   : in (ihrer Not)
  בעת = LXX
  in the time of
  au temps de
    RSV : in the time of (their trouble)
    TOB*: au temps de (leur malheur)
  Fac.: 5
  Rem.: 1. The whole expression at the end of verse 14
  should be interpreted as "(for I do not listen in
  the time when they call to me) because of (their
  trouble)".

2. NEB maintains the MT, but interprets it in the
meaning of the variant reading of the LXX.
Rem.: 1. Toute l'expression de la fin du verset 14
doit être interprétée ainsi : "(car je n'écoute
pas au moment où ils crient vers moi) à cause (de
leur malheur)".
2. NEB garde le TM, mais l'interprète dans le sens
de la variante de LXX.
Transl.: See Remark 1
Trad.:   Voir Remarque 1

11.15

הרבים B
  the many
  les nombreux
[הנדרים]
  vows ?
  est-ce que des voeux ?
    RSV*: can vows...?
    J* : est-ce que les voeux...?
    TOB*: est-ce que les voeux...?
    L   : und meinen, Gelübde (... könnten die
          Schuld... nehmen)
  Fac.: 4,6
[הבריים] (=Brockington)
  fat offerings ?
  est-ce que des offrandes grasses ?
    NEB*: can (the flesh of) fat offerings...?
  Fac.: 1
  Rem.: 1. See the following two cases also.
  2. See the translation of the whole verse below
  in the last of these three cases, Rem.2.
  Rem.: 1. Voir aussi les deux cas suivants.
  2. Voir la traduction de tout le verset dans le
  troisième de ces trois cas, Rem.2.
  Transl.: most <of them> / the majority
  Trad.:   la plupart / la majorité

11.15

יַעֲבֹרוּ A
  they will go over / they will have passed
  ils passeront / ils feront passer
יעברו [יַעֲבִרוּ]= (=Brockington)
  they will avert
  ils feront que passent loin

```
        RSV : (can vows...) avert
        NEB : (can the flesh of...) ward off
        J*  : débarasseront
        TOB*: peuvent éloigner
        L   : könnten (die Schuld...) nehmen
Fac.: 6,8
```
Rem.: 1. See the preceding and the following case
also.
2. See the translation of the whole verse in the
next case, Rem.2.
Rem.: 1. Voir également le cas précédent et le cas
suivant.
2. Voir la traduction de l'ensemble du verset au
cas suivant, Rem.2.
Transl.: they will have passed / they will carry
          away
Trad.:   ils feront passer / ils éloigneront

11.15

C מעליך כי רעתכי
    from you, for your evil / doom
    loin de toi, car ton mal / malheur
[מעליכי...] / [מעליך רעתכי]
    from you your evil / doom
    loin de toi ton mal / malheur
      RSV : (can vows... avert) your doom ?
      NEB : (can the flesh of... ward) off the
            disaster that threatens you ?
      J* : (est-ce que les voeux...) te (débaras-
            seront) de ton mal...? (en note : "...
            litt. 'feront passer ton mal de dessus
            toi'..."(
      TOB*: (est-ce que les voeux... peuvent éloigner
            de toi ton malheur ?
      L   : (und meinen, Gelübde... könnten) die
            Schuld von ihnen (nehmen)
Fac.: 6,4,8
Rem.: 1. See the two preceding cases too.
2. Verse 15 may be translated in the following
way : "what has my beloved one to do in my house,
<since> most of them are doing it, <namely> this
wickedness, so that they carry away from you even
sacrificial flesh. When trouble reaches you, then
will you exult ? (or : then you will be confounded)".
The meaning of this verse still remains doubtful.
The Committee, however, was of the opinion that
```
```

no other text could claim to have better support
than the MT, although translators and exegetes generally do not follow the MT with its phrase division. The translation proposed by the Committee
is possible, but still uncertain. Translators
may add in a note that every translation of this
MT verse can only be a tentative one.
Rem.: 1. Voir les deux cas qui précèdent.
2. L'ensemble du verset 15 peut être traduit comme
suit : "qu'est-ce que ma bien-aimée a à faire dans
ma maison, la plupart la commettant, cette abomi-
nation, que l'on fasse passer aussi loin de toi-
même la viance sacrée. Lorsque le malheur t'atteindra, alors exulteras-tu ? (ou : alors tu
seras bouleversé)." Le sens de ce verset est très
douteux. Le Comité a estimé cependant qu'aucun
autre texte ne peut prétendre être meilleur que
le TM, quoique les traducteurs et exégètes aient
généralement abandonné le TM avec sa division de
la phrase. Ici le Comité propose une traduction
du TM possible, sinon certaine. Les traducteurs
peuvent ajouter en note que toute traduction de
ce verset du TM ne peut être autre chose qu'un
essai de traduction.
Transl.: away from you. When trouble reaches you
         (see Rem.2)
Trad.:   loin de toi. Lorsque le malheur t'atteindra
         (voir Rem.2)

11.16

B פרי
     fruit of / fruits of
     fruit de / fruits de
        RSV : (fair with goodly) fruit
        J   : (orné de) fruits (superbes)
        TOB : (beau par ses) fruits (magnifiques)
        L   : (schönen,) fruchtbaren (Oelbaum)
   [Lacking.Manque] = NEB* (=Brockington)
   Fac.: 4
   Transl.: (fine) fruit / fruits
   Trad.:   du fruit (magnifique) / des fruits (magni-
            fiques)

11.16

B ורעו דליותיו
   and they break / eat up its branches
   et ils brisent / dévorent ses branches
      RSV : and its branches will be consumed
      J   : ses rameaux sont atteints
      TOB : et on casse ses branches
      L   : so dass seine Aeste verderben müssen
[ורעה דליותיו] (=Brockington)
   and it (i.e. the fire) eats up/ consumes its
   branches
   et lui (c.-à-d. le feu) dévore / consume ses
   branches
      NEB*: (fire...) and consumes its branches
   Fac.: 14
   Rem.: The end of verse 16 should be interpreted in
      one of the following two ways : (1) "(he puts
      fire to its leaves,) and its branches look bad",
      or (2) "(he puts fire to it, litereally : on it)
      and they break its branches". The first inter-
      pretation seems more likely.
   Rem.: La fin du verset 16 doit être interprétée de
      l'une des deux manières suivantes : (1) "(il met
      le feu à son feuillage,) et ses branches ont une
      mauvaise allure", ou (2) "(il y met le feu,)
      (littéralement : sur elle,) et on brise ses
      branches". La première interprétation semble plus
      probable.
   Transl.: See Remark
   Trad.:   Voir Remarque

11.19

A בלחמו
   in / with his bread / fruit
   dans / avec son pain / fruit
      RSV : with its fruit
   בלחמו =[בְּלֵחֹמוֹ] (=Brockington)
   with its sap
   avec sa sève
      NEB : while the sap is in it
   Fac.: 14
[בלחו]
   in its vigor
   dans sa vigueur
      J* : dans sa vigueur
      TOB : en pleine sève

          L   : in seinem Saft
    Fac.: 14
    Rem.: 1. In the absence of any note in TOB and L,
       the Committee has assumed the Hebrew textual
       basis given above. In any case, they do not trans-
       late the MT.
       2. The best translation seems to be : "(let us
       destroy the tree) with its fruit".
    Rem.: 1. Dans l'absence de notes en TOB et L nous
       leur assignons la base textuelle hébraïque de
       façon conjecturale. De toute façon, elles ne
       traduisent pas le TM.
       2. La meilleure traduction semble être : "(dé-
       truisons l'arbre) avec son fruit".
    Transl.: See Remark 2
    Trad.:   Voir Remarque 2

11.20

A גליתי
    I have revealed
    j'ai révélé
       J   : (c'est à toi) que j'ai exposé (ma cause)
[גלותי] (=Brockington)
    I have rolled / I have committed
    j'ai roulé / remis
       RSV : (to thee) have I committed (my cause)
       NEB : I have committed (my cause to thee)
       TOB : (c'est à toi) que je remets (ma cause)
       L   : ich habe (dir meine Sache) befohlen
    Fac.: 14
    Rem.: 1. RSV, NEB, TOB and L give no notes. Neverthe-
       less it seems clear that they do not translate the
       MT, but follow the variant reading, as Brockignton
       quotes it.
       2. See the same textual problem at 20.12 below.
    Rem.: 1. RSV, NEB, TOB et L ne donnent pas de note.
       Il semble cependant certain qu'elles n'entendent
       pas traduire le TM, mais la variante, telle que
       Brockington la cite.
       2. Voir le même problème textuel en 20.12 ci-
       dessous.
    Transl.: I have revealed
    Trad.:   j'ai révélé

12.4

לא יראה את-אחריתנו C
    he will not see our future/end
    il ne verra pas notre avenir/fin
      RSV : he will not see our latter end
      L   : er weiss nicht, wie es uns gehen wird
          (siehe Anm.1)
[לא יראה אלהים את-אחריתנו]
    God does not see our future
    Dieu ne voit pas notre avenir
      J* : Dieu ne voit pas notre destinée
 Fac.: 14
[לא יראה את-ארחתינו]
    he does not see our ways
    il ne voit pas nos voies
      TOB*: il ne voit pas nos chemins
 Fac.: 14
[לא יראה אלהים את-ארחותינו] (=Brockington)
    God does not see our ways
    Dieu ne voit pas nos voies
      NEB*: God will not see what we are doing
 Fac.: 6,13
 Rem.: 1. L may presuppose the same underlying Hebrew
    text as TOB, but it is also possible to interpret
    the rendering of L as an interpretation of the MT.
    2. It seems that the subject of the MT clause is the
    prophet Jeremiah himself. His adversaries say that
    he, the prophet, will not see their future and
    final condition.
 Rem.: 1. On peut interpréter L ou bien comme une tra-
    duction du TM ou bien comme le reflet d'un texte
    hébreu tel que TOB le suppose.
    2. Il semble que le sujet de la phrase du TM est
    le prophète Jérémie lui-même. Ses adversaires
    disent que lui, le prophète, ne verra pas leur
    avenir ni leur fin.
 Transl.: he will not see our future/final condition
 Trad.:   il ne verra pas notre avenir/fin

12.9

צָבוּעַ A
    speckled
    bigarré
      RSV : (a) speckled (bird of prey)
      J   : (un rapace) bigarré
      TOB : (un oiseau) bigarré

L   : (der) bunte (Vogel)
צבוע =[צָבוֹעַ] (=Brockington)
of a hyena
d'une hyène
   NEB : a hyena's (lair)
Fac.: 6
Rem.: The whole MT expression הָעַיט צבוע can be
   interpreted as : "(is my heritage to me) a hyena's
   lair (with birds of prey ⟨hovering⟩ all about it)"
   (i.e. over my heritage which is the lair of a
   hyena). The second הָעַיט means "the bird(s) of
   prey, the vulture(s)".
Rem.: Toute l'expression du TM הָעַיט צבוע peut être
   traduite "est-ce que (mon héritage est pour moi)
   une tanière de hyène (avec des rapaces tout autour au-dessus d'elle)" (c.-à-d. sur la tanière qui
   est mon héritage). Le deuxième הָעַיט signifie "le(s)
   rapace(s), vautour(s)".
Transl.: See Remark
Trad.:   Voir Remarque

12.9

B הָתִיּוּ
   let ⟨them⟩ come/bring ⟨them⟩ (imperative plural)
   faites⟨-les⟩ venir/apportez
      RSV : bring them
      J   : faites-les venir
      TOB : amenez-les
אָתִיוּ (=Brockington)
   come (imperative plural)
   venez
      NEB*: come
      L   : kommt
Fac.: 4
Transl.: bring ⟨them⟩ ! (imperative plural)
Trad.:   faites⟨-les⟩ venir ! / apportez !

12.13

B נֶחְלוּ
   they got sick / they have tired themselves out
   ils sont tombés malades / ils se sont épuisés
      RSV : they have tired themselves out
      J   : ils se sont épuisés
      TOB : on s'épuise
      L   : sie liessen sich's sauer werden

נחלו [‏נָחֲלוּ‏] = (=Brockington)
  they inherited
  ils héritèrent de
    NEB : they sift (see Rem.1)
Fac.: 6,12
Transl.: they have tired themselves out
Trad.:   ils se sont épuisés

12.13

ובשו מתבואתיכם B
    and be ashamed (imperative plural) of your harvests !
    et soyez honteux de vos récoltes !
      TOB : rougissez donc de ce qui vous en revient
[‏ובשו מתבואתיהם‏] (=Brockington)
    and they shall be ashamed of their harvests
    et qu'ils soient honteux de leurs récoltes
      RSV*: they shall be ashamed of their harvests
      NEB*: they are disappointed of their harvest
      J* : ils ont honte de leurs récoltes
      L   : sie konnten ihres Ertrages nicht froh
              werden
Fac.: 14
Transl.: and be ashamed (imperative plural) of
          your harvests !
Trad.:   et soyez honteux de vos récoltes !

13.10

ההלכים בשררות לבם B
    those who go in the stubbornness of their heart
    ceux qui vont dans l'obstination de leur coeur
      RSV : who stubbornly follow their own heart
      J   : qui suivent l'obstination de leur coeur
      TOB : (ce peuple...) et persiste dans son en-
              têtement
      L   : (dies... Volk...) sondern nach seinem ver-
              stockten Herzen wandelt
 [Lacking.Manque] = NEB* (=Brockington)
  Fac.: 4
  Transl.: those who stubbornly follow their <own>
            heart
  Trad.:   ceux qui suivent l'obstination de leur coeur

13.12

B ‏ואמרו‎
    and they will say
    et ils vont dire
      RSV : and they will say
      NEB : they will answer
      TOB : et si l'on rétorque
      L   : und wenn sie ... sagen
  [‏ואם יאמרו‎]
    and if they say
    et s'ils disent
      J* : et s'ils (te) répondent
  Fac.: 6,4
  Rem.: Since TOB and L give no textual explanation,
    one may interpret their translation as a free
    rendering of the MT, rather than as a correction
    of the MT.
  Rem.: Puisque ni TOB ni L ne donnent d'explications
    textuelles, on peut supposer que leurs traductions
    soient des interprétations libres du TM, plutôt
    que des corrections de celui-ci.
  Transl.: and they will object... (... but you will
        say)
  Trad.:   et ils vont objecter... (... mais tu diras)

13.18

C ‏מַרְאֲשׁוֹתֵיכֶם‎
    your pillows
    vos chevets
  [‏מֵרֹאשְׁכֶם‎]
    from your head
    de votre tête
      RSV*: from your head
      J   : de votre tête
      TOB*: de votre tête
      L   : (ist) euch vom Haupt (gefallen)
  Fac.: 6,8
  [‏מֵרָאשֵׁיכֶם‎] (=Brockington)
    from your heads
    de vos têtes
      NEB*: from your heads
  Fac.: 14
  Rem.: The MT expression may be interpreted in two
    ways : (1) "the signs of your princely dignity";
    (2) "what is on your head".

Rem.: L'expression du TM peut être interprétée de
   deux façons : (1) "les insignes de votre princi-
   pat"; (2) ce qui est sur votre tête".
Transl.: See Remark
Trad.:   Voir Remarque

13.25

מנת-מדיך C
   the portion of your measure
   la portion de ta mesure
     RSV : the portion I have measured out to you
     J   : la part qui t'est allouée
     TOB : la part que je te mesure
     L   : und dein Teil, den ich dir zugemessen habe
[מנת-מריך] (=Brockington)
   the portion of your rebellion
   la portion de ta rébellion
     NEB*: the portion of the rebel
Fac.: 12
Transl.: the portion ⟨which is⟩ measured out to you
         (literally : the portion of your measure)
Trad.:   la part ⟨qui⟩ t'⟨est⟩ mesurée (littérale-
         ment : la part de ta mesure)

13.27

אַחֲרֵי מָתַי עֹד C
   after when yet ?
   après quand encore ?
     RSV : how long will it be before
     J   : combien de temps encore
     L   : wann (wirst du) doch endlich
[אַחֲרֵי ...] אחרי מתי עד
   after me, when yet
   après moi, quand encore
     TOB*: en me suivant ... combien de temps encore ?
Fac.: 4,12
[עד מתי תאחרי] (=Brockington)
   till when will you delay
   jusqu'à quand veux-tu hésiter
     NEB*: how long, how long will you delay
Fac.: 14
Rem.: The meaning of this clause may be rendered
   as "(woe to you, O Jerusalem, you do not cleanse
   yourself,) how long more ⟨will it be⟩ ?"(i.e. until you will be clean again or until the
   chastisement will take place ?).

Rem.: Le sens de cette phrase peut être exprimé
par la traduction suivante : "(malheur à toi, oh
Jérusalem, tu ne te purifies pas,) après combien
de temps encore ⟨sera-ce⟩ ?" (c.-à-d. seras-tu
pure à nouveau ou aura lieu le châtiment ?).
Transl.: See Remark
Trad.:   Voir Remarque

14.3

B בשו והכלמו וחפו ראשם
        they are ashamed, and they are confounded, and they
        cover their head
        ils sont honteux, et ils sont confus, et ils voilent
        leur tête
        J   : ils sont honteux et humiliés et se voilent
              la tête
        TOB*: (on s'en retourne...) embarassé, penaud, dé-
              contenancé (en note : "Litt. ils voilent leur
[בשו והכלמו וחפו ראשיהם]   tête...")
        they are ashamed, and they are confounded, and they
        cover their heads
        ils sont honteux, et ils sont confus, et ils voilent
        leurs têtes
        RSV : they are ashamed and confounded and cover
              their heads
        L   : sie sind traurig und betrübt und verhüllen
              ihre Häupter
    Fac.: 6
[Lacking. Manque] = NEB* (=Brockington)
    Fac.: 4
    Transl.: they are ashamed, and they are confounded,
             and they cover their head
    Trad.:   ils sont honteux, et ils sont confus, et
             ils voilent leur tête

14.4

B בעבור
    because of
    à cause de
      RSV : because of (the ground)
      J   : parce que (le sol)
      TOB : à cause du (sol)
      L   : (die Erde lechzt)

[עבור] (=Brockington)
   the produce of
   le produit de
      NEB*: the produce of (the land)
   Fac.: 14
   Rem.: The entire passage may be interpreted as "it
      is because of (the cracked ground - for there
      was no rain in the land...)". Another possible
      interpretation would be : "because of the produce
      of (the ground which has failed, for there was
      no rain in the land)". It is also possible to in-
      terpret the expression in the meaning : "in ⟨the
      season of⟩ harvest (the ground cracked, there was
      no rain in the land)". See also the following case.
   Rem.: Toute l'expression est à interpréter ainsi :
      "c'est à cause (du sol craquelé - car il n'y a pas
      eu de pluie dans le pays...)". Une autre interpré-
      tation possible serait : "à cause du produit (du
      sol qui a manqué, car il n'y avait plus de pluie
      dans le pays)". Il est possible aussi d'interpré-
      ter l'expression dans le sens de "à ⟨l'époque de⟩
      la moisson (le sol était craquelé, car il n'y
      avait pas de pluie dans la terre)". Voir aussi le
      cas suivant.
   Transl.: See Remark
   Trad.:   Voir Remarque

14.4

A בארץ
   in the land
   dans le pays
      RSV : on the land
      J   : (manque) au pays
      L   : auf Erden
   [Lacking.Manque] = NEB* (=Brockington), TOB (=LXX)
   Fac.: 13
   Rem.: 1. See the preceding case.
      2. Fac. 13 refers here to the specific textual re-
      daction of the LXX, see Introductory Note to Jere-
      miah. The rédactions of the MT and of the LXX should
      not be confused.
   Rem.: 1. Voir le cas précédent.
      2. Fac. 13 se réfère à la rédaction du texte de la
      LXX, voir la Note d'Introduction à Jérémie. Les
      rédactions du TM et de la LXX ne doivent pas être
      mélangées.

Transl.: in the land
Trad.:   dans le pays

14.8

B ישראל
   of Israel
   d'Israël
     RSV : (hope) of Israel
     NEB : (O hope) of Israel
     TOB : (espoir) d'Israël
     L   : (der Trost) Israels
ישראל יהוה
   of Israel, LORD
   d'Israël, SEIGNEUR
     J* : (espoir) d'Israël, Yahvé
Fac.: 5
Transl.: of Israel
Trad.:   d'Israël

14.18

B ולא ידעו
   and they do not know / understand
   et ils ne savent pas / ne comprennent pas
     RSV : and have no knowledge
     NEB : and are never at rest (?)
     J   : ils ne comprennent plus
     TOB : sans plus rien comprendre
לא ידעו
   <which> they do not know
   <qu'> ils ne connaissent point
     L   : das sie nicht kennen
Fac.: 4
Rem.: The interpretation of the clause would be :
  "(because the prophet as well as the priest have
  wandered about <in> the land,) without understanding
  anything".
Rem.: L'interprétation de cette phrase sera : "(parce qu'aussi bien le prophète que le prêtre ont par-
  couru le pays,) sans rien comprendre".
Transl.: See Remark
Trad.:   Voir Remarque

15.8

B לָהֶם עַל-אֵם בָּחוּר
  for them, against the mother of the young man /
  warrior
  pour eux, contre la mère du jeune homme / guerrier
[עַל-אֵם בָּחוּר]
  against the mother of the young man / warrior
  contre la mère du jeune homme / guerrier
    RSV : against the mothers of young men
    J   : sur la mère du jeune guerrier
    TOB : sur la mère du jeune guerrier
    L   : über die Mütter der jungen Mannschaft
  Fac.: 4
[עֲלֵיהֶם לְאֵם בָּחוּר] (=Brockington)
  against them a nation of raiders
  contre eux une nation de guerriers
    NEB*: upon them a horde of raiders
  Fac.: 14
  Rem.: There are two interpretations proposed by the
    Committee : (1) "(I will bring) upon against them
    (i.e. the widows mentioned at the beginning of
    the verse), that is, against the mother of the
    young warrior (a destroyer at noonday)", or (2)
    "(I will bring) against them (that is) against the
    mother, a young warrior (destroying at noonday)"
    (God will bring against the widows, that is, the
    mothers of young warriors (who, having been killed,
    cannot defend their mothers) a destroyer or a young
    warrior enemy, who carries out destruction in the
    middle of the day, because he need not fear any
    vengeance.
  Rem.: On peut interpréter cette phrase de deux
    façons : (1) "(j'amènerai) vers elles (c.-à-d.
    les veuves dont il est question au début du ver-
    set), contre la mère du jeune guerrier (le dévasta-
    teur en plein midi)", ou (2) "(j'amènerai) vers
    elles, même contre une mère un jeune guerrier
    (qui dévaste en plein midi)". (Dieu amènera contre
    les veuves et contre celle qui fut mère de jeunes
    guerriers (qui, étant tués, ne peuvent plus dé-
    fendre leur mère) un dévastateur ou un jeune guer-
    rier ennemi, qui peut accomplir sa destruction en
    plein midi, car il n'a à craindre aucune vengeance.)
  Transl.: See Remark
  Trad.:   Voir Remarque

15.11

B אמר
   said
   dit
     NEB : (the LORD) answered
     TOB : (le SEIGNEUR) dit
     L   : (der HERR) sprach
 [אמן] = LXX
   truly
   sûr
     RSV*: so let it be, (O LORD)
     J* : en vérité, (Yahvé)
Fac.: 12,13
Rem.: 1. See the two following cases also.
   2. Fac.13 refers to the redaction of LXX, see
Introductory Note to Jeremiah.
Rem.: 1. Voir aussi les deux cas suivants.
   2. Fac.13 se réfère à la rédaction propre de LXX,
voir la Remarque d'Introduction à Jérémie.
Transl.: said / declared
Trad.: dit / déclare

15.11

C אִם־לֹא שֵׁרִיתִיךָ לְטוֹב = QERE
   if I have not set you free for (your) good
   si je ne t'ai pas rendu libre pour le bien
אִם־לֹא שׁרותך לטוב = KETIV (=Brockington)
   if I have not strengthened you for good
   si je ne t'ai pas affermi pour le bien
     NEB : but I will greatly strengthen you
   Fac.: 12
[אִם־לֹא שֵׁרַתְּךָ לְטוב]
   if I have not served you for (your) good
   si je ne t'ai pas servi pour le bien
     RSV*: if I have not entreated thee for their good
     J* : ne t'ai-je pas servi de mon mieux
   Fac.: 14
[אִם־לֹא שאריתך לטוב]
   if your remnant is not for good ⟨fortune⟩
   si ton reste n'est pas pour le bien
     TOB*: je le jure, ce qui reste de toi est pour
          le bonheur
     L   : wohlan, ich will etliche von euch übrig
          lassen, denen es wieder wohl gehen soll
   Fac.: 8

Rem.: 1. The Hebrew basis of L can only be assumed.
2. See the preceding and the following case also.
3. The beginning of verse 11 can best be interpreted as : "the LORD has declared : I will surely
release you for ⟨your⟩ good" (literally : "if I
do not release you for ⟨your⟩ good").
Rem.: 1. On a assigné à L une base hébraïque qui est
loin d'être certaine.
2. Voir le cas précédent et suivant aussi.
3. La meilleure interprétation du début du verset
11 sera : "le SEIGNEUR a déclaré : certes je te dé-
lierai pour ⟨ton⟩ bien" (littéralement : "si je
ne te délie pas pour ⟨ton⟩ bien").
Transl.: See Remark 3
Trad.:   Voir Remarque 3

15.11

A את-האיב
the enemy / with the enemy
l'ennemi / avec l'ennemi
  RSV : on behalf of the enemy
  NEB : the enemy
  TOB*: l'ennemi
  L   : unter den Feinden
[Lacking. Manque] = J*
Fac.: 14
Rem.: 1. See the two preceding cases.
2. The expression at the end of verse 11 can be
best interpreted as "(surely I shall make) the
enemy (entreat you in the time of trouble and in
the time of distress)" (literally : "if I do not
make the enemy entreat you...").
Rem.: 1. Voir les deux cas précédents.
2. Voici la meilleure interprétation de l'expression par laquelle s'achève le verset 11 : "(certes
je ferai) que l'ennemi (te sollicite au moment du
malheur et au moment de la détresse)" (littéralement : "si je ne fais pas que l'ennemi te sollicite...").
Transl.: See Remark 2
Trad.:   Voir Remarque 2

15.12

B מצפון ונחשת
from the north, and bronze
du nord, et le bronze

```
    RSV : from the north, and bronze
    J*  : du Nord et le bronze
    TOB : du nord et le bronze
    L   : und Kupfer aus dem Norden
[מצפון] (=Brockington)
   from the north
   du nord
    NEB*: from the north
  Fac.: 14
  Transl.: from the north, and bronze
  Trad.:   du nord, et le bronze
```

15.13

```
לא במחיר ובכל
    not with a price, and in all (your sins)
    non pas avec un prix, et dans tous (tes péchés)
      RSV : without price for all (your sins)
      NEB : (in a note only) : for no payment, be-
            cause of (your sin)
      J   : sans contrepartie, à cause de tous les
            péchés
  Fac.: 5,13
C[במחיר בכל]
    with a price, in all (your sins)
    avec un prix, dans tous (tes péchés)
      TOB*: tel est le salaire de toutes (tes fautes)
      L   : als Lohn für alle (deine Sünden)
  Rem.: See a similar textual problem in 17.3 below.
  Rem.: Voir un problème textuel analogue en 17.3 ci-
        dessous.
  Transl.: as a price for all (your sins)
  Trad.:   comme prix pour tous (vos péchés)
```

15.14

```
והעברתי
    and I will make pass
    et je ferai passer
      NEB : (in a note only) : I will make (your ene-
            mies) pass (through)
  Fac.: 12,4
C והעבדתיך
    and I will make you a slave of
    et je ferai de toi un esclave de
      RSV : I will make you serve
      J*  : je te rendrai esclave de
```

TOB : je t'asservis à
L   : und will dich zum Knecht (deiner Feinde)
       machen
Transl.: and I will cause you to labour (for your
         enemies)
Trad.:   et je t'asservirai (à tes ennemis)

15.16

B נמצאו דבריך ואכלם
   your words were found, and I ate them
   tes paroles se sont trouvées, et je les ai mangées
     RSV : thy words were found, and I ate them
     J   : quand tes paroles se présentaient, je
           les dévorais
     TOB*: dès que je trouvais tes paroles, je les
           dévorais (en note : "Litt. tes paroles
           se trouvaient (étaient trouvables)...")
     L   : dein Wort ward meine Speise, sooft ich's
           empfing
[מְנַאֲצֵי דבריך וָאֶכְלֵם] (=Brockington)
   from those who despise your words, I have to
   support them
   de ceux qui méprisent tes paroles, je dois les
   supporter
     NEB*: I have to suffer those who despise thy
           words
   Fac.: 14
   Transl.: your words were found, and I ate them /
            when your words were found, I ate them
   Trad.:   tes paroles se trouvaient et je les mangeais/
            quand tes paroles se présentaient, je les
            mangeais

16.7

   להם
     for them
     pour eux
   Fac.: 12
C לחם (=Brockington)
     bread
     le pain
       RSV : bread
       NEB*: a portion of bread
       J* : le pain
       TOB*: le pain

```
     L   : das Trauerbrot
[לחם להם] or/ou [להם לחם]
   bread for them, or : for them bread
   le pain pour eux, ou : pour eux le pain
Rem.: See also the following case.
Rem.: Voir aussi le cas suivant.
Transl.: bread
Trad.:   le pain
```

16.7

C עַל-אֵבֶל
   on mourning
   sur un deuil
      L   : das Trauerbrot (siehe Anm.2)
C עַל-אבל = [עַל-אָבֵל] (=Brockington) = Vulgata
   on the mourner
   sur qui est dans le deuil
      RSV : for the mourner
      NEB : (give) the mourner
      J* : pour qui est dans le deuil
      TOB : à qui est dans le deuil
   Rem.: 1. See the preceding case.
   2. The expression in L : "das Trauerbrot" seems
   to imply the reading עַל-אֵבֶל of the MT.
   3. In this case, the Committee was evenly divided :
   one half voted for the MT with a C rating, interpreting the variant reading as a text which smoothed
   out a difficulty (Fac.4), while the other half voted
   for the variant reading, also with a C rating, and
   explained the MT as a textual change which was necessary because of the preceding error : להם "for
   them" instead of לחם "bread" (see the preceding
   case). Translators may choose either one of the two
   text forms.
   Rem.: 1. Voir le cas précédent.
   2. L'expression de L : "das Trauerbrot" semble pré-
   supposer la leçon בֶל עַל- du TM.
   3. Dans ce cas, le Comité était divisé en deux parts
   égales : une moitié des membres vota pour le TM avec
   la note C, estimant que la variante était choisie pour
   faciliter un texte difficile. L'autre moitié des
   membres préféra la variante, avec la note C également, expliquant le TM comme un changement du texte
   devenu nécessaire à la suite de l'erreur précédente :
   להם "pour eux" au lieu de לחם "le pain" (voir le cas
   précédent). Les traducteurs peuvent choisir l'une
   des deux formes du texte.

Transl.: See Remark
Trad.:   Voir Remarque

16.7
B אותם
    them
    eux
[אותו] (=Brockington)
    him
    lui
      RSV : (give) him
      NEB*: (give) him
      J* : (on ne) lui (offrira pas)
      TOB*: (on ne) lui (offrira)
      L   : (keinem...) (siehe Anm.1)
    Fac.: 5
    Rem.: L translates explicitly neither the MT expres-
    sion nor the variant reading, but it si clearly
    based on the variant reading.
    Rem.: L ne traduit explicitement ni l'expression
    du TM ni la variante, mais elle est basée mani-
    festement sur la variante.
    Transl.: (they will not give) them (the cup... to
             drink)
    Trad.:   (on ne) les (abreuvera pas) / (on ne)
             leur (donnera pas à boire la coupe de...)

16.18
B ראשונה
    first
    d'abord
      NEB : first
      TOB*: je commence par (en note : "Litt. d'abord...")
      L   : zuvor
 [Lacking.Manque] = RSV*, J
    Fac.: 4
    Transl.: first
    Trad.:   d'abord

17.2

A כזכר בניהם מזבחותם
    when their sons remember their altars/like the
    remembrance of their sons ⟨the remembrance⟩ of
    their altars
    quand leurs fils se rappellent leurs autels/ comme
    le souvenir de leurs enfants ⟨le souvenir⟩ de leurs
    autels
        RSV : while their children remember their altars
        J   : car leurs fils se souviennent de leurs
                autels
        TOB : comme ils parlent de leurs enfants, ainsi
                parlent-ils de leurs autels
        L   : denn ihre Söhne denken an ihre Altäre
    [כזכרן בהם מזבחותם] (=Brockington)
    like a memorial against them; their altars
    comme un mémorial contre eux; leurs autels
        NEB*: to bear witness against them. Their altars
    Fac.: 14
    Rem.: This MT clause is best interpreted as "they
        remember their sons in the same way ⟨they remember⟩
        their altars"; another interpretation would be :
        "while/for their sons remember their altars".
    Rem.: La meilleure interprétation de cette expres-
        sion est : "comme ils se souviennent de leurs
        enfants, ⟨ils se souviennent⟩ de leurs autels".
        Une autre interprétation serait : "pendant que/
        car leurs fils se souviennent de leurs autels".
    Transl.: See Remark
    Trad.:   Voir Remarque

17.3

C הֲרָרִי
    the mountaineer / O mountaineer
    le montagnard / oh montagnard
        TOB*: toi, le dévot des cultes sur la montagne
                (en note : "Litt. le montagnard...")
    הררי =[הֲרָרֶי] / [הֲרָרֵי] (=Brockington)
    mountains
    montagnes
        RSV : on the mountains
        NEB : (in the) mountain (country)
        L   : auf Bergen
    Fac.: 1,6

הררי =[הררי]
   my mountain
   ma montagne
      J   : O ma montagne
Fac.: 14
Rem.: The expression refers to a dweller of the
   country who goes to the mountain, probably in
   order to celebrate there an idolatrous rite.
Rem.: L'expression désigne un habitant de la campagne qui se rend à la montagne, vraisemblable-
   ment pour y célébrer un culte idolatrique.
Transl.: O mountainer (of the country) / O you who
         go to the mountain (of the country)
Transl.: o montagnard (de la campagne) / O toi qui
         vas à la montagne (de la campagne)

17.3

במתיך B
   your high places
   tes hauts lieux
      J*   : de tes hauts lieux (voir Rem.2)
      TOB*: des hauts lieux (voir Rem.2)
      L   : deine Opferhöhen
[לא במחיר] (=Brockington)
   not with a price
   non point avec un prix
      NEB*: for no payment
Fac.: 14
[במחיר]
   as the price of
   comme prix de
      RSV*: as the price of
Fac.: 14
Rem.: 1. See at 15.13 above.
   2. J and TOB adopt the MT while changing its word
   order, as they indicate in their note. See the
   next case also.

Rem.: 1. Voir en 15.13 ci-dessus.
   2. J et TOB adoptent le TM, mais en changent
   l'ordre des mots. C'est ce qu'elles indiquent dans
   leurs notes. Voir le cas suivant aussi.

Transl.: your high places
Trad.:   tes hauts lieux

17.3

B בְּחַטָּאת
    in the sin of
    dans le péché de
        J*   : à cause du péché de
        TOB*: à cause de la faute des
        L   : um der Sünde willen, die
[בְּחַטֹּאותֶיךָ] (=Brockington)
    in your sins
    dans tes péchés
        NEB*: because of your sin
  Fac.: *5*
[חטאתך]
    of your sin
    de ton péché
        RSV*: of your sin
  Fac.: 14
  Rem.: 1. See the preceding case, with Rem.2, and
  see the similar passage in 15.13.
    2. The MT expression may be understood as "be-
  cause of the sin", or as "(high places) for sin".
  Rem.: 1. Voir le cas précédent avec la Rem.2, et
  voir le passage semblable en 15.13.
    2. On peut comprendre cette expression du TM
  comme "à cause du péché", ou aussi comme "(des
  hauts lieux) pour le péché".
  Transl.: See Remark 2
  Trad.:   Voir Remarque 2

17.4

C ובך
    and in you / and by you
    et en toi / et par toi
[לבדך]
    you alone
    toi seul
        TOB*: tu..., seul
  Fac.: 1,4
[ידך] (=Brockington)
    your hand
    ta main
        RSV*: your hand
        NEB*: (you...) possession
        J*   : te dessaisir (en note : "... litt. '... ta
           main'...")

Fac.: 14
[Lacking.Manque] = L
Fac.: 1,4
Rem.: There are two interpretations for this MT
    passage : (1) "(and you will leave the land
    fallow), and that by yourself, (by leaving your
    heritage), or (2) "(and you will leave fallow),
    by your own guilt/fault, (your heritage)", that
    is : "(and you will leave your heritage fallow)
    by your own guilt/fault".
Rem.: On peut interpréter cette expression de deux
    manières : (1) "(et tu pratiqueras la jachère,)
    et cela par toi-même, (en quittant ton patri-
    moine)", ou (2) "(et tu laisseras en jachère,)
    et cela par ta faute, (ton patrimoine)".
Transl.: See Remark
Trad.:   Voir Remarque

17.4

B קדחתם
    you have kindled (plural)
    vous avez allumé
        J* : que vous avez allumé
        TOB : vous avez fait jaillir (le feu)
        L   : ihr habt...angezündet
    קדחה (=Brockington)
    has been kindled
    a été allumé
        RSV : is kindled
        NEB*: is a blazing (fire)
    Fac.: 1,4
    Transl.: you have kindled (the fire of my wrath)
    Trad.:   vous avez allumé (le feu de ma colère)

17.13

B וְסוּרַי = QERE
    and those who turn away from me
    et ceux qui se détournent de moi
        TOB*: ceux qui s'écartent de moi
    יסורי = KETIV
    Fac.: 12
    [וסוריך]
    and those who turn away from you
    et ceux qui se détournent de toi

RSV*: those who turn away from thee
NEB : (all...) who forsake thee
J* : ceux qui se détournent de toi
Fac.: 14
וְסוּרַי =[וְסוּרֵי] (=Brockington)
and those who turn away
et ceux qui se détournent
L   : und die Abtrünnigen
Fac.: 4,6
Transl.: and those who turn away from me
Trad.:   et ceux qui se détournent de moi

17.16

C מֵרֹעֶה
away from a shepherd
loin d'un berger
מרעה =[מֵרָעָה] (=Brockington)
from disaster
de malheur
NEB : it is not the thought of disaster
Fac.: 4
[לרעה]
for evil / disaster
pour le mal / malheur
RSV : to send evil
J* : au pire (en note : "... litt. '... pour
le malheur'...")
TOB*: en hâtant le malheur
L   : Unheil kommen zu lassen
Fac.: 14
Rem.: The expression should be interpreted as "(I did
not withdraw) from ⟨being⟩ a shepherd (following
behind you)" (i.e. to follow as a shepherd behind
you).
Rem.: L'expression doit être interprétée ainsi :
"(je ne me suis pas dérobé) pour ne pas ⟨être⟩
pasteur (derrière toi)" (c.-à-d. refusant de te suivre
comme pasteur).
Transl.: See Remark
Trad.:   Voir Remarque

17.19

בְּנֵי-הָעָם = QERE
of the sons of the people
des fils du peuple

```
    Fac.: 4
B בני-עם = KETIV
    of the sons of the people
    des fils du peuple
       J    : des Enfants du peuple
       TOB*: à la grande porte (en note : "Litt. la
             porte des fils du peuple...")
       L    : des Volks (siehe Anm.1)
  [בנימין] (=Brockington)
    of Benjamin
    de Benjamin
       RSV*: (in the) Benjamin (Gate)
       NEB*: (in the) Benjamin (Gate)
    Fac.: 14
    Rem.: The free translation of L may be based on a
    Hebrew text other than the MT.
    Rem.: L suit ou bien un autre texte hébreu que le
    TM, ou bien il suit celui-ci, en le traduisant
    librement.
    Transl.: of the sons of the people
    Trad.:   des fils du peuple
```

17.25

```
A ושרים
    and princes
    et des princes
       J    : et des princes
       TOB  : - avec leurs ministres -
  [Lacking.Manque] = RSV*, NEB*, L (=Brockington)
    Fac.: 14
    Transl.: and princes / with princes
    Trad.:   et des princes / avec des princes
```

18.4

```
B בחמר
    with clay
    avec de l'argile
       RSV : of clay
       NEB : out of the clay
       TOB : avec de l'argile
       L   : aus dem Ton
  כהמר
    like clay
    comme l'argile
       J*  : comme cela arrive à l'argile
```

Fac.: 5
Transl.: with clay / of clay
Trad.:   avec de l'argile / d'argile

18.14

שָׂדַי
  of the open country
  de la campagne
    J* : de la campagne
    TOB*: dans la campagne
    L   : im Felde
  Fac.: 7
[שִׂריוֹן]
  of Sirion
  de Siriôn
    RSV*: of Sirion
  Fac.: 14
שדי =[שְׂדֵי / שָׂדַי] (=Brockington)
  of a torrent (?)
  d'un torrent (?)
    NEB : (on the rocky) slopes
  Fac.: 14
C[שָׁדַּי]
  of Shaddai
  de Shaddai
  Rem.: 1. See the next two cases also.
  2. The expression "rock of Shaddai" may refer to
  one of the peaks of the Antilebanon mountains.
  Rem.: 1. Voir aussi les deux cas suivants :
  2. L'expression "rocher de Shaddaï" désigne peut-
  être un des sommets du massif de l'Antiliban.
  Transl.: (from the rock) of Shaddai
  Trad.:   (du rocher) de Shaddai.

18.14

A אִם-יִנָּתְשׁוּ
  will they be hindered / plucked up / run dry
  seront-elles empêchées / prises / taries
    TOB*: peut-on rejeter (les eaux)
  [אִם-יִנָּשְׁתוּ] (=Brockington)
  will they run dry
  tarissent-elles
    RSV*: do (the mountain waters) run dry
    NEB*: will (the... rain...) ever fail
    J* : tarissent-elles

        L   : (das Regenwasser) verläuft sich nicht so
             schnell
  Fac.: 14
  Rem.: 1. See the preceding and the following case
  also.
  2. The MT expression should be interpreted as
  "(do the far, cold, streaming waters) run dry ?".
  Rem.: 1. Voir aussi le cas précédent et le cas
  suivant.
  2. L'expression du TM doit être interprétée
  ainsi : "est-ce que tarissent (les eaux lointaines, froides, courantes) ?"
  Transl.: See Remark
  Trad.:   Voir Remarque

18.14
C זרים
    foreign (waters)
    (des eaux) étrangères
      J*   : (les eaux) des pays étrangers
      TOB*: (les eaux) qui viennent de loin
  [זרם] (=Brockington)
    rain
    la pluie
      NEB : the ... rain
      L   : das Regenwasser
  Fac.: 1
  [מהרים]
    from the mountains
    des montagnes
      RSV*: (the) mountain (waters)
  Fac.: 14
  Rem.: 1. See also the two preceding cases.
  2. The MT expression "foreign waters" refers to
  waters which have an origin at some distance
  and are therefore "foreign waters".
  Rem.: 1. Voir également les deux cas précédents.
  2. L'expression du TM "des eaux étrangères"
  se réfère à des eaux dont l'origine est éloignée
  et qui sont ainsi "des eaux étrangères", venant
  de loin.
  Transl.: foreign / far (away)
  Trad.:   étrangères / lointaines

18.15

C ויכשלום
    and they made them stumble
    et ils les firent trébucher
      J* : on les fait trébucher
      TOB : qui les font trébucher
      L   : die haben sie zu Fall gebracht
[ויכשלו]
    and they stumbled
    et ils trébuchèrent
      RSV*: they have stumbled
      NEB : so they stumble
  Fac.: 4
  Transl.: and they made them stumble
  Trad.:   et ils les firent trébucher

18.18

B ונכהו בלשון
    and we will strike him with the tongue
    et nous le frapperons par la langue
      RSV : let us smite him with the tongue
      NEB : let us invent some charges against him
      J   : dénigrons-le
      TOB*: (allons donc) le démolir en le diffamant
[ונכהו בלשונו]
    and we will strike him with his ⟨own⟩ tongue
    et nous le frapperons par sa ⟨propre⟩ langue
      L   : lasst uns ihn mit seinen eigenen Worten
           schlagen
  Fac.: 1,4
  Transl.: and we will bring charges against him (lite-
         rally : and we will strike him with the
         tongue)
  Trad.:   et nous l'accuserons / dénigrerons (litté-
         ralement : et nous le frapperons par la
         langue)

18.19

B לקול יריבי
    to the voice of my adversaries
    à la voix de mes adversaires
      NEB : what my opponents are saying against me
      J   : ce que disent mes adversaires
      TOB : ce que disent mes accusateurs
      L   : die Stimme meiner Widersacher

[לקול ריבי]
   to the voice of my plea
   à la voix de ma plainte
     RSV*: to my plea
  Fac.: 8,4
  Transl.: to the voice of my adversaries
  Trad.:   à la voix de mes adversaires

18.20

B כי כרו שוחה לנפשי
   for they have dug a pit for my life
   car ils ont creusé une fosse pour ma vie
     RSV : yet they have dug a pit for my life
     J   : or ils creusent une fosse à mon intention
     TOB : eux, ils m'entourent de pièges fatals
         (en note : "Litt. il (sic!) creusent
         des pièges à mon âme (ma vie)..."
     L   : denn sie haben mir eine Grube gegraben
  [Lacking. Manque] = NEB* (=Brockington)
  Fac.: 14
  Transl.: for they have dug a pit for my life
  Trad.:   car ils ont creusé une fosse pour ma vie

19.1

B כה
   thus
   ainsi
     RSV : thus (said)
     NEB : these are (the words)
     TOB : ainsi (parle)
     L   : so (sprach)
  [אז]
   then
   alors
     J* : alors (...dit)
  Fac.: 5,6
  Transl.: thus
  Trad.:   ainsi

19.1

B יהוה
   the LORD
   le SEIGNEUR
      RSV : the LORD
      NEB : of the LORD
      TOB : le SEIGNEUR
      L   : der HERR
   [יהוה אל ירמיהו]
      the LORD to Jeremiah
      le SEIGNEUR à Jérémie
         J* : Yahvé ... à Jérémie
   Fac.: 14
   Transl.: the LORD
   Trad.:   le SEIGNEUR

19.1

B (1°) ומזקני
   and from the elders of
   et des anciens de
   [ולקחת אתך מזקני] (=Brockington)
   and take with you ⟨some⟩ of the elders of
   et prends avec toi ⟨quelques-uns⟩ des anciens de
      RSV : and take some of the elders of
      NEB*: then take with you some of the elders of
      J* : prends avec toi des anciens du (peuple)
      TOB : et fais choix de quelques anciens parmi
            (le peuple) (voir Rem.1)
      L   : und nimmt mit etliche von den Aeltesten
            (des Volks)
   Fac.: 6
   Rem.: 1. The underlying Hebrew text of TOB cannot be
   definitely ascertained, for TOB may have simple
   translated the MT.
   2. The MT expression can be interpreted as (1)
   "(and provide yourself with a bottle...) and with
   some of the elders (of the people)...)", or (2)
   also "(go and provide yourself with a bottle...),
   and ⟨may⟩ some of the elders (of the people) ⟨go⟩...".
   (The "bottle" mentioned in this context was a
   narrow-mouthed ceramic jar used for drinking
   water. The Hebrew term for this oject : בַּקְבֻּק is
   an onomatopoetic expression based on the sound
   made by water as it flows out.)

Rem.: 1. La base hébraïque de TOB ne peut être indi-
quée ici avec certitude, car il reste possible
que TOB ait voulu traduire simplement le TM.
2. L'expression du TM peut être interprétée ainsi :
"(et procure-toi une gargoulette...) et quelques
anciens (du peuple...)", ou aussi : "(va et procure-toi une gargoulette...) et ⟨que⟩ quelques-
uns des anciens (du peuple...) ⟨aillent⟩...".
(La gargoulette, mentionnée ici, est un vase de
céramique à bouche étroite que l'on utilisait pour
boire de l'eau. Lorsque l'eau en sort, elle fait
un bruit caractéristique, que le terme hébraïque
pour la gargoulette : בַּקְבֻּק imite dans une onoma-
topée.).
Transl.: See Remark 2
Trad.:   Voir Remarque 2

20.12

A גליתי
    I have revealed
    j'ai révélé
      J   : (c'est à toi) que j'ai exposé (ma cause)
[גלותי] (=Brockington)
    I have rolled / I have committed
    j'ai roulé / remis
      RSV : (to thee) have I committed (my cause)
      NEB : (to thee) have I committed (my cause)
      TOB : (c'est à toi) que je remets (ma cause)
      L   : ich habe (dir meine Sache) befohlen
Fac.: 14
Rem.: See the same textual problem at 11.20 above.
Rem.: Voir la même difficulté textuelle en 11.20
  ci-dessus.
Transl.: I have revealed
Trad.:   j'ai révélé

21.7

B ואת-הנשארים
    and those who remain
    et ceux qui restent
      NEB : all ... who survive (pestilence)
      J   : et ceux qui ... seront rescapés (de la
הנשארים   peste)
    those who remain / who remains
    ceux qui restent / qui reste

       RSV : (and the people...) who survive (the
            pestilence)
       TOB : (les gens) qui ... auront survécu (à la
            peste)
       L   : (dem Volk,) das... (von Pest...) übrigge-
            lassen wird

Fac.: 3,4

Rem.: There are two interpretations of this MT
    expression : (1) "namely all those who remain
    (or : survive)" (the ו "namely" introduces an
    explanation); (2) "and all those who remain",(with
    ו "and" adding a fourth category of persons to
    the three categories already mentioned : (1) the
    king, (2) his servants, (3) the people (or : the
    army) : "and all those who remain".

Rem.: On peut comprendre cette expression du TM de
    deux façons : (1) "à savoir tous ceux qui restent
    (ou : survivent)", le ו étant une explication "à
    savoir"; (2) "et tous ceux qui restent", le ו
    "et" ajoutant une quatrième catégorie de personnes
    aux trois catégories mentionnées précédemment :
    (1) le roi, (2) ses serviteurs, (3) le peuple (ou
    l'armée): "et tous ceux qui restent".

Transl.: See Remark
Trad.:   Voir Remarque

22.6

A עָרִים לֹא נוֹשָׁבוּ = QERE
    cities ⟨which⟩ are not inhabited
    des villes ⟨qui⟩ ne sont pas habitées
      NEB : a land of unpeopled cities
      J : en villes inhabitées
A ערים לא נושבה = KETIV
    cities ⟨which⟩ are not inhabited
    des villes ⟨qui⟩ ne sont pas habitées
[עיר לא נושבה]
    a city ⟨which⟩ is not inhabited
    une ville ⟨qui⟩ n'est pas habitée
      RSV*: an unhabited city
      TOB : en ville inhabitée
      L : zur Stadt ohne Einwohner

Fac.: 14

Rem.: The KETIV reading has the same meaning as the
    QERE reading. The only difference is the more
    ancient orthography in the KETIV reading, and a
    later one in the QERE reading.

Rem.: La leçon du KETIV a la même signification que
      la leçon du QERE. La seule différence est un
      orthographe plus ancien en la leçon du KETIV, en
      plus moderne en la leçon du QERE.
Transl.: cities ⟨which⟩ are not inhabited /
         unpeopled cities
Trad.:   des villes ⟨qui⟩ ne sont pas habitées /
         des villes inhabitées

22.14

C חַלּוֹנָי וְסָפוּן...וּמָשׁוֹחַ
      rich in windows, and panelled ... and painted
      riche en fenêtres, et revêtu de bois... et peint
[ומשוח...חלוניו וספון] (=Brockington)
      its windows, and the penelling... and the painting
      ses fenêtres, et le revêtement... et la peinture
    RSV : windows for it, paneling it... and
          painting it
    NEB : (I will... set) windows in it, panel it...
          and paint it
    J   : (qui) y (perce) des ouvertures, le re-
          couvre... et le peint
    TOB*: (qui) y (perce) des fenêtres, la revêt...
          et l'enduit (en note : "Ou loggias
          d'apparat...")
    L   : (lässt) sich Fenster (ausbrechen) und...
          täfeln und (rot) malen
Fac.: 14
Rem.: The second part of verse 14 can be interpre-
      ted as : "(and he cuts for him) many windows,
      and ⟨the house is⟩ pannelled (with cedar) and
      painted (with vermilion)".
Rem.: La deuxième partie du verset 14 peut être
      interprétée ainsi : "(et il l'ajoure, pour lui,)
      de nombreuses fenêtres, et ⟨la maison est⟩ re-
      vêtue (de cèdre) et enduite (de vermillon)".
Transl.: See Remark
Trad.:   Voir Remarque

22.16

B אָז טוֹב
    then well
    alors bien
      RSV : then it was well
      J   : alors, tout allait bien

TOB : et c'était le bonheur
[אָז טוֹב לוֹ]
  then he <was> well
  alors il <allait> bien
    L : und es ging ihm gut
Fac.: 5
[Lacking.Manque] = NEB*: (=Brockington) (=LXX)
Fac.: 13
Rem.: The Fac.13 refers to the specific redactions
  of the MT and of the LXX, see the Introductory
  Note to Jeremiah above.
Rem.: Le Fac.13 renvoit aux rédactions propres au
  TM et à la LXX, voir la note d'introduction à
  Jérémie ci-dessus.
Transl.: then <it was> well
Trad.:   alors <cela allait> bien

22.23

C מַה-נֵּחַנְתְּ
  how you will be pitied / how you will groan
  combien seras-tu pitoyable / comme tu gémiras
    TOB : comme tu gémis
    L : wie wirst du stöhnen
  Fac.: 12 (see Rem./voir Rem.)
C[מַה-נֶּאֱנַחְתְּ] (=LXX)
  how will you groan
  comme tu gémiras
    RSV*: how you will groan
    J* : comme tu vas gémir
  Fac.: 8 (see Rem./voir Rem.)
מה-נחנת =[מַה-נֶּחָנַתְּ] (=Brockington)
  how will you groan
  comme tu gémiras
    NEB : how you will groan
  Fac.: 14
Rem.: The Committee was evenly divided in this case,
  one half voting for the MT with a C rating, the
  other half voting for the LXX, also with a C
  rating. Translators can therefore choose either
  of the two texts. If the MT is followed they
  should translate either : "how you will groan", or
  "how you will be pitied/be in a pitiful state". If
  the LXX is adopted, they should interpret it as
  "how you will groan". If LXX is considered to be
  the oldest attested text, then the MT may be regarded as being the result of a scribal error
  (Fac.12). If, on the countrary, the MT is regarded

as the oldest text, then the LXX is either an
interpretation of this text, or it has changed
the MT, which it did not understand (Fac.8).

Rem.: Le Comité était divisé en deux parties égales:
une moitié des membres préféra le TM avec la note
C, l'autre moitié la LXX, également avec la note
C. Les traducteurs peuvent choisir le TM ou la
LXX pour leur traduction. S'ils choisissent le
TM, ils peuvent traduire ou bien : "comme tu
vas gémir", ou bien : "comme tu seras pitoyable",
s'ils optent pour la LXX, ils devront traduire :
"comme tu vas gémir". Si l'on considère la LXX
comme le texte attesté le plus ancien, le TM
doit être le résultat d'une erreur de copiste
(Fac.: 12). Si c'est au contraire le TM qui est
considéré comme le texte le plus anciennement
attesté, alors la LXX est ou bien la traduction
du TM ou un changement textuel que la LXX a opéré
parce qu'elle n'a pas compris le sens du TM
(Fac.8).

Transl.: See Remark
Trad.:   Voir Remarque

23.8

הדחתים B
    I have driven them
    je les ai poussés
      TOB : je l'ai dispersée
[הדיחם] (=Brockington)
    he has driven them
    il les a poussés
      RSV*: he had driven them
      NEB*: he had dispersed them
      J* : il les avait dispersés
      L   : (wohin) er sie verstossen hatte
    Fac.: 5
    Transl.: I have driven them
    Trad.:   je les ai poussés

23.10

B אָלָה
      (because) of the curse
      (à cause) de la malédiction
        RSV : (because) of the curse
        J   : (à cause) d'une malédiction
        TOB*: plein d'imprécations
        L   : (wegen) des Fluches
  אֵלֶּה (=Brockington)
      of these
      de ceux-ci
        NEB : (because) of them
  Fac.: 4
  Transl.: (because) of the curse
  Trad.:   (à cause) de la malédiction

23.17

C לִמְנַאֲצַי דִּבֶּר יהוה
      to those who despise me : the LORD has spoken
      à ceux qui me méprisent : le SEIGNEUR a parlé
        J   : à ceux qui me méprisent : "Yahvé a parlé
  [לִמְנַאֲצֵי דְּבַר...] = למנאצי דבר יהוה (=Brockington)
      to those who despise the word of the LORD
      à ceux qui méprisent la parole du SEIGNEUR
        RSV : to those who despise the word of the LORD
        NEB : to those who spurn the word of the LORD
        TOB*: à ceux qui méprisent la parole du SEIGNEUR
        L   : denen, die des HERRN Wort verachten
  Fac.: 4
  Transl.: to those who despise me : the LORD has
           spoken
  Trad.:   à ceux qui me méprisent : le SEIGNEUR a
           parlé

23.23-24

A נאם יהוה (three times / trois fois)
      saying of the LORD
      oracle du SEIGNEUR
        RSV : says the LORD (three times)
        J   : oracle de Yahvé (trois fois)
        TOB : oracle du SEIGNEUR (trois fois)
        L   : spricht der HERR (dreimal)

[נאם יהוה] (once, namely V. 24 end/une fois, à savoir
          V.24 fin) (=Brockington)
    NEB*: says the LORD (once, namely V.24 end)
  Fac.: 14
  Rem.: 1. The same textual problem occurs also at
     31.16-17; 48.38; 49.5; 49.31; 49.37; 51.25.
     2. Fac. 13 refers to the redaction of the LXX, which
     should not be confused with the redaction of the MT,
     since both of them developed separately from a more
     original text form, for which there are not existing
     witnesses, see the Introductory Remark to Jeremiah.
  Rem.: 1. Le même problème textuel se rencontrera aussi
     en 31.16-17; 48.38; 49.5; 49.31; 49.37; 51.25.
     2. Fac. 13 renvoit à la rédaction propre à la LXX
     qu'il ne faut pas mélanger avec la rédaction propre
     au TM. Car les deux rédactions, celle du TM et
     celle de la LXX, sont des développements indépen-
     dants à partir d'une forme textuelle plus originale,
     qui ne nous est plus accessible faute de témoins
     qui l'auraient conservée; voir la Note d'Intro-
     duction à Jérémie.
  Transl.: saying of the LORD
  Trad.:   oracle du SEIGNEUR

23.26

B היש בלב
    is there in the heart of
    est-ce qu'il y a dans le coeur de
       J : y aura-t-il au sein des (prophètes)
      TOB : y a-t-il quelque chose dans la tête de
            (ces prophètes)
  [היש שקר בלב]
    is there lying in the heart of
    est-ce qu'il y a le mensonge dans le coeur de
      RSV*: shall there be lies in the heart of (the
            prophets)
  Fac.: 14
  [היש]
    are there
    est-ce qu'il y a
       L : (wann) wollen doch (die Propheten aufhören)
  Fac.: 14
  [הֲיָשֻׁב לב] (=Brockington)
    will the heart come back
    est-ce que le coeur reviendra
      NEB : (how long will it be till) they change
            their tune

Fac.: 14
Rem.: 1. The Hebrew base for L is uncertain.
2. The best interpretation of this difficult MT
expression is : "how long ⟨shall it last⟩ ? Do
the prophets have the intention (literally : have
they in their heart) (this passage involves a so-
called anacoluthon, i.e. a beginning of a phrase
which lacks its normal continuation. Instead,
there begins a new phrase without close connection
to what precedes); ⟨they who⟩ prophesy lies and
⟨who⟩ prophesy the deceit of their own invention
(literally : of their heart), (verse 27), do they
plan to...". It is also possible, however, to interpret this passage as : "how long ⟨will there be⟩
in the heart of the prophets ⟨the question⟩ : 'is
there ?' (i.e. is there a word of the LORD ?);
⟨they who⟩ prophesy lies and ⟨who⟩ prophesy the
deceit of their heart...".
Rem.: 1. La base hébraïque de L est incertaine.
2. La meilleure traduction de cette difficile expression du TM est la suivante : "jusqu'à quand
⟨cela va-t-il durer⟩ ? Les prophètes ont-ils
l'intention (littéralement : ont-ils au coeur)
(ici la phrase s'arrête brusquement, omettant ce
qui serait la suite normale. On appelle cette fin
abrupte qui laisse la phrase inachevée un anaco-
louthe); ⟨eux qui⟩ prophétisent le mensonge et
⟨qui⟩ prophétisent la fraude qu'ils inventent
(littéralement : la fraude de leur coeur), (Verset 27) pensent-ils à...". On peut aussi interpréter : "jusqu'à quand ⟨y aura-t-il⟩ dans le
coeur des prophètes ⟨la question⟩ : 'est-ce qu'il
y a ?' (c.-à-d. y a-t-il une parole du SEIGNEUR);
⟨eux qui⟩ prophétisent le mensonge et qui prophétisent la fraude de leur coeur...".
Transl.: See Remark 2
Trad.:   Voir Remarque 2

23.29

B כה
    such/thus
    tel/ainsi
       TOB : (ma parole ne ressemble-t-elle pas) à ceci
[Lacking.Manque] = RSV, J, L
  Fac.: 4
[כזה] (=Brockington)
    burning
    brûlant

NEB*: (do not my words) scorch (like fire)
Fac.: 14
Transl.: (is my word not) this : / (does my word
          not look like) this :
Trad.:   (ma parole n'est-elle pas) ceci : / (ma
          parole ne ressemble-t-elle pas) à ceci :

23.33

את-מה-משׂא
   as to ⟨the question⟩ : what burden
   quant à ⟨la question⟩ : quel fardeau
   Fac.: 7
C[אתם המשׂא] (=Brockington)
   you ⟨are⟩ the burden
   vous ⟨êtes⟩ le fardeau
     RSV*: you are the burden
     NEB : you are his burden
     J* : c'est vous le fardeau
     TOB*: c'est vous la charge
     L   : ihr seid die Last
   Transl.: you ⟨are⟩ the burden
   Trad.:   vous ⟨êtes⟩ le fardeau

23.39

וְנָשִׁיתִי אֶתְכֶם נָשֹׁא
   and I will forget you / and I will give you as a
   loan
   et je vous oublierai / et je vous donnerai en
   prêt
   Fac.: 7
C   וְנָשִׁיתִי אתכם נשׂא (=Brockington, for the first word
   and I will lift you up certainly   only)
   et je vous soulèverai certainement
     RSV : I will surely lift you up
     NEB*: I myself will carry you like a burden
     J* : je vous soulèverai
     TOB*: je vais bel et bien me charger de vous
     L   : so will ich euch aufheben wie eine Last
   Transl.: and I will lift you up surely / high
   Trad.:   et je vous soulèverai certainement / haut

24.9

B לרעה
    to the evil / disaster
    au mal / malheur
        J   : (j'en ferai...) une calamité
        TOB : avec horreur (en note : "Litt. pour le mal...")
        L   : (ich will sie zum Bild des...) ja des Unglücks
              (machen)
  [Lacking.Manque] = RSV*, NEB* (=Brockington) (=LXX)
  Fac.: 13
  Rem.: Fac. 13 refers to the redactional form of LXX,
    see the Introductory Note to Jeremiah.
  Rem.: Fac. 13 renvoit à la forme rédactionnelle
    propre à la LXX, voir la Note d'Introduction à
    Jérémie.
  Transl.: to the disaster
  Trad.:   au malheur

25.9

C ולחרבות
    and to ruins of (eternity)
    et en ruines d'(éternité)
        NEB : (I will ... and make them...) a scandal (for
              ever)
        J   : des ruines (pour toujours)
        TOB*: (pour toujours...) en champs de ruines (en
              note : "Litt. ... et en ruines à jamais...")
        L   : und zur (ewigen) Wüste
  [ולחרפה] (= LXX)
    and for a shame of (eternity)
    et pour une honte d'(éternité)
        RSV*: (I will ... and make them...) an (everlasting)
              reproach
  Fac.: 13,4
  Rem.: Fac. 13 refers to the redactional form of the
    LXX, see the Introductory Note to Jeremiah.
  Rem.: Fac. 13 renvoit à la forme rédactionnelle
    propre à la LXX, voir la Note d'Introduction à
    Jérémie.
  Transl.: and to (everlasting) ruins
  Trad.:   et en ruines (à jamais)

25.14

A עבדו

   they have been slaves / they have used as slaves
   ils ont été esclaves / ils se sont servi de
     RSV : (many nations...) shall make slaves (even of
     TOB : ils seront asservis   them)
     L   : sie sollen ... dienen
[יעבדו] (=Brockington)
   they will be slaves / they will serve
   ils seront esclaves / ils serviront
     NEB*: they will be victims of
     J* : elles (aussi) seront asservies
  Fac.: 14
  Rem.: The MT expression can be interpreted in two
  ways : (1) "(- namely, they too ("they" is an
  anticipated object and refers to "them" after the
  verb "have used") : many nations and great kings)
  have used (them) -" (i.e. have made slaves of them),
  or (2) "(- namely they too : ...) will use them -"
  (i.e. will make slaves of them).
  Rem.: L'expression peut être interprétée de deux
  manières : (1) "(- d'elles aussi, en effet, des
  nations nombreuses et de grands rois) se sont
  servis -" (c.-à-d. ils les ont réduites en esclavage); ou (2) "(- d'elles aussi...) se serviront -"
  (c.-à-d. ils les réduiront en esclavage).
  Transl.: See Remark
  Trad.:   Voir Remarque

25.24

C ואת כל-מלכי הָעֶרֶב
   and all the kings of the mixed tribes
   et tous les rois du ramassis de tribus
     RSV : and all the kings of the mixed tribes
     J   : (et tous les rois du ramassis des étrangers)
     TOB : tous les rois des métis
     L   : (alle Könige Arabiens) und die der Misch-
        völker
[Lacking.Manque] = NEB* (=Brockington)
  Fac.: 14
  Rem.: It is probable that only the expression
  ואת על-מלכי עֶרֶב "and all the kings of the Arabs"
  ist to be regarded as original. But according to
  the principles of textual analysis it is not
  possible to omit "and all the kings of the mixed
  tribes", because such an omission would be a mere

conjecture, i.e. without a base in any of the ancient textual witnesses.

Rem.: Il est probable que seule l'expression
ואת כל-מלכי עֶרֶב "et tous les rois des Arabes" soit
originale ici. Mais selon les principes de l'analyse textuelle, on ne peut supprimer "et tous les
rois des tribus mélangées", car cette suppression
serait une conjecture pure et simple, c.-à-d. sans
appui dans les témoins textuels anciens.

Transl.: and all the kings of the mixed tribes/peoples
Trad.:   et tous les rois des tribus/peuples mélangés

25.26

B ואת כל-הממלכות הארץ
   and all the kingdoms of the earth
   et tous les royaumes de la terre
     RSV : and all the kingdoms of the world
     TOB : et tous les royaumes de la terre
     L   : alle Königreiche der Welt
[ואת כל-הממלכות] (=Brockington)
   and all the kingdoms
   et tous les royaumes
     NEB*: and all the kingdoms
     J   : et tous les royaumes
   Fac.: 13
   Rem.: Fac. 13 refers to the redaction of the LXX,
     see the Introductory Note to Jeremiah.
   Rem.: Fac. 13 renvoit à la rédaction propre de la
     LXX, voir la Note d'Introduction à Jérémie.
   Transl.: and all the kingdoms of the earth
   Trad.:   et tous les royaumes de la terre

25.34

   ותפוצותיכם
   and your dispersions ⟨into which⟩ I have dispersed you
   et vos dispersions ⟨dont⟩ je vous ai dispersés
   Fac.: 13
C [תְּפוּצוֹתֵיכֶם] תפוצותיכם
   your dispersions
   vos pulvérisations / vos dispersions
     RSV : (of your slaughter) and dispersion
     J   : et pour votre dispersion
     TOB : vous serez dispersés
     L   : dass... ihr... und zerstreut werdet

[Lacking.Manque] = NEB* (=Brockington)
Fac.: 8
Rem.: The entire expression can be literally inter-
    preted as "(for fulfilled are your days, ⟨the days⟩
    for ⟨your⟩ slaughter and your being dispersed (when
    you will fall down like a precious vessel)" (i.e.
    in a less literal translation "for the time has
    come when you will be slaughtered and dispersed,
    when you will fall down like a precious vessel").
Rem.: L'expression dans son ensemble peut être inter-
    prétée ainsi : "(car sont accomplis vos jours (lit-
    téralement : se sont remplis) pour le massacre) et
    vos dispersions (quand vous tomberez comme un vase
    précieux)" (c.-à-d. "car il est venu le temps où
    vous serez massacrés et dispersés, quand vous
    tomberez comme un vase précieux").
Transl.: See Remark
Trad.:   Voir Remarque

25.34

B כִּכְלִי
    like a vessel of
    comme un vase de
      J : comme un vase de (choix)
      L : wie ein (kostbares) Gefäss
    [כִּכְלִי] = ככלי
    like vessels of
    comme des vases de
      TOB : comme des récipients (précieux)
  Fac.: 6
[כאילי] (=Brockington)
    like rams of
    comme des béliers de
      RSV*: like (choice) rams
      NEB*: like (fine) rams
  Fac.: 5,4
  Transl.: like a (precious) vessel
  Trad.:   comme un vase (précieux)

25.38

C חרון היונה
    of the heat of destruction
    de l'ardeur de la destruction
      J : de l'ardeur dévastatrice

25.38

חרון היונה C
- of the heat of destruction
- de l'ardeur de la destruction
  - J   : de l'ardeur dévastatrice

חרב היונה (=Brockington)
- of the sword of destruction
- de l'épée de la destruction
  - RSV : of the sword of the oppressor
  - NEB*: by the cruel sword
  - TOB : (devant) l'épée impitoyable

Fac.: 5

[חרב הגדולה]
- of the big sword
- de la grande épée
  - L   : von seinem gewaltigen Schwert

Fac.: 5,13

Rem.: 1. The literal translation of this MT expression would be : "because of the anger of the devastating one". "The devastating one" is the devastating
sword mentioned in 46.16 and 50.16, which, however,
is not explicitly mentioned here. If the translators employ the rendering "because of the anger of
the devastating ⟨sword⟩", they should indicate in a
note that the expression "⟨sword⟩" has been added
in order to make more clear the meaning of the
text.
2. Fac. 13 refers to the textual redaction of the
LXX, see the Introductory Note to Jeremiah.

Rem.: 1. La traduction littérale de cette expression
est la suivante : "à cause de la fureur de la dévastatrice". "La dévastatrice" est l'épée devastatrice
qui est mentionnée en 46.16 et 50.16, qui cependant
n'est pas exprimée explicitement ici. Si les traducteurs traduisent : "à cause de la fureur ⟨de l'épée⟩
dévastatrice", ils indiqueront en note que l'expression "⟨de l'épée⟩" est ajoutée pour rendre plus clair
le sens du texte.
2. Fac. 13 renvoit à la rédaction textuelle propre à
la LXX, voir la Note d'Introduction à Jérémie.

Transl.: See Remark 1
Trad.:   Voir Remarque 1

26.1

B הדבר הזה
   this word
   cette parole
      RSV : this word (came from the LORD)
      TOB : la parole que voici (arriva de la part du
            SEIGNEUR)
      L   : (geschah) dies Wort (vom HERRN)
[הדבר הזה אל ירמיהו] (=Brockington)
   this word to Jeremiah
   cette parole à Jérémie
      NEB*: this word (came) to Jeremiah (from the
            LORD)
      J* : cette parole (fut adressée) à Jérémie (de
            la part de Yahvé)
   Fac.: 1,6
   Transl.: this word (came from the LORD)
   Trad.:   cette parole (arriva de la part du SEIGNEUR)

26.10

B שער-יהוה
   of the gate of the LORD
   de la porte du SEIGNEUR
שער בית יהוה
   of the gate of the house of the LORD
   de la porte de la maison du SEIGNEUR
      RSV : of the (New) Gate of the house of the LORD
      NEB : (to the LORD's house and took their places
            there...) of the (new) gate
      J* : de la porte (Neuve) du Temple de Yahvé
            (la note d n'est pas tout à fait exacte)
      TOB : de la porte (Neuve) du Temple (?)
      L   : vor das (neue) Tor am Hause des HERRN
   Fac.: 2,4
   Transl.: of the gate of the LORD
   Trad.:   de la porte du SEIGNEUR

26.18

B לבמות
   to heights of (forest) (=to wooded heights)
   à des hauteurs de (forêt) (=à des hauteurs boisés)
      NEB : rough heath (?)
[לבמת]
   to a height of (wood) (=to a wooded height)
   à une hauteur de (forêt) (=à une hauteur boisée)

RSV : a (wooded) height
J   : une hauteur (boisée)
TOB*: une hauteur (broussailleuse) la note se
      trouve en Mi 3.12)
L   : zu einer Höhe (wilden Gestrüpps)
Fac.: 4
Rem.: See the same textual difficulty in Mi 3,12 below,
 and above in Jer 7.31.
Rem.: Voir la même difficulté textuelle en Mi 3.12
 ci-dessous, et ci-dessus en Jr 7.31.
Transl.: to (wooded) heights
Trad.:   à des hauteurs (boisées)

Mi 3.12

C לבמות
    to heights of (forest) (=to wooded heights)
    à des hauteurs de (forêt) (=des hauteurs boisées)
     NEB : rough heath (?)
  [לבמח]
    to a height of (forest) (=to a wooded height)
    en une hauteur de (forêt) (=à une hauteur boisée)
     RSV : a (wooded) height
     J   : une hauteur (boisée)
     TOB*: une hauteur (broussailleuse)
     L   : zu einer Höhe (wilden Gestrüpps)
Fac.: 4
Rem.: See the same textual difficulty in Jer 7.31 and
 26.18 above.
Rem.: Voir la même difficulté textuelle en Jr 7.31 et
 26.18 ci-dessus.
Transl.: to (wooded) heights
Trad.:   à des hauteurs (boisées)

27.1

B יהויקם
    of Jehoiakim
    de Yoyaqîm
  צדקיהו (=Brockington)
    of Zedekiah
    de Sédécias
     RSV*: of Zedekiah
     NEB*: of Zedekiah
     J* : de Sédécias
     TOB*: de Sédécias
     L   : Zedekias

Fac.: 9,13
Rem.: From the point of view of textual analysis the
  MT must be maintained with the name "Jehoiakim",
  but translators should add a note saying that the
  following context (V.3, 12) shows that it must be
  the reign of Zedekiah which is meant. On the other
  hand, translators may put the entire verse 1 in a
  note, since verse 1 is a secondary addition (which
  is not accurate).
Rem.: Du point de vue de l'analyse textuelle il faut
  garder le nom Yoyaqîm qui correspond au TM, mais
  dire en note que la suite (V.3,12) montre qu'il
  doit s'agir du début du règne de Sédécias. Ou bien
  les traducteurs peuvent placer tout le verset 1 en
  note, car le verset 1 est une ajoute secondaire
  (et inexacte).
Transl.: of Jehoiakim (see Remark)
Trad.:   de Yehoyaqîm (voir Remarque)

27.3

A ושלחתם
    and you shall send them
    et tu les enverras
       J   : puis envoie-les
      TOB : tu en enverras
[ושלחת] (=Brockington)
    and you shall send
    et tu enverras
      RSV*: send word
      NEB*: then send
      L   : und schicke Botschaft
  Fac.: 1,4
  Transl.: and you shall send them
  Trad.:   et tu les enverras

27.9

וְאֶל חֲלֹמֹתֵיכֶם
    and to your dreams
    et à vos songes
  Fac.: 12
B[וְאֶל חֲלֹמֵיכֶם]
    and to your dreamers
    et à vos songeurs

וְאֶל חֲלֹמֹתֵיכֶם] =ואל חלמתיכם   (=Brockington)
    and to your ⟨women who⟩ dream
    et à vos ⟨femmes qui⟩ ont des songes
        NEB*: (to...) your wise women (in note : "...
              lit. women who have dreams")
Fac.: 14
[וְאֶל חֹלְמֵיכֶם]
    and to your dreamers
    et à vos ⟨hommes qui⟩ ont des songes
        RSV*: (to...) your dreamers
        J : (n'écoutez pas vos...) songe-creux (en
             note : "... litt. 'songeurs'...")
        TOB*: vos oniromanciens
Fac.: 6,8
Rem.: See a similar textual problem in 29.8 below.
Rem.: Voir un problème textuel semblable en 29.8
    ci-dessous.
Transl.: to your dreamers
Trad.:   à tes songeurs

28.1

A בשנה ההיא בראשית ממלכת צדקיה מלך יהודה בשנה הרביעית
    in that same year, at the beginning of the reign
    of Zedekiah, king of Judah, in the fourth year
    cette même année, au début du règne de Sédécias,
    roi de Juda, la quatrième année
        RSV : in that same year, at the beginning of the
              reign of Zedekiah king of Judah, ... of the
              fourth year
        J : cette même année, au début du règne de
             Sédécias, roi de Juda, la quatrième année
        TOB*: en cette année-là, au début du règne de
              Sédécias, roi de Juda, en la quatrième
              année
        L : in demselben Jahr, im Anfang der Herrschaft
             Zedekias, des Königs von Juda, ... des
             vierten Jahrs
[בשנה ההיא בשנה הראשנה לצדקיה מלך יהודה] (=Brockington)
    in that same year, in the first year for Zedekiah,
    king of Judah
    cette même année, la première année pour Sédécias,
    roi de Juda
        NEB*: that same year, ... of the first year of
              the reign of Zedekiah king of Judah
Fac.: 14

Transl.: in that same year, at the beginning of the
         reign of Zedekiah, king of Judah, in the
         fourth year
Trad.:   cette même année, au début du règne de Sé-
         décias, roi de Juda, la quatrième année

28.8

C ולרעה ולדבר
    and for disaster and for pestilence
    et pour le malheur et pour la peste
      J   : le malheur et la peste
      TOB*: le malheur, la peste
      L   : von Unheil und Pest
ולרעב ולדבר (=Brockington)
    and for famine and for pestilence
    et pour la famine et pour la peste
      RSV : famine, and pestilence
      NEB*: famine, and pestilence
Fac.: 1,5
Transl.: disaster and pestilence
Trad.:   le malheur et la peste

28.13

B ועשית (=Brockington)
    and you will make
    et tu feras
      NEB*: you shall get
      J   : eh bien ! Tu vas les remplacer
      TOB*: tu feras
      L   : aber du hast nun ... gesetzt
[וְעָשִׂיתָ]=ועשית (=Brockington)
    and I shall make
    et je ferai
      RSV*: but I will make
Fac.: 5
Transl.: and you will make
Trad.:   et tu vas faire

29.1

יתר B
    (to) the rest of
    (au) reste de
      NEB : (to) the remaining (elders)
      ·J   : (à) ceux qui restaient (des anciens)
      L   : (an) den Rest (der Aeltesten)
[כל]
    (to) all
    (à) tous
      TOB : (à) tous (les anciens)
  Fac.: 14
[Lacking.Manque] = RSV*
  Fac.: 4
  Rem.: This expression can be interpreted in two
    ways : (1) "to the elders who remain...", or
    (2) "to the elite of the elders...". The first
    interpretation is more likely.
  Rem.: On peut traduire cette expression de deux
    manières : (1) "à ce qui reste des anciens...",
    ou (2) "à l'élite des anciens...". La première
    est meilleure.
  Transl.: See Remark
  Trad.:   Voir Remarque

29.8

אֶל-חֲלֹמֹתֵיכֶם אשר אתם מחלמים
    to your dreams which you cause to be dreamt
    à vos songes que vous faites songer
  Fac.: 12,8
C[אֶל-חֲלֹמֹתֵיכֶם אשר אתם מחלמים]
    to your dreamers whom you get to dream
    à vos songeurs que vous faites songer
[אֶל-חֲלֹמֹתֵיכֶם אשר אתם חלמים]
    to your dreams which you are dreaming
    à vos songes que vous êtes en train de faire
      J   : les songes que vous faites
      TOB : aux songes que vous avez
  Fac.: 6,8
[אֶל-חֹלְמֹתֵיכֶם] = אל-חלמתיכם אשר אתם מחלמים =[...כֶם] (=Brockington)
    to your women whom you get to dream
    à vos songeuses que vous faites avoir des songes
      NEB : to the wise women whom you set to dream
            dreams
  Fac.: 14

[אֶל־חֲלֹמֹתֵיהֶם אֲשֶׁר הֵם חֹלְמִים]
    to their dreams which they are dreaming
    à leurs songes qu'ils sont en train de faire
      RSV*: to the dreams which they dream
      L   : auf die Träume, die sie träumen
  Fac.: 1
  Rem.: See a similar textual problem at 27.9 above.
  Rem.: Voir un problème textuel semblable en 27.9
    ci-dessus.
  Transl.: to your dreamers whom you get to dream
  Trad.:   à vos songeurs que vous poussez aux songes/
           à vos songeurs à qui vous demandez des
           songes

29.12

B והלכתם
    and you will go / come
    et vous irez / viendrez
      RSV : (then you will...) and come
      J   : et vous viendrez
      TOB*: vous ferez des pélerinages (en note :
            "Litt. vous marcherez...")
      L   : (und ihr werdet...) und hingehen
  [Lacking.Manque] = NEB* (=Brockington)
  Fac.: 1,4
  Rem.: This expression may be interpreted in two
    ways : (1) "and you will go on" or "and you will
    go there" (i.e. you will go to the place of
    prayer), or (2) "and you will go <with success>".
    The first interpretation is more likely.
  Rem.: On peut interpréter cette expression de deux
    façons : (1) "et vous y irez" (au lieu de prière);
    (2) "et vous avancerez <avec succès>". La première
    interprétation est plus probable.
  Transl.: See Remark
  Trad.:   Voir Remarque

29.19

C ולא שמעתם
    and you did not listen
    et vous n'avez pas écouté
      RSV : but you would not listen
      NEB : so you did not listen
      L   : aber ihr wolltet nicht hören

[ולא שמעו]
   and they did not listen
   et ils n'ont pas écouté
     J* : mais ils ne les ont pas écoutés
     TOB*: mais ils n'écoutent pas
  Fac.: 1,3,4
  Transl.: but you would / did not listen
  Trad.:   mais vous n'avez pas écouté / vous n'avez
            pas voulu écouter

29.24

תאמר לאמר B
   you will say what follows
   tu parleras en ces termes
     RSV : you shall say :
     J   : tu parleras ainsi :
     TOB : tu diras ceci :
     L   : sollst du sagen :
  [Lacking.Manque] = NEB* (=Brockington)
  Fac.: 14
  Transl. : you will say what follows
  Trad.:   tu parleras en ces termes

29.25 (36.25)

אל-כל-העם אשר בירושלם ואל-צפניה בן-מעשיה הכהן A
ואל כל-הכהנים
   to all the people who ⟨are⟩ in Jerusalem, and to
   Zephaniah the son of Maaseiah the priest, and to
   all the priests
   à tout le peuple qui ⟨est⟩ à Jérusalem, et à Cephanya fils de Maaséya, le prêtre, et à tous les prêtres
     RSV : to all the people who are in Jerusalem,
          and to Zephaniah the son of Ma-aseiah the
          priest, and to all the priests
     J* : à tout le peuple de Jérusalem et au prêtre
          Çephanya, fils de Maaséya (et à tous les
          prêtres)
     TOB*: - à tout le peuple qui est à Jérusalem -,
          au prêtre Cefanya, fils de Maaséya - et
          à tous les prêtres -,
     L : an alles Volk, das in Jerusalem ist, an den
          Priester Zephanja, den Sohn Maasejas, und
          an alle Priester

[אל-צפניה בן-מעשיה הכהן] (=Brockington)
   to Zephaniah son of Ma-aseiah, the priest
   à Cephanya, fils de Maaséya, le prêtre
     NEB*: to Zephaniah son of Maaseiah the priest
Fac.: 13
Rem.: Fac. 13 refers to the literary form of the LXX,
  see the Introductory Note to Jeremiah.
Rem.: Fac. 13 renvoit à la forme littéraire propre
  à la LXX, voir la Note d'Introduction à Jérémie.
Transl.: to all the people who ⟨are⟩ in Jerusalem,
        and to Zephaniah the son of Maaseiah the
        priest, and to all the priests
Trad.:   à tout le peuple qui ⟨est⟩ à Jérusalem,
        et à Cephanya fils de Maaséya, le prêtre,
        et à tous les prêtres

29.26

פקדים C
   overseers
   des surveillants
     RSV : to have charge
     J   : pour exercer la surveillance
[פקיד] (=Brockington)
   overseer
   surveillant
     NEB*: as officer in charge
     TOB : comme prêtre responsable
     L   : (dass du) Aufseher (sein sollst)
Fac.: 4,5
Rem.: The expression can be interpreted as : "in
  order that there are overseers".
Rem.: On doit comprendre cette expression "pour
  qu'il y ait des surveillants".
Transl.: See Remark
Trad.:   Voir Remarque

30.5 (37.5)

שמענו B
   we have heard
   nous avons entendu
     RSV : we have heard
     J   : nous avons perçu (un cri)
     TOB : nous entendons
     L   : wir hören

[תשמעו] (=Brockington)
   you will / shall hear
   vous entendrez
     NEB*: you shall hear
 Fac.: 4
 Rem.: At the beginning of the statement attributed
   to God, introduced by "thus says the LORD", there
   may be a kind of quotation reflecting what the
   people had said : "we have heard...".
 Rem.: Au début de la parole de Dieu, introduite par
   "ainsi parle le SEIGNEUR", on a peut-être une
   sorte de citation, des gens disant : "nous avons
   entendu...".
 Transl.: we have heard
 Trad.:   nous avons entendu

30.6,7

C לירקון : הוי
   to a pale color. Alas
   à une pâleur. Hélas
     RSV : (why has... turned) pale ? Alas !
     J   : (sont-ils devenus) livides ? Malheur !
     TOB : (tous les visages...) blêmissent. Malheur !
     L   : (wie ... alle Angesichter) so bleich (sind)? Wehe
[לירקון הין:] (=Brockington)
   they became a pale color / they became pale
   ils devinrent la pâleur / ils devinrent pâles
     NEB*: all (turned) pale
 Fac.: 8,4
 Transl.: to pale color / paleness. Alas
 Trad.:   à la pâleur. Hélas

30.8

B מעל צוארך ומוסרותיך
   from off your neck, and your bonds
   de ta nuque, et tes liens
     J* : sur ta nuque et ... tes chaînes
     L   : auf deinem Nacken... und dein Bande
[מעל צוארם ומוסרותיהם] (=Brockington)
   from off their neck, and their bonds
   de leur nuque, et leurs liens
     RSV*: from off their neck, and ... their bonds
     NEB*: off their necks and ... their cords
 Fac.: 4,5,8

[מעל צוארו ומוסרותיו]
    from off his neck, and his bonds
    de sa nuque, et ses liens
      TOB*: de son cou, ...ses liens
  Fac.: 14
  Transl.: from off your neck, and your bonds
  Trad.:   de ta nuque, et tes liens

31.3 (38.3)

B לי
    to me
    à moi
      J   : m'(est apparu)
      TOB*: m'(est apparu)
      L   : mir
  [לו] (=Brockington) (=LXX)
    to him
    à lui
      RSV*: to him
      NEB : (Israel...) to them
  Fac.: 12,13
  Rem.: Fac. 13 refers to the text form of the LXX,
    see the Introductory Note to Jeremiah.
  Rem.: Fac. 13 renvoie à la forme du texte propre
    à la LXX, voir la Note d'Introduction à Jérémie.
  Transl.: to me
  Trad.:   à moi

31.7

C הוֹשַׁע יהוה את-עמך
    save, O LORD, your people
    sauve, SEIGNEUR, ton peuple
  [הוֹשִׁע יהוה את-עמו] (=Brockington)
    the LORD saved his people
    le SEIGNEUR a sauvé son peuple
      RSV : 'The LORD has saved his people
      NEB*: the LORD has saved his people
      J* : "Yahvé a sauvé son peuple
      TOB*: Le SEIGNEUR délivre son peuple
      L   : Der HERR hat seinem Volk geholfen
  Fac.: 4,5
  Transl.: O LORD, save your people
  Trad.:   sauve, SEIGNEUR, ton peuple

31.9

B ובתחנונים
    and in/with supplications
    et dans/avec des supplications
        J* : dans les supplications
        TOB*: ils crient : "Grâce !"
[ובתנחומים] (=Brockington)
    and in/with consolations
    et dans/avec des consolations
        RSV*: and with consolations
        NEB*: but I will comfort them
        L   : aber ich will sie trösten
  Fac.: 13
  Rem.: Fac. 13 refers to the textual redaction of the
    LXX, see the Introductory Note to Jeremiah.
  Rem.: Fac. 13 renvoie à la rédaction propre à la LXX,
    voir la Note d'Introduction à Jérémie.
  Transl.: and with supplications
  Trad.:   et avec des supplications

31.13

B יַחְדָּו
    together
    ensemble
        J : ensemble
        TOB : (ainsi que... et...)
        L   : miteinander
יחדו [יַחְדָּו / יַחְדָּו =Brockington]
    they will be merry
    ils seront joyeux
        RSV : shall be merry
        NEB : shall rejoice
  Fac.: 9
  Transl.: together
  Trad.:   ensemble

31.16,17

A נאם-יהוה (V.17), נאם יהוה (V.16)
    (V.16) saying of the LORD, (V.17) saying of the LORD
    (V.16) oracle du SEIGNEUR, (V.17) oracle du SEIGNEUR
      RSV : (V.16) says the LORD, (V.17) says the LORD
      J : (V.16) - oracle de Yahvé -, (V.17) - oracle
          de Yahvé -
      TOB : (V.16) - oracle du SEIGNEUR -, (V.17)
          - oracle du SEIGNEUR -

```
   L    : (V.16) spricht der HERR, (V.17) spricht
           der HERR
```
[Lacking.Manque V.16 and/et V.17] = NEB*, Brockington
Fac.: 13
Rem.: See the similar textual problem in 23.23-24;
   48.38; 49.5,31,37; 51.25, and see Remark 2 in the
   first case, 23.23-24.
Rem.: Voir le même problème textuel en 23.23-24;
   48.38; 49.5,31,37; 51.25, et voir la Rem.2 du
   premier cas, 23.23-24.
Transl.: (V.16) saying of the LORD, (V.17) saying
           of the LORD
Trad.:   (V.16) oracle du SEIGNEUR, (V.17) oracle
           du SEIGNEUR

31.24

B ונסעו
   and they shall set out
   et ils partiront
[ונסעי] (=Brockington)
   and those setting out
   et ceux qui partent
      RSV*: and those who wander
      NEB : and shepherds who wander
      J   : et ceux qui conduisent
      TOB*: et nomades (en note : "Litt. ceux qui
              partent...")
      L   : und die ... umherziehen
Fac.: 6
Rem.: This expression can be interpreted in two ways :
   (1) "(Judah and all her cities will dwell there;)
   and ⟨those who⟩ set out (with their flocks)" (as
   a relative clause without the relative particle),
   or (2) "(Judah and all her cities will dwell
   there as farmers.) And they will set out ⟨as no-
   mads⟩ (with their flocks)" (in this second translation, the MT phrase division is abandoned, and
   אכרים "⟨as⟩ farmers" is in apposition to "Judah
   and her cities").
Rem.: On peut interpréter cette expression de deux
   façons : (1) "(Juda et ses villes y habitent;) et
   ⟨ceux qui⟩ nomadisent (avec leurs troupeaux)" (il
   s'agit d'une phrase relative sans la particule
   relative), ou (2) "(Juda et ses villes y habitent
   en paysans.) Et on nomadise (avec ses troupeaux)"
   (dans cette interprétation on ne suit pas la di-

vision de la phrase du TM, et אכרים "⟨en⟩ paysans"
est en apposition à "Juda et ses villes").
Transl.: See Remark
Trad.:   Voir Remarque

31.35

B חֻקֹּת
      statutes / ordinances / decrees of
      statuts / ordres / décrets de
         TOB : dans leur ordre
   Lacking.Manque = NEB* (=Brockington)
   Fac.: 4
   חקת [=חֻקַּת]
      statute / ordinance / decree of
      statut / ordre / décret de
         RSV : the fixed order of
   Fac.: 5,6
   [חֹקֵק]
      he has decreed
      il a décrété
         J* : (lui qui...) commande
         L   : (der...) bestellt
   Fac.: 14
   Transl.: the statutes / laws of
   Trad.:   les statuts / lois de

31.40

A הפגרים והדשן
      of the dead bodies and of the ashes
      des cadavres et de la cendre
         RSV : of the dead bodies and the ashes
         J   : avec ses cadavres et sa cendre
         TOB*: des cadavres et des cendres (en note :
               "Ou cendres grasses...")
         L   : der Leichen und der Asche
   [Lacking.Manque] = NEB* (=Brockington)
   Fac.: 14
   Transl.: of the dead bodies and of the ashes
   Trad.:   des cadavres et de la cendre

31.40

A עד (1°)
   unto
   jusqu'à
      RSV : as far as
      NEB : as far as
      TOB : le long de
      L   : bis zum (Bach)
   על
   upon
   sur
      J* : attenant au (ravin)
   Fac.: 1
   Transl.: unto
   Trad.: jusqu'à

32.11 (39.11)

B המצוה והחקים
   the terms and the stipulations
   la clause et les stipulations
      RSV : containing the terms and conditions
      J   : (avec les stipulations et les clauses)
      TOB*: - les prescriptions et les règlements! -
[Lacking. Manque] = NEB*, L (=Brockington)
   Fac.: 13
   Rem.: 1. Fac. 13 refers to the textual redaction
     of the LXX, see the Introductory Note to Jeremiah.
     2. This expression is probably an early gloss.
   Rem.: 1. Fac. 13 renvoie à la rédaction du texte
     propre à la LXX, voir la Note d'Introduction à
     Jérémie.
     2. Il s'agit vraisemblablement d'une glose an-
     cienne.
   Transl.: - the terms and the stipulations -
   Trad.: - les clauses et les stipulations -

32.12

C דדי
   my uncle / my cousin (on the father's side)
   mon oncle / mon cousin (du côté paternel)
   בן-דדי (=Brockington)
   my uncle's son / my cousin (on the father's side)
   le fils de mon oncle / mon cousin (du côté paternel)
      RSV : my cousin

```
       NEB*: my cousin
       J*  : (en présence de) mon cousin
       TOB : fils de mon oncle
       L   : meines Vetters
   Fac.: 5
   Rem.: This expression occurs also in the Verses 8
     and 9 and is to be translated there as "(the son
     of) my uncle", here as "my cousin".
   Rem.: Cette expression figure aussi aux versets 8
     et 9 où l'on doit traduire "(le fils de) mon
     oncle", alors qu'il faut traduire ici par "mon
     cousin".
   Transl.: my cousin (on the father's side)
   Trad.:   mon cousin (du côté paternel)
```

32.26

B אל־ירמיהו
```
       to Jeremiah
       à Jérémie
       RSV : to Jeremiah
       NEB : to Jeremiah
       TOB*: à Jérémie
       L   : zu Jeremia
```
[אלי]
```
       to me
       à moi
       J*  : me (fut adressée) (par erreur J renvoie à
              la note e, au lieu de c)
   Fac.: 4
   Transl.: to Jeremiah
   Trad.:   à Jérémie
```

32.29

B ושרפוה ואת הבתים
```
       and they will burn it (i.e. the city) down and
       the houses
       et ils l'incendieront (c.-à-d. la ville) et les
       maisons
       RSV : (the Chaldeans... will... and set (this
              city on fire,) and burn it, with the
              houses
       NEB : (the Chaldeans... will... set it on fire)
              and burn it down, with the houses
       TOB : et ils l'incendieront avec les maisons
       L   : (die Chaldäer... werden... sie in Brand
              stecken) und verbrennen samt den Häusern
```

[ושרפו את הבתים]
   and they will burn down the houses
   et ils incendieront les maisons
    J   : ils brûleront les maisons
  Fac.: 4
  Transl.: and they set fire to it, and ⟨especially⟩
          to the houses (on the roofs of which...) (or:
          and they set fire to it, with the houses).

   Trad.:   et ils l'incendieront, et ⟨particulière-
          ment⟩ les maisons (sur les toits desquelles)
          (ou : et ils l'incendieront avec les mai-
          sons...)

33.2

B עֹשֶׂה יהוה
   making it, the LORD
   faisant cela, le SEIGNEUR
    TOB*: le SEIGNEUR qui fait la chose
[עֹשֶׂה הכל יהוה]
   making all ⟨things⟩, the LORD
   faisant tout, le SEIGNEUR
    L : der HERR, der alles macht (siehe Rem.1)
  Fac.: 14
[עֹשֶׂה ארץ יהוה]
   making the earth, the LORD
   faisant la terre, le SEIGNEUR
    RSV*: (the LORD) who made the earth, the LORD
  Fac.: 1,4,5
[עֹשֶׂה ארץ] (=Brockington)
   making the earth / has made the earth
   faisant la terre / a fait la terre
    NEB*: of the LORD who made the earth
    J* : Yahvé qui a fait la terre
  Fac.: 4
  Rem.: 1. L Perhaps follows the MT which a free translation.
   2. The pronoun "it" refers to a reality which is
  not explicitly mentioned in what precedes. It refers to the work or the plan of the LORD.
  Rem.: 1. L a peut-être simplement voulu traduire
  le TM, en en donnant une interprétation large.
   2. Le pronom "la" (ou : "la chose") se réfère
  à une réalité qui n'est pas explicitement mentionnée dans ce qui précède. Il se réfère à l'oeuvre
  ou au plan du SEIGNEUR.

Transl.: the LORD who makes it, (the LORD who fashions
         it in order to establish it...)
Trad.:   le SEIGNEUR qui fait la chose, (le SEIGNEUR
         qui la façonne pour l'affermir...)

33.5

A את-הכשדים
    the Chaldeans / with the Chaldeans
    les Chaldéens / avec les Chaldéens
        J   : (combattent) contre les Chaldéens
        TOB : (à résister) contre les Chaldéens
        L   : (im Kampf) gegen die Chaldäer
הכשדים
    the Chaldeans (as subject of the clause)
    les Chaldéens (comme sujet de la phrase)
        RSV*: the Chaldeans (are coming in)
    Fac.: 14
    [Lacking.Manque] = NEB*, Brockington
    Fac.: 14
    Rem.: See also the next case. The expression can be
    translated as "(they set out to resist) the Chal-
    deans" (or : "to fight against the Chaldeans").
    Rem.: Voir aussi le cas suivant. On peut traduire
    l'expression : "(on s'est mis à résister) aux
    Chaldéens" (ou : "à lutter contre les Chaldéens").
    Transl.: against the Chaldeans
    Trad.:   avec / contre les Chaldéens

33.5

B ולמלאם
    and to fill them
    et pour les remplir
        RSV : and to fill them
        NEB : (and attackers) who fill the houses
        TOB*: pour remplir ces maisons (en note : "Litt.
              pour les remplir...")
        L   : und um sie zu füllen
    [ולמלאה]
    and to fill it (i.e. the city, feminine in Hebrew)
    et pour la remplir (c.-à-d. la ville)
        J* : pour remplir la ville (en note : "...
              ("pour la remplir")...")
    Fac.: 12
    Rem.: See the preceding case also.
    Rem.: Voir aussi le cas précédent.

Transl.: and to fill them
Trad.:   et pour les remplir

33.6

B לה
   to her / for her
   à elle / pour elle
     RSV : to it
     NEB : (bring) her (healing)
     TOB : (je ferai poindre) sa (convalescence)
 [להם]
   to them
   à eux
     J* : (je) leur (porte)
     L   : (ich will) sie (heilen und ... ihnen)
Fac.: 1,5
Transl.: to her / for her
Trad.:   à elle / pour elle

33.9

B לִי לְשֵׁם שָׂשׂוֹן
    for me, a name of joy
    pour moi, un renom de joie
       RSV : to me a name of joy
       J   : pour moi un nom plein d'allégresse
       TOB : pour moi un joyeux renom
[לִי לְשֵׁם וּלְשָׂשׂוֹן]
    for me, for a name and for a joy
    pour moi, pour un renom et pour une joie
       L   : mein Ruhm und meine Wonne
 Fac.: 5,4
[לִי לְשֵׁם] (=Brockington)
    for me, for a name
    pour moi, pour un renom
       NEB*: (will win) me a name
 Fac.: 14
 Transl.: for me a name of joy
 Trad.:   pour moi un renom de joie

33.16

B וְזֶה
    and this
    et celui-ci/ceci
       NEB : and this
       L   : (und man wird es nennen)
 וְזֶה שְׁמוֹ
    and this his name
    et ceci son nom
       J   : voici le nom (en note : "'le nom'... omis
             par hébr. (sauf 5 mss). ...")
       TOB : voici le nom
 Fac.: 5
[וְזֶה הַשֵּׁם]
    and this the name
    et ceci le nom
       RSV : and this is the name
 Fac.: 2,4
 Rem.: J translates according to the second variant,
    but its note seems to suggest that a rendering
    of the first variant was intended in fact.
 Rem.: J traduit selon la deuxième variante, mais sa
    note semble indiquer qu'elle veut reproduire en
    fait la première variante.
 Transl.: and this
 Trad.:   et ceci

33.20

אם-תפרו את-בריתי B
   if you can break my covenant
   si vous pouvez rompre mon alliance
     RSV : if you can break my covenant
     J   : si vous pouvez rompre mon alliance
     TOB : si vous réussissez à rompre mon alliance
[אם-תופר בריתי] (=Brockington)
   if my covenant could be broken
   si mon alliance pouvait être rompue
     NEB*: if the law that I made ... could be annul-
         led
     L   : wenn mein Bund ... aufhörte
 Fac.: 4,5
 Transl.: if you can break my covenant
 Trad.:   si vous pouvez rompre mon alliance

33.25

אם-לא בריתי יומם B
   if my covenant ⟨with⟩ the day ⟨did⟩ not ⟨exist⟩
   s'⟨il⟩ n'⟨y a⟩ pas mon alliance ⟨avec⟩ le jour
     RSV : if I have not established my covenant
           with day
     TOB : moi qui ai fait alliance avec le jour
     L   : wenn ich jemals meinen Bund nicht hielte
          mit Tag
[אם-לא בראתי יום]
   if I did not create day
   si je n'ai pas créé le jour
     J* : si je n'ai pas créé le jour
 Fac.: 14
[אם-לא בראתי בריתי יומם] (=Brockington)
   if I had not created my covenant with the day
   si je n'ai pas créé mon alliance avec le jour
     NEB*: if I had not made my law for day
 Fac.: 14
 Transl.: if ⟨there is⟩ not my covenant ⟨with⟩ the
        day
 Trad.:   s'⟨il⟩ n'⟨y a⟩ pas mon alliance ⟨avec⟩ le
        jour

34.7

ועל כל־ערי יהודה B
    and against all the cities of Judah
    et contre toutes les villes de Juda
        RSV : and against all the cities of Judah
        J   : et contre toutes les villes de Juda
        L   : und alle Städte Judas (belagerte)
  [ועל ערי יהודה] (=Brockington)
    and against the cities of Judah
    et contre les villes de Juda
        NEB*: (attacking...) and the... cities of Judah
        TOB*: (assaillaient...) et les villes de Juda
    Fac.: 4
    Rem.: "All the cities" are all the <u>fortified</u> cities
        of Judah, as is explained at the end of the V.
    Rem.: "Toutes les cités" sont toutes les cités
        <u>fortifiées</u> de Juda, comme l'explique la fin du V.
    Transl.: and against all the cities of Judah
    Trad.:   et contre toutes les villes de Juda

34.12

מאת יהוה B
    from the LORD
    de la part du SEIGNEUR
        RSV : from the LORD
        NEB : from the LORD
        TOB : de la part du SEIGNEUR
  [Lacking.Manque] = J*, L
    Fac.: 4
    Rem.: NEB omits the first יהוה, "of the LORD".

    Rem.: NEB omet le premier יהוה, "du SEIGNEUR".
    Transl.: from the LORD
    Trad.:   de la part du SEIGNEUR

34.14

שבע B
    of seven (years)
    de sept (années)
        NEB : (within) seven (years)
        J   : de sept (années)
        TOB : d'une période de sept (ans)
        L   : im siebenten (Jahre)

[שש]
   of six (years)
   de six (années)
     RSV*: of six years
  Fac.: 4,8
  Rem.: The expression means "at the end <of a
  period> of seven years".
  Rem.: L'expression signifie "au bout <d'une période>
  de sept ans".
  Transl.: See Remark
  Trad.:   Voir Remarque

34.18

C לְפָנַי
   before me
   devant moi
     RSV : before me
     J   : en ma présence
     TOB : devant moi
     L   : vor mir
  לפני =[לְפָנַי] (=Brockington)
   before
   devant
     NEB : (so I will make you) like (the calf)
  Fac.: 4,12
  Rem.: See the next case too.
  Rem.: Voir également le cas suivant.
  Transl.: before me
  Trad.:   devant moi

34.18

A העגל
   the calf
   le veau
     NEB : (like) the calf
     TOB : un taurillon
[כעגל]
   like a calf
   comme un veau
     RSV*: (the men... I will make) like the calf
     J   : (je vais les rendre) pareils au veau
     L   : (und ich will die Leute... so zurichten)
        wie das Kalb
  Fac.: 14

Rem.: Two translations are possible : (1) "the calf"
(this involves making explicit the reference at
the beginning of the V.: "the terms of the covenant
which they made before me, ... ⟨that is⟩ the calf
which they cut..."). (2) "the calf" (this expression being the second accusative of a double accusative construction depending on ונתתי of the
beginning of the V. : "and I will make" : "and
I will make the men who transgressed... the calf
which the men cut..."). The first translation is
preferable.

Rem.: Deux traductions sont possibles : (1) "le
veau" (c'est une explication du début du V. :
"les termes de l'alliance qu'ils ont conclue devant moi, ... ⟨c'est-à-dire⟩ le veau qu'ils ont
coupé..."). (2) On peut aussi traduire : "le
veau" (c'est le deuxième accusatif d'un double
accusatif dépendant du verbe du début ונתתי,
"et je ferai" : "et je ferai des hommes qui ont
transgressé... le veau que les hommes ont coupé...").
La première traduction est préférable.

Transl.: See Remark
Trad.:   Voir Remarque

35.4

בני חנן B
  of the sons of Hanan
  des fils de Hanân
    RSV : of the sons of Hanan
    NEB*: of the sons of Hanan
    TOB : des fils des Hanân
    L   : der Söhne Hanans
[בן יחנן]
  of Ben-Johanan
  de Ben-Yohanân
    J*   : de Ben-Yohanân
  Fac.: 14
  Transl.: of the sons of Hanan
  Trad.:   des fils de Hanân

36.16

אל-ברוך B
  to Baruch
  à Baruch
    RSV : to Baruch

```
     J   : à Baruch
     TOB : à Baruch
     L   : zu Baruch
[Lacking.Manque] = NEB* (=Brockington)
 Fac.: 4
 Transl.: to Baruch
 Trad.:   à Baruch
```

36.17

B מפיו
```
    from his mouth
    de sa bouche
       RSV : was it at his dictation ?
       TOB : sous sa dictée
[Lacking.Manque] = NEB*, J*, L (=Brockington)
 Fac.: 4
 Transl.: from his mouth
 Trad.:   de sa bouche
```

36.22

C ואת-האה לפניו מבערת
```
    and the brazier before him <was> burning
    et le brasero devant lui <était> allumé
[ואש האה לפניו מבערת]
    and the fire of the brazier before him burning
    et le feu du brasero devant lui allumé
       RSV : and there was a fire burning in the brazier
             before him
       NEB : with a fire burning in a brazier in front
             of him
       J*  : et le feu d'un brasero brûlait devant lui
       TOB*: et le feu d'un brasero brûlait devant lui
       L   : vor dem Kohlenbecken (siehe Rem.)
 Fac.: 14
 Rem.: It is impossible to give the Hebrew base for
  the very free rendering of L.
 Rem.: On ne peut pas reconstruire la base hébraïque
  de la traduction très libre de L.
 Transl.: and the brazier before him <was> burning
 Trad.:   et le brasero devant lui <était> allumé
```

38.10

A שלשים
   thirty
   trente
     J   : trente (hommes)
  שלשה
   three
   trois
     RSV : three (men)
     NEB*: three (men)
     TOB : trois (hommes)
     L   : drei (Männer)
  Fac.: 1
  Transl.: thirty
  Trad.:   trente

38.11

C אל-תחת האוצר
   underneath the treasury
   en-dessous du trésor
     TOB : sous le trésor
 [אל-מלתחת האוצר] (=Brockington)
   towards the wardrobe of the treasure
   vers le vestiaire du trésor
     RSV*: to a wardrobe of the storehouse
     NEB*: from the wardrobe (see Rem.)
     J*   : au vestiaire du Trésor
     L   : in die Kleiderkammer
  Fac.: 14
  Rem.: According to Brockington, NEB maintains the
    word אוצר, "treasury" in its Hebrew base, but ac-
    cording to NEB's note and translation, it would
    appear to have been dropped.
  Rem.: Selon Brockington, NEB a conservé le mot
    אוצר, "trésor" dans son texte hébraïque de base,
    mais selon la note de NEB elle-même et selon sa
    traduction, on a plutôt l'impression qu'il a été
    supprimé.
  Transl.: underneath the treasury
  Trad.:   en-dessous du trésor

38.22

B הָטִבְּעוּ בבץ רגלך
    your feet sink in the mire
    tes pieds s'enfoncent dans le bourbier
      RSV : now that your feet are sunk in the mire
      J   : tes pieds pataugent dans le bourbier
      TOB : tes pieds s'enfoncent dans la boue
  [הָטְבִּעֻ...] = [הטבעו בבץ רגלך (=Brockington)
    they have let your feet sink in the mire
    ils ont fait s'enfoncer tes pieds dans le bourbier
      NEB : they have let your feet sink in the mud
      L   : (haben dich...) und in den Sumpf geführt
          (und lassen dich nun stecken)
Fac.: 4
Transl.: your feet sink in the mire
Trad.:   tes pieds s'enfoncent dans le bourbier

38.23

תִּשְׂרֹף
    she will burn / you will burn
    elle brûlera / tu brûleras
Fac.: 8
C תִּשָּׂרֵף (=Brockington)
    she will be burnt
    elle sera brûlée
      RSV : shall bee burned
      NEB : will be burnt down
      J* : elle sera incendiée
      TOB : est incendiée
      L   : wird ... verbrannt werden
Transl.: she will be burnt
Trad.:   elle sera brûlée

38.28

C והיה כאשר נלכדה ירושלם
    and he was ⟨there⟩ when Jerusalem was taken
    et il ⟨y⟩ était lorsque Jérusalem fut prise
      J   : et il y était quand Jérusalem fut prise
  ויהי כאשר נלכדה ירושלם
    and it happened when Jerusalem was taken
    et il arriva quand Jérusalem fut prise
      RSV*: when Jerusalem was taken (transposed after
          39.2)
      TOB : et quand Jérusalem fut prise...

        L   : und es geschah, dass Jerusalem erobert
               wurde
Fac.: 1,8
Lacking.Manque = NEB* (=Brockington)
Fac.: 1,4
Rem.: Two translations of 38.28 - 39.3 are possible :
   (1) "... and it happened when Jerusalem was taken
   - (39.1-2) ⟨this was⟩ in the year... - (39.3)
   ⟨then⟩ all the princes of the king of Babylon came...";
   (2) "... and he was ⟨there⟩ when Jerusalem was
   taken. (39.1-3) In the year ... all the princes of
   the king of Babylonia came...". The first translation in preferable.
Rem.: Deux traduction de 38.28 - 39.3 sont possibles :
   (1) "... et il arriva lorsque Jérusalem fut prise
   - (39.1-2) ⟨c'était⟩ en l'année ... - (39.3) ⟨alors⟩
   tous les princes du roi de Babylone vinrent...";
   (2) "... et il ⟨y⟩ était lorsque Jérusalem fut
   prise. (39.1-3) En l'année... tous les princes du
   roi de Babylone vinrent...". La première traduction
   est préférable.
Transl.: See Remark
Trad.:   Voir Remarque

39.3 (46.3)

B נרגל שר-אצר סַמְגַּר-נְבוּ שר-סכים רב-סריס
     נרגל שר-אצר רב-מג
   Nergal-Sarezer, Samgar-Nebo, Sar-Sekim the
   Rabsaris, Nergal-Sarezer the Rabmag
   Nergal-Sarècèr, Samgar-Nebo, Sar-Sekîm le Rabsaris,
   Nergal-Sarècèr le Rabmag
     RSV : Nergal-sharezer, Samgar-nebo, Sarsechim
            the Rabsaris, Nergal-sharezer the Rabmag
     J   : Nergalsavéser, Samgar-Nebo, Sar-Sekim, haut
            dignitaire, Nergalsaréser, grand mage
   נרגל שר-אצר שֹׁמֶּגֶר נְבוּשַׁר סכים רב-סריס]
     [נרגל שר-אצר רב מג(=Brockington)
   Nergal-Sarezer of Simmagir, Nebusar-Sekim the
   Rabsaris, Nergal-Sarezer the Rabmag
   Nergal-Sarècèr de Simmaguir, Nebusar-Sekîm le
   Rabsaris, Nergal-Sarècèr le Rabmag
     NEB*: Nergalsarezer of Simmagir, Nebusarsekim
            the chief eunuch, Nergal-sarezer the comman-
            der of the frontier troops
Fac.: 14

[נרגל שר-אצר שר-סֻמְגִר רב מג ונבו שזבן רב-סריס]
Nergal-Sarezer, prince of Simmagir, the Rabmag,
and Nebushazban, the Rabsaris
Nergal-Sarêcêr, prince de Simaguir, le Rabmag,
et Nebushazbân, le Rabsaris
    L   : nämlich Nergal-Sarezer, der Fürst von
            Sin-Magir, der Oberhofmeister, und Nebu-
            schasban, der Oberkämmerer
Fac.: 14
[נרגל שר-אצר סֻמְגִר נבו שר-סכים רב-סריס נרגל שר-אצר
רב-מג]
Nergal-Sarezer of Simmagir, Nebu-Sarsekim the
Rabsaris, Nergal-Sarezer the Rabmag
Nergal-Sarêcêr de Simmaguir, Nebu-Sarsekîm le
Rabsaris, Nergal-Sarêcêr le Rabmag
    TOB*: Nergal-Sarèçèr, de Sîn-Maguir, Nebou-
           Sarsekim, chef du personnel de la cour,
           Nergal-Sarèçèr, le généralissime
Fac.: 14
Rem.: Translators may simply transliterate these
names. For further recent information about the
name Samgar-Nebo they may consult the following
study : W.von Soden, Der neubabylonische Funktionär simmagir und der Feuertod des Samas-sum-ukin,
in : Zeitschrift für Assyriologie 62 (1972) 84-90,
especially 85-86, 87-90; further information may
be found in a number of commentaries.
Rem.: Les traducteurs peuvent translittérer ces noms.
Pour des informations récentes sur le nom Samgar-
Nebo ils consulteront le travail suivant :
W. von Soden, Der neubabylonische Funktionär simmagir und der Feuertod des Samas-sum-ukin, in : Zeitschrift für Assyriologie 62 (1972) 84-90, surtout
85-86, 87-90. Cf. aussi les commentaires.
Transl.: Nergal-Sarezer, Samgar-Nebo, Sar-Sekim
           the Rabsaris, Nergal-Sarezer the Rabmag
Trad.:   Nergal-Sarêcêr, Samgar-Nebo, Sar-Sekîm le
           Rabsaris, Nergal-Sarêcêr le Rabmag

39.4

B ויצא
   and he went out
   et il sortit
ויצאו
   and they went out
   et ils sortirent
     RSV : and they went
     NEB : they escaped
     J* : ils prirent (le chemin)
     TOB : et ils s'éloignèrent
     L   : und entwichen
Fac.: 4
Rem.: The subject of this verb is the king Zedekiah,
   mentioned at the beginning of V. 4.
Rem.: Le sujet de ce verbe est le roi Sédécias,
   mentionné au début du V. 4.
Transl.: and he went out
Trad.:   et il sortit

39.8

B ואת-בית העם
   and the house of the people
   et la maison du peuple
     RSV : and the house of the people
     TOB : (quant...) et aux maisons bourgeoises
     L   : und die Häuser der Bürger
[ואת-בתי העם]
   and the houses of the people
   et les maisons du peuple
     J* : et les maisons des particuliers
Fac.: 1,8
[ואת-בית יהוה ואת-בתי העם] (=Brockington)
   and the house of the LORD and the houses of the
   people
   et la maison du SEIGNEUR et les maisons du peuple
     NEB*: and the house of the LORD and the houses
         of the people
Fac.: 14
Rem.: The "house of the people" may have a collective
   meaning : the houses of the people, or it may mean
   the temple, cf. Ps 107.32. Later on this expression
   was understood as a reference to the synagogue.
Rem.: La "maison du peuple" peut avoir un sens collectif : les demeures du peuple, ou elle peut signifier
   le temple, cf. Ps 107.32. Plus tard on a vu dans

cette expression la mention de la synagogue.
Transl.: and the house of the people / and the
         house of the people
Trad.:   et la maison du peuple / et les maisons
         du peuple

39.9

A העם הנשארים (2°)
   of the people ⟨who were⟩ left
   des gens ⟨qui étaient⟩ restés
     RSV : and the people who remained
     TOB : ce qui restait de la bourgeoisie
     L   : alle miteinander (?)
[האמון]
   of the artisans
   des artisans
     NEB*: and any remaining artisans
     J* : des artisans
   Fac.: 14
   Transl.: of the people ⟨who were⟩ left
   Trad.:   des gens ⟨qui étaient⟩ restés

39.10

C ויתן להם כְּרָמִים וִיגֵבִים
   and he gave them vineyards and fields
   et il leur donna des vignes et des champs
     RSV : (Nebuzaradan...) and gave the vineyards
           and fields (at the same time,)
     J   : (en même temps,) il leur distribua des
           vignes et des champs
     TOB : et (c'est alors qu')il leur donna des
           vergers et des champs
     L   : und gab ihnen Weinberge und Felder
כְּרָמִים וִיגֵבִים [...ויתן להם כרמים ויגבים] (=Brockington)
   and he made them vine-dressers and labourers
   et il les utilisa comme viticulteurs et travail-
   leurs des champs
     NEB : (the captain of the guard...) and made
           them vine-dressers and labourers
   Fac.: 1,5
   Transl.: and he gave them vineyards and fields
   Trad.:   et il leur donna des vignes et des champs

39.11

B ביד
    through the hand of / through
    par la main de / par
        RSV : through (Nebuzaradan)
        TOB : (des dispositions) dont il confia l'exé-
            cution (à Nebouzaradân)
 [Lacking.Manque] = NEB*, J, L (=Brockington)
 Fac.: 6
 Transl.: through
 Trad.:   par

40.2 (47.2)

B וַיִּקַּח ... לירמיהו
    and (the captain of the guard) took Jeremiah
    et (le commandant de la garde) prit Jérémie
        RSV : (the captain of the guard) took Jeremiah
        J : (le commandant de la garde) prit donc
            Jérémie
        L : als nun (der Oberste der Leibwache) Jeremia
            hatte zu sich holen lassen
 [ויקחהו]
    and (the captain of the guard) took him
    et (le commandant de la garde) le prit
        TOB : (le chef de la garde personnelle) l'avait
            donc pris en charge
 Fac.: 6
 ויקח...לירמיהו =[...וַיִּקַּח] (=Brockington)
    and (the captain of the guard) took it upon himself
    for Jeremiah
    et (le commandant de la garde) le prit sur lui pour
    Jérémie
        NEB : and took it upon himself (to say) to Jere-
            miah
 Fac.: 14
 Transl.: and (the captain of the guard) took Jeremiah
 Trad.:   et (le commandant de la garde) prit Jérémie

40.5

C וְעוֹדֶנּוּ לֹא־יָשׁוּב וְשֻׁבָה
   and he does not yet go back, and go back (imperative singular)
   et il ne retourne pas encore, et retourne (impératif)
      J   : et comme Jérémie ne s'en retournait pas
             encore, il ajouta : "Tu peux te tourner
      L   : denn weiter hinaus wird kein Wiederkehren
             möglich sein. Darum magst du umkehren
[וְעוֹדְךָ לֹא־תָשׁוּב וְשֻׁבָה]
   and you do not yet go back, and go back (imperative
   singular)
   et tu ne retournes pas encore et retourne (impératif)
      RSV*: if you remain, then return
   Fac.: 14
[וְעוֹדֶנּוּ לֹא יָשִׁיב (דבר) וַיֹּאמֶר שֻׁבָה]   (=Brockington)
   and he had not get given an answer, and he said :
   go back (imperative singular)
   et il n'avait pas encore donné de réponse, et il
   dit : retourne (impératif)

      NEB*: Jeremiah had not yet answered when
             Nebuzaradan went on, 'Go back
   Fac.: 14
[אִם לֹא־תשוב אתי ושבה]
   if you do not stay with me, go back (imp.sing.)
   si tu ne demeures pas avec moi, retourne (impér.)
      TOB*: si tu ne veux pas rester avec moi, re-
             tourne donc
   Fac.: 14
   Rem.: 1. RSV and TOB may presuppose either the Hebrew
      text given above or another similar one. Their no-
      tes are not full enough for a secure reconstruc-
      tion.
      2. It is an incidental explanation, followed by a
      commandment : " - and since ⟨in fact⟩ he had not
      get gone back - go back !".
   Rem.: 1. RSV et TOB présupposent ou bien le texte
      hébraïque donné ci-dessus ou bien un autre
      semblable. Leurs notes ne sont pas assez détaillées
      pour permettre une reconstruction indubitable.
      2. Il s'agit d'une incise explicative suivie d'un
      ordre : " - et comme ⟨de fait⟩ il n'était pas en-
      core retourné - retourne !".
   Transl.: See Remark 2
   Trad.:   Voir Remarque 2

40.8

B קרח-בני ויונתן (=Brockington)
   and Jonathan, the sons of Kareah
   et Yonatân, les fils de Qaréah
     NEB*: and Jonathan sons of Kareah
     J   : et Yonatân, fils de Qaréah
     TOB : et Yonatân, les fils de Qaréah
     L   : und Jonathan, die Söhne Kareachs
 [קרח בן]
   son of Kareah
   fils (singulier) de Qaréah
     RSV : the son of Kareah
  Fac.: 5
  Transl.: and Jonathan, the sons of Kareah
  Trad.:   et Yonatân, les fils de Qaréah

40.9

B מעבוד
   to serve
   de servir
     RSV : to serve
     J   : de servir
     TOB : (acceptez...) le régime
     L   : untertan zu sein
 [מעבדי] (=Brockington)
   of the servants of
   des serviteurs de
     NEB*: of the (Chaldean) officers
  Fac.: 14
  Transl.: to serve
  Trad.:   de servir

41.1

B המלך ורבי
   and chief officers of the king / and one of the
   chief officers of the king
   et des grands du roi / et l'un des grands du roi
     RSV : one of the chief officers of the king
     J   : avec des grands du roi
     TOB : l'un des hauts fonctionnaires du roi
     L   : einer von den Obersten des Königs
 [Lacking.Manque] = NEB* (=Brockington)
  Fac.: 5
  Transl.: and chief officers of the king
  Trad.:   et des grands du roi

41.3

B את אנשי המלחמה הכה ישמעאל
   the warriors, Ishmael slew ⟨them⟩
   les soldats, Yshmaël ⟨les⟩ massacra
     RSV : Ishmael (also) slew (... and the Chaldean)
           soldiers
     J   : - c'étaient des hommes de guerre - Yshmaël
           les tua
     TOB : (de même,) Yishmaël abattit... les mili-
           taires
     L   : (auch) erschlug Ismael ... sämtliche
           Kriegsleute
 [Lacking.Manque] = NEB* (=Brockington)
 Fac.: 5
 Transl.: the warriors, Ishmael slew ⟨them⟩
 Trad.:   les soldats, Yshmaël ⟨les⟩ massacra

41.16

A אשר השיב מאת ישמעאל
   whom he had rescued from Ishmael
   qu'il avait ramené de Yishmaël
     NEB : whom he had rescued from Ishmael
[אשר שבה אתם ישמעאל]
   whom Ishmael had carried away captive
   que Yshmaël avait emmenés prisonniers
     RSV*: whom Ishmael... had carried away captive
     J* : que Yishmaël, ..., avait emmené...
          comme prisonniers
     TOB*: - ceux que Yishmaël, ..., avait emmenés
          captifs
     L   : (Volk,) das Ismael, ... weggeführt hatte
 Fac.: 14
 Transl.: whom he had rescued from Ishmael
 Trad.: qu'il avait ramené de Yishmaël

42.1

B ויזניה
   and Jezaniah
   et Yezanya
     L   : Jesanja
ועזריה (=Brockington)
   and Azariah
   et Azarya
     RSV*: and Azariah

NEB*: and Azariah
J* : et Azarya
TOB*: et Azarya
  Fac.: 5
  Transl.: and Jezaniah
  Trad.:   et Yezanya

42.12

B ורחם אתכם
   and he will have mercy on you / and one will have
   mercy on you
   et il aura pitié de vous   et on aura pitié de
   vous
     RSV : that he may have mercy on you
     NEB : and he too will have compassion on you
     J   : pour qu'il vous prenne en pitié
     TOB : vous prenant en pitié, il
  [ורחמתי אתכם]
   and I will have mercy on you
   et j'aurai pitié de vous
     L   : (ich will...) und mich über euch erbarmen
  Fac.: 5
  Transl.: and he will have mercy on you / and one
           will have mercy on you
  Trad.:   et il aura pitié de vous / et on aura pitié
           de vous

42.12

C והשיב אתכם
   and he will bring you back
   et il vous ramènera
     J   : (pour qu'il...) et vous laisse revenir
  [והשבותי אתכם]
   and I will bring you back
   et je vous ramènerai
     L   : (ich will...) und euch wieder... bringen
  Fac.: 5
  [והושיב אתכם] (Brockington :   וְהֹשִׁיב)
   and he will let you dwell
   et il vous fera demeurer
     RSV : (that he...) and let you remain
     NEB : he will let you stay
     TOB*: il vous laissera (sur votre terre)
  Fac.: 14

Transl.: and he will bring you back / and he will
         let you go back
Trad.:   et il vous ramènera / et il vous laissera
         retourner

43.10

רשמתי B
    and I will place
    et je placerai
      TOB : je placerai
      L   : (ich...) und will ... setzen
 [רשם את] (=Brockington)
    and he will place (his throne)
    et il placera (son trône)
      RSV*: and he will set (his throne)
      NEB*: and he will place (his throne)
      J* : il installera (son trône)
  Fac.: 4
  Transl.: and I will place
  Trad.:   et je placerai

43.12

והצתי B
    and I will set (fire) to
    et je mettrai (le feu)
      TOB : je mettrai (le feu)
      L   : und ich will... (in Brand) stecken
 [והצית] (=Brockington)
    and he will set (fire) to
    et il mettra (le feu)
      RSV*: he shall kindle (a fire)
      NEB*: he will set (fire)
      J* : il mettra (le feu)
  Fac.: 4
  Transl.: and I will set (fire) to
  Trad.:   et je mettrai (le feu)

44.3

לעבד B
    to serve
    pour servir
 [ולעבד]
    and to serve
    et pour servir

```
         RSV : (they went to...) and serve
         J   : et servir
         TOB : et rendre un culte
         L   : (als sie...) und dienten
     Fac.: 4,6
     [Lacking.Manque] = NEB* (=Brockington)
     Fac.: 4
     Transl.: to serve / <thus> serving (other gods)
     Trad.:   pour servir / <ainsi> servant (d'autres
              dieux)
```

44.9

B נשיר
```
     of his wives
     de ses femmes
[נשיהם]
     of their wives
     de leurs femmes
       RSV*: of their wives
       NEB : of their wives
       TOB : et de leurs femmes
       L   : ihrer Frauen
     Fac.: 4
[שריכם]
     of your princes
     de vos princes
       J*  : et de vos princes
     Fac.: 5
     Rem.: Two translations are possible : (1) "of his
       wives" (i.e. of King Solomon), (2) "of the wives
       of every one of them".
     Rem.: On peut traduire l'expression de deux manières :
       (1) "de ses femmes" (c.-à-d. du roi Salomon),
       (2) "des femmes de chacun d'eux".
     Transl.: See Remark
     Trad.:   Voir Remarque
```

44.15

A וכל-העם הישבים בארץ-מצרים בפתרוס
```
     and all the people dwelling in Pathros in the land
     of Egypt
     et tout le peuple habitant au pays d'Egypte, à
     Patros
       RSV : all the people who dwelt in Pathros in
             the land of Egypt
```

TOB : tous les gens qui s'étaient établis en
        pays d'Egypte, à Patros
[וכל-העם הישבים בארץ-מצרים ובפתרוס]
  and all people dwelling in the land of Egypt and
  in Pathros
  et tout le peuple habitant au pays d'Egypte et à
  Patros
      J : (et tout le peuple établi au pays d'Egypte
            et à Patros)
      L : samt allem Volk, das in Aegyptenland und
            in Pathros wohnte
  Fac.: 1, 4, 6
  [Lacking.Manque] = NEB* (=Brockington)
  Fac.: 14
  Transl.: and all the people dwelling in Pathros in
            the land of Egypt
  Trad.:   et tout le peuple habitant au pays d'Egypte,
            à Patros

44.19

B וכי
    and for / and when
    et en effet / et quand
      J* : d'ailleurs (en note : "Les femmes prennent
            ici la parole.")
      L : und wenn (wir) Frauen
[והנשים אמרו (ו)כי]   (=Brockington)
  and the women said : (and) when
  et les femmes dirent : (et) quand
      RSV*: and the women said, "When
      NEB*: and the women said, 'When
      TOB*: les femmes ajoutèrent : "Et quand
  Fac.: 13
  Transl.: and when
  Trad.:   et quand

44.21

B אֹתָם
    them / it (i.e. the incense offerings)
    elles / cela (c.-à-d. les offrandes d'encens)
      NEB : and they (mounted up in his mind)
[אֹתוֹ / אֹתָה]
    it
    cela

```
        RSV*: (remember) it
        J   : cela (dont... s'est souvenu)
        TOB : (n'est-ce pas) ce que (le SEIGNEUR
              rappelle)
        L   : (er hat')s (zu Herzen genommen)
   Fac.: 1,6
   Rem.: J, TOB, L may translate the MT, in which
     case their readings must be put together with
     NEB on the side of the witnesses of the MT.
   Rem.: J. TOB, L entendent peut-être traduire le TM;
     dans ce cas ces traductions doivent se ranger en-
     semble avec NEB du côté des témoins du TM.
   Transl.: them / it (i.e. the incense offerings)
   Trad.:   elles / cela (c.-à-d. les offrandes d'en-
            cens)
```

44.23

```
A כיום הזה
     as at this day
     comme en ce jour
        RSV : as at this day
        J   : comme c'est le cas aujourd'hui
        TOB : - c'est bien la situation actuelle
        L   : so wie es heute ist
   [Lacking.Manque] = NEB* (=Brockington)
   Fac.: 4
   Transl.: as at this day
   Trad.:   comme en ce jour
```

44.25

```
B אתם ונשיכם
     you and your wives
     vous et vos femmes
        RSV : you and your wives
        J   : vous et vos femmes
        L   : ihr und eure Frauen
   [אתנה הנשים] (=Brockington)
     you women
     vous, les femmes
        NEB*: you women
        TOB*: avec vous, les femmes
   Fac.: 4
   Transl.: you and your wives
   Trad.:   vous et vos femmes
```

46.9

B קשת דרכי תפשי
   handling \<and\> drawing the bow
   maniant \<et\> bandant l'arc
     RSV : skilled in handling the bow
     NEB : grasping their bent bows
     TOB*: qui manient et qui bandent l'arc
     L   : und die Schützen (?)
 [דרכי קשת]
   drawing the bow
   bandant l'arc
     J* : (Ludiens) qui bandez l'arc
 Fac.: 14
 Transl.: handling \<and\> drawing the bow
 Trad.:   maniant \<et\> bandant l'arc

46.12

B קלונך
   your shame
   ta honte
     RSV : (heard) of your shame
     J   : ton déshonneur
     TOB : ta honte
     L   : deine Schande
 [קולך] (=Brockington)
   your voice
   ta voix
     NEB*: your cry
 Fac.: 4
 Transl.: your shame
 Trad.:   ta honte

46.15

נסחף אביריך
  was swept away, your mighty ones
  est renversé, tes puissants
 Fac.: 8,9
B[נס חף אביר ך] (Brockington :   "נָס חַף...")
   Apis fled, your bull / your mighty one
   Apis s'est enfui, ton taureau / ton puissant
    RSV*: has Apis fled ? ...your bull
    NEB*: does Apis flee... your bull-god
    J* : Apis a-t-il fui ? Ton Puissant
    TOB*: Apis s'enfuit ! Ton Taureau

[נָסְחַף אַבִּירֶיךָ]
   your mighty ones were swept away
   tes puissants sont renversés
       L   : (dass) deine Gewaltigen zu Boden fallen
  Fac.: 1, 9, 4
  Transl.: (why) has Apis fled ? Your bull (did not
         stay) ?
  Trad.:   (pourquoi) Apis a-t-il fui ? Ton taureau
         (n'a-t-il pas tenu debout ?)

46.16

הִרְבָּה כּוֹשֵׁל B
   he multiplied the stumbling ones / he stumbled
   a lot
   il a multiplié ceux qui trébuchent / il a beaucoup
   trébuché
       J   : il en fait trébucher beaucoup
       TOB : il chancelle terriblement
       L   : er macht, dass ihrer viele fallen
[הִרְבֶּה כָּשַׁל]
   many stumbled
   beaucoup ont trébuché
     RSV*: your multitude stumbled
  Fac.: 4
[הָרַבָּה כּוֹשֵׁל] (=Brockington)
   the many are stumbling
   la masse trébuche
     NEB : the rabble of Egypt stumbles
  Fac.: 14
  Transl.: he stumbled much
  Trad.:   il a beaucoup trébuché / il a beaucoup
         chancelé

46.17

קָרְאוּ שָׁם
   they called there
   ils appelèrent là
  Fac.: 12
[קָרְאוּ שֵׁם]
   they called the name of
   ils appelèrent le nom de
     J* : on a donné ce nom
  Fac.: 14

C[קְרָאוּ שֵׁם] (=Brockington)
  call the name of (imperative plural)
  appelez le nom de
     RSV : call the name of
     NEB : give ... the title
     TOB*: surnommez
     L   : nennet den Namen
  Transl.: call the name of (Pharaoh) (imperative plural)
  Trad.:   appelez le nom de (pharaon)

46.20

C בָא בָא
  came, came
  vint, vint
 בָא בָה (=Brockington)
  came in her / came in it
  vint en elle
     RSV : has come upon her
     NEB*: descended on her
     J   : s'est posé sur elle
     TOB : viennent sur elle
  Fac.: 4,12
  [Lacking.Manque] = L
  Fac.: 14
  Rem.: The repetition of the verb suggests the re-
    peated return, the constant buzzing of the gadfly.
  Rem.: La répétition du verbe exprime la venue répétée,
    ininterrompue du taon.
  Transl.: comes ⟨and⟩ comes
  Trad.:   vient ⟨et⟩ vient

46.22

B כנחש ילך
  like the serpent ⟨which⟩ glides away
  comme le serpent ⟨qui⟩ s'en va
     RSV : like a serpent gliding away
     TOB*: elle file en douce comme un serpent (en
           note : "Litt. son bruit est semblable à
           celui d'un serpent qui s'en va..."
  [כנחש שרק] (=Brockington)
  like the serpent ⟨which⟩ hisses
  comme le serpent ⟨qui⟩ siffle
     NEB*: hissing like a snake
     J* : comme le bruit du serpent qui siffle
     L   : wie eine zischende Schlange

Fac.: 12 (within the LXX / à l'intérieur de LXX)
Transl.: like the serpent ⟨which⟩ glides away
Trad.:   comme le serpent ⟨qui⟩ se défile

46.23

B לא יחקר
   is not explored / cannot be explored
   n'est pas exploré / ne peut être exploré
      RSV : (though) it is impenetrable
      NEB : (and) it flannts itself no more
      J   : (alors qu')elle était impénétrable
      TOB*: (même si) elle est impénétrable
לא יחקרו
   are not explored / cannot be explored
   ne sont pas explorés / ne peuvent être explorés
      L   : (denn) sie sind nicht zu zählen
   Fac.: 1,5
   Transl.: (for) it is impenetrable (i.e. the wood)
   Trad.:   (car) elle est impénétrable (c.-à-d. la
            forêt)

47.5

עמקם
   of their valley
   de leur vallée
      NEB : of their strength
      J   : de leur vallée
      TOB*: de leur plaine
   Fac.: 12,5
C[ענקם]
   of the Anakim
   des Anaqîm
      RSV*: of the Anakim
      L   : der Enakiter
   Transl.: of the Anakim
   Trad.:   des Anaqîm

47.7

C תשקטי
   you are quiet
   tu restes tranquille

[תשקט] (=Brockington)
  she is quiet
  elle est tranquille
    RSV*: (how) can it be quiet
    NEB*: (how) can it rest
    J* : (comment) se reposerait-elle
    TOB*: (comment) peut-elle se reposer
    L   : (aber wie) kann es aufhören
Fac.: 4
Transl.: you are quiet / you rest
Trad.:   tu restes tranquille / tu reposes

48.4

B צְעִירֶיהָ = QERE
  her little ones
  ses petits
    J   : ses petits
    TOB*: ses petits
    L   : ihre Kleinen
[צֹוֹעֲרָה] (=Brockington)
  to Zoar
  jusqu'à Zoar
    RSV*: as far as Zoar
    NEB : as far as Zoar
Fac.: 5
Transl.: her little ones
Trad.:   ses petits

48.5

B יעלה-בכי
  weeping arises
  les pleurs montent / on fait monter les pleurs
    NEB : men go up weeping bitterly
[יעלה בו]
  they come up on it
  ils montent sur elle
    J* : on la monte
Fac.: 14
[Lacking.Manque] = RSV*, TOB*, L
Fac.: 14
Rem.: This expression may be translated in two ways :
  (1) "(for the ascent of Luhit), weeping is added
  to weeping / weeping constantly increases",
  (2) "(for on the ascent of Luhit), they go up,
  weeping all the while".

Rem.: On peut proposer deux traductions de ce pas-
     sage : (1) "(car la montée de Luhit) sur un pleur
     fait monter un ⟨nouveau⟩ pleur", (2) "(car sur la
     montée de Luhit) ⟨c'est⟩ en pleurant ⟨qu'⟩on
     monte, en pleurant".
Transl.: See Remark
Trad.:   Voir Remarque

48.5

B צרי
     the enemies / the distress of
     les ennemis / la détresse de
        L   : die Feinde
  [Lacking. Manque] = RSV*, NEB, J, TOB*
  Fac.: 4
  Transl.: the enemies / the distress of (the cry of
           catastrophe)
  Trad.:   les ennemis / la détresse du (cri de cata-
           strophe)

48.6

   כערוער
     like Aroer
     comme Aroër
       NEB : like a sand-grouse
       TOB : comme Aroër
  Fac.: 9,12
  [כערוד]
     like a wild ass
     comme un onagre
       RSV*: like a wild ass
       J* : (imitez) l'onagre
  Fac.: 12
C[כערער]
     like an ostrich / like a juniper
     comme une autruche / comme un genièvre
        L   : wie ein Strauss
  Transl.: like a juniper
  Trad.:   comme un genièvre

48.7

C במעשיך ובאוצרותיך
    in your works and in your treasures
    dans tes oeuvres et dans tes trésors
        NEB : in your defences and your arsenals
        J   : à tes oeuvres et à tes trésors
        TOB : en tes efforts et tes trésors
        L   : auf deine Bauwerke ... und auf deine
            Schätze
[במעזיך ובאוצרותיך]
    in your strongholds and in your treasures
    dans tes forteresses et dans tes trésors
        RSV*: in your strongholds and your treasures
Fac.: 13
Transl.: in your works and in your treasures
Trad.:   dans tes oeuvres et dans tes trésors

48.9

C נֵצֹא תֵצֵא
    she will fly and go away
    elle s'envolera et sortira
        L   : (denn) es wird davon müssen, als flöge es
[נָצֹא תֵצֵא= נצא תצא
    she will fly away surely
    elle s'envolera pour sûr
        RSV : (for) she would fly away
        J   : pour qu'elle puisse s'envoler
Fac.: 14
[נָצֹה תֵצֵא] (=Brockington)
    it will be completely ruined
    elle sera complètement ruinée
        NEB*: (for) she shall be laid in ruins
        TOB : elle n'est plus que ruines
Fac.: 14
Transl.: she will fly away
Trad.:   elle s'envolera et s'en ira

48.15

A שֻׁדַּד
    destroyed / ransacked
    détruit / ravagé
        J   : est ravagé
        L   : wird verwüstet

שׁדד =[שֹׁדֵד] (=Brockington)
   destroying / ransacking
   détruisant / ravageant
      RSV : the destroyer of
      NEB : the spoiler of
      TOB*: le dévastateur de
Fac.: 14
Transl.: destroyed / ransacked
Trad.:   détruit / ravagé

48.31

B יהגה
   he muses / one muses
   il médite / on médite
      J   : on gémit
אהגה (=Brockington)
   I muse
   je médite
      RSV : I mourn
      NEB*: I will moan
      TOB*: je gémis
      L   : (darum muss ich...) und ... klagen
Fac.: 1
Rem.: The subject of the verb is impersonal : "one".
Rem.: Le sujet du verbe est impersonnel : "on".
Transl.: one muses / they muse
Trad.:   on médite

48.32

B ים (2°)
   the sea of
   la mer de
Lacking.Manque = RSV*, NEB*, J, TOB*, L (=Brockington)
Fac.: 1
Transl.: the sea of (Jazer)
Trad.:   la mer de (Yazèr)

48.33

B הידד (1°)
   shout of joy
   cri de joie
      RSV : with shouts of joy
      NEB : nor shall shout (follow shout)

TOB*: les cris qui accompagnaient (le foulage)
הדרך
   the harvester / the one who presses out grapes
   le fouleur
     J* : le fouleur
     L   : der Kelterer
Fac.: 5
Transl.: shout of joy
Trad.:   cri de joie

48.34

A מזעקת
   from the cry of
   du cri de
     NEB : (Heshbon and Elealeh) utter cries of
          anguish (?)
[זעקת]
   the cry of
   le cri de
     RSV*: (Heshbon and Elealeh) cry out
     J* : les cris de
     TOB*: les appels au secours de
     L   : das Geschrei bon
Fac.: 14
Transl.: from the cry of
Trad.:   du cri de

48.34

A עד-אלעלה
   until Elealeh
   jusqu'à Eléalé
     TOB : on les entend jusqu'à Eléalé
     L   : wird gehört bis Elale (sic!)
[ואלעלה] (=Brockington)
   and Elealeh
   et Eléalé
     RSV*: and Elealeh
     NEB*: and Elealeh
     J* : et de Eléalé
Fac.: 14
Transl.: until Elealeh
Trad.:   jusqu'à Eléalé

48.38

A נאם יהוה
    saying of the LORD
    oracle du SEIGNEUR
        RSV : says the LORD
        J   : oracle de Yahvé
        TOB : - oracle du SEIGNEUR
        L   : spricht der HERR
  [Lacking.Manque] = NEB* (=Brockington)
  Fac.: 14
  Transl.: the LORD says
  Trad.:   oracle du SEIGNEUR

48.39

B הילילו
    they wail / wail (imperative plural)
    ils hurlent / hurlez
        RSV : how they wail
        J   : gémissez
        TOB : hurlez
        L   : wie heulen sie
  [Lacking.Manque] = NEB* (=Brockington)
  Fac.: 14
  Transl.: they wail / wail ! (imperative plural)
  Trad.:   ils hurlent / hurlez

48.44

B אליה
    towards her / upon her
    vers elle / sur elle
        TOB : sur elle
  [אלה]
    these things
    ces choses
        RSV*: these things
        NEB : all this
        J* : tout cela
  Fac.: 4
  [Lacking.Manque] = L
  Fac.: 6
  Transl.: upon her
  Trad.:   sur elle

48.45

C מבין
   from between
   d'entre
   מבית (=Brockington)
   from the house of
   de la maison de
      RSV : from the house of
      NEB*: from the palace of
      J* : du palais de
      TOB : du palais de
      L   : aus dem Hause (Sihon)
   Fac.: 1,4
   Transl.: out of ⟨the ranks of⟩ (Sihon) (literally:
            from among Sihon)
   Trad.:   ⟨des rangs⟩ de (Sihôn) (littéralement :
            d'entre Sihôn)

48.45

B וקדקד
   and the skull of
   et le crâne de
      RSV : the crown of
      J   : et le crâne d'(une engeance)
      TOB : le crâne des (tapageurs)
      L   : und den Scheitel der (kriegerischen Leute)
 [וקרקר] (=Brockington)
   and the country of
   et le pays de
      NEB*: and the country of
   Fac.: 1,5
   Transl.: and the skull of
   Trad.:   et le crâne de

49.1

   מַלְכָּם
    their king
    leur roi
   Fac.: 7
B מלכם =[מִלְכֹּם] (=Brockington)
    Milcom
    Milkôm
      RSV : Milcom
      NEB : Milcom

        J* : Milkom
        TOB*: Milkôm
        L   : Milkom
   Rem.: See for this case 2 Sam 12.30.
   Rem.: Voir pour ce cas 2 S 12.30.
   Transl.: Milcom
   Trad.: Milkôm

49.3

   מַלְכָּם
    their king
    leur roi
   Fac.: 7
B מלכם =[מַלְכָּם]
     Milcom
     Milkôm
        RSV : Milcom
        NEB : Milcom
        J* : Milkom (note sur V.1)
        TOB : Milkôm
        L   : Milkom
   Rem.: See for this case 2 Sam 12.30.
   Rem.: Voir pour ce cas 2 S 12.30.
   Transl.: Milcom
   Trad.: Milkôm

49.3

B עי
     Ai
     Aï
        RSV : Ai
        NEB : Ai
        TOB*: Aï
        L   : Ai
  [ער]
     Ar
     Ar
        J* : Ar
   Fac.: 14
   Transl.: Ai
   Trad.: Aï

49.3

B בַּגְּדֵרוֹת
    within the walls / hedges
    dans les murets / haies
        RSV : among the hedges
        J   : dans les enclos
        TOB*: dans les murailles
 [בַּגְּדֻדוֹת] (=Brockington)
    with scratches
    avec des incisions
        NEB*: with gashes
        L   : mit Ritzwunden
 Fac.: 1
 Transl.: within the hedges / walls
 Trad.:   dans les haies / murets

49.4

B בעמקים זב עמקך
    in the valleys, your valley flows
    dans les vallées, ta vallée coule
 [בעמקיך זבו עמקיך]
    in your valleys, **your valleys flow**
    dans tes vallées, tes vallées coulent
        NEB : (boast) of your resources, you whose
              resources are melting away
 Fac.: 1
 [בעמקיך]
    in your valleys
    dans tes vallées
        RSV*: (boast) of your valleys
 Fac.: 14
 [בעמקך]
    in your valley
    dans ta vallée
        J* : (tu te glorifiais) de ta vallée
 Fac.: 14
 [בעמקך זב עמקך]
    in your valley, your valley flows
    dans ta vallée, ta vallée coule
        TOB : (te vantes-tu) de ta vallée ? Ruisselante
              est ta vallée
        L   : (rühmst du dich) deines Tales, deines was-
              serreichen Tales
 Fac.: 14
 Transl.: in your valleys, ⟨saying that⟩ your valley
          is fertile (literally : flows)
 Trad.:   dans tes vallées ⟨disant que⟩ ta vallée est
          ruisselante

49.4

B באצרתיה
    in her treasures
    dans ses trésors
       J   : (tu te fiais) à tes réserves
באצרתיה האמרה
    in her treasures, saying
    dans ses trésors, disant
      RSV : in her treasures, saying
      NEB : (who trust) in your arsenals, and say
      TOB : en tes trésors, disant
      L   : (die du dich) auf deine Schätze (verlässt)
         und sprichst
  Fac.: 2,6
  Rem.: The addition of "saying" is due to requirements
    of translation. Therefore, it is not necessary to
    suppose that either ancient or modern transla-
    tions read any other text than the MT.
  Rem.: L'ajoute de "disant" est due à la nécessité
    de la traduction; elle ne signifie pas nécessaire-
    ment que les traductions anciennes et modernes
    aient lu autre chose que le TM.
  Transl.: in her treasures
  Trad.:   dans ses trésors

49.5

A נאם-אדני יהוה צבאות
    word of the Lord, LORD of hosts
    oracle du Seigneur, SEIGNEUR des armées
      RSV : says the Lord GOD of hosts
      J   : - oracle du Seigneur Yahvé Sabaot -
      TOB : - oracle du Seigneur DIEU le tout-puissant
      L   : spricht Gott, der HERR Zebaoth
 [Lacking.Manque] = NEB* (=Brockington)
  Fac.: 14
  Transl.: says the Lord, the LORD of hosts
  Trad.:   oracle du Seigneur, SEIGNEUR des armées

49.8

C נָסוּ הָפְנוּ
    flee ! Turn back ! (imperative plural)
    fuyez ! Soyez retournés
נָסוּ הָפְנוּ
    flee ! Turn back ! (imperative plural)
    fuyez ! Tournez !
      RSV : flee ! Turn back
      J   : fuyez ! Détournez-vous !
      TOB : fuyez ! Tournez le dos !
      L   : flieht, wendet euch
  Fac.: 4,8
נסו הפנו= [נָסוּ הָפְנוּ] (=Brockington)
  they fled and turned back
  ils fuyèrent et tournèrent le dos
    NEB : have turned and fled
  Fac.: 4,8
  Transl.: flee ! Turn back
  Trad.:   fuyez ! Soyez mis en déroute

49.10

C וְנֶחְבָּה
  and he hides
  et il se cache
[נֶחְבֹּה]
  to hide
  se cacher
    J   : (il ne peut plus) se dissimuler
    TOB : (il ne peut) se camoufler
  Fac.: 6
ונחבה= [וְנֶחְבֹּה] (=Brockington)
  and to hide
  et se cacher
    RSV : and (he is not able) to conceal himself
    NEB : and (he has nowhere) to conceal himself
    L   : dass (er) sich (nicht) verbergen (kann)
  Fac.: 6
  Rem.: It is possible that RSV, J, TOB, L translate
    the MT and interpret it in a legitimate way.
  Rem.: Il se peut que RSV, J, TOB et L entendent tra-
    duire le TM sans vouloir le changer, et en donnent
    une interprétation légitime.
  Transl.: and (he cannot) hide himself
  Trad.:   et (il ne peut plus) se cacher

49.11

B עזבה
    abandon ! / leave ! (imperative singular)
    abandonne ! / laisse !
      RSV : leave
      J   : laisse
      TOB : ne te fais pas de souci
      L   : verlass nur
  [עֹזֵב] (=Brockington)
    abandoning
    abandonnant
      NEB : there is no one to help him
    Fac.: 14
    Transl.: abandon ! / leave ! (imperative singular)
    Trad.:   abandonne ! / laisse !

49.19

B אריצנו
    I will make him run away
    je vais le faire courir
      NEB : I will chase every one away
  [אריצם]
    I will make them run away
    je vais les faire courir
      RSV*: I will ... make them run away
      J   : je les (en) ferai déguerpir
      TOB*: je les fais déguerpir
      L   : ich will sie ... wegtreiben
    Fac.: 5
    Transl.: I will make him run away
    Trad.:   je vais le faire courir

49.19

C ומי יֹעִידֵנִּי
    and who will summon me
    et qui me fera comparaître
      RSV : who will summon me
      J   : qui pourrait m'assigner en justice
      TOB : qui pourrait m'assigner en justice
      L   : wer will mich meistern
  [ומי יעוּדֵנִּי] (=Brockington)
    and who will be my equal (?)
    et qui sera mon égal (?)
      NEB : who is my equal

Fac.: 14
Rem.: See the same case below in 50.44.
Rem.: Voir le même cas ci-dessous en 50.44.
Transl.: and who will summon me
Trad.:   et qui me fera comparaître

49.21

C קולה
   her voice
   sa voix
     RSV : the sound (of her cry)
     NEB : and the cry
     TOB*: ses cris (en note : "Litt. un cri ! son
          bruit...")
[Lacking.Manque] = L, J*
Fac.: 4,5
Transl.: her voice
Trad.:   sa voix

49.23

B נמגו בים דאגה
   they melt ^⟨with fear⟩; in the sea, anxiety
   ils se dissolvent ⟨de peur⟩; dans la mer, angoisse
[נמגו כים דאגה]
   they melt ⟨with fear⟩ like the sea, anxiety
   ils se dissolvent ⟨de peur⟩ comme la mer, angoisse
     NEB : they are tossed up and down in anciety
          like the (unresting) sea
     J   : elles sont soulevées par l'inquiétude
          comme la mer
     TOB*: elles sont agitées comme la mer : Quelle
          appréhension
Fac.: 1, 6
[נמגו כים דאגו]
   they melt ⟨with fear⟩ like the sea, they are
   afraid
   ils se dissolvent ⟨de peur⟩ comme la mer, ils sont
   angoissés
     RSV*: they melt in fear, they are troubled like
          the sea
Fac.: 14
[נמג לבם מדאגה]
   their heart melts with anxiety
   leur coeur se dissout d'angoisse

L   : ihr Herz bebt vor Sorge; sie sind so er-
       schrocken
Fac.: 14
Transl.: they melt ⟨with fear⟩; on the sea ⟨there
         is⟩ anxiety
Trad.:   ils se dissolvent ⟨de peur⟩; sur la mer
         ⟨c'est⟩ l'angoisse

49.25

B לֹא
   not
   ne...pas
     J   : ne (serait-elle) pas
[Lacking.Manque] = RSV*, NEB, TOB, L
Fac.: 1,6
Rem.: See the next case also.
Rem.: Voir aussi le cas suivant.
Transl.: not
Trad.:   ne ... pas

49.25

B מְשׂוֹשִׂי
   of my joy
   de ma joie
     TOB*: qui faisait ma joie
[מְשׂוֹשׂ] (=Brockington)
   of joy / joyful
   de joie / joyeuse
     RSV*: joyful
     NEB*: of gladness
     J* : joyeuse
     L   : fröhliche
Fac.: 5
Rem.: V. 25 may be translated as follows : "How is
   it that the city of my praise, the town of my
   joy has not been evacuated ?" This translation
   follows the QERE reading.
Rem.: On peut traduire le V. 25 comme suit : "Comment la ville de ma louange, la cité de ma joie
   n'a-t-elle pas été évacuée ?" Cette traduction
   suit la leçon du QERE.
Transl.: of my joy
Trad.:   de ma joie

49.28

חצור B
    of Hazor
    de Haçor
        RSV : of Hazor
        J* : de Haçor
        TOB*: de Haçor
        L   : von Hazor
[חָצֵר] (=Brockington)
    of Hazer
    de Hacer
        NEB : of Hazer
    Fac.: 1,9
    Rem.: The same textual problem occurs at 49.30 and
        33, see below.
    Rem.: Le même problème textuel se retrouve en 49.30
        et 33, voir ci-dessous.
    Transl.: of Hazor
    Trad.:   de Haçor

49.30

חצור B
    of Hazor
    de Haçor
        RSV : of Hazor
        J   : de Haçor
        TOB : de Haçor
        L   : von Hazor
[חָצֵר]
    of Hazer
    de Hacer
        NEB : of Hazer
    Fac.: 1,9
    Rem.: The same textual problem occurs in 49.28 and
        33, see there.
    Rem.: Le même problème textuel se rencontre en 49.28
        et 33, voir en ces endroits.
    Transl.: of Hazor
    Trad.:   de Haçor

49.30

נבוכדראצר A
    Nebuchadrezzar
    Nabuchodonosor

```
      RSV : Nebuchadrezzar
      J   : Nabuchodonosor
      TOB : Nabuchodonosor
      L   : Nebukadnezar
 [Lacking.Manque]  = NEB* (=Brockington)
 Fac.: 1,4,6
 Rem.: See a similar textual problem in 50.17 below.
 Rem.: Voir un problème textuel semblable en 50.17
    ci-dessous.
 Transl.: Nebuchadrezzar
 Trad.:   Nabuchodonosor
```

49.31

A נאם יהוה
     word of the LORD
     oracle du SEIGNEUR
       RSV : says the LORD
       J   : - oracle de Yahvé -
       TOB : - oracle du SEIGNEUR
       L   : spricht der HERR
 [Lacking. Manque] = NEB* (=Brockington)
 Fac.: 5,6
 Transl.: word of the LORD / says the LORD
 Trad.:   oracle du SEIGNEUR

49.33

B חצור
     Hazor
     Haçor
       RSV : Hazor
       J   : Haçor
       TOB : Haçor
       L   : Hazor
 [חָצֵר] (=Brockington)
     Hazer
     Hacer
       NEB : Nazer
 Fac.: 1, 9
 Rem.: The same textual problem occurred already in
    49.28 and 30, see above.
 Rem.: Le même problème textuel se rencontre déjà
    en 49.28 et 30, voir ci-dessus.
 Transl.: Hazor
 Trad.:   Haçor

49.37

A נאם יהוה
    word of the LORD
    oracle du SEIGNEUR
      RSV : says the LORD
      J   : oracle de Yahvé
      TOB : - oracle du SEIGNEUR
      L   : spricht der HERR
 [Lacking.Manque] = NEB* (=Brockington)
 Fac.: 5,6
 Transl.: word of the LORD / says the LORD
 Trad.:   parole du SEIGNEUR

50.2

B ושאו-נס השמיעו
    and lift up a banner, make <the people> hear
    (imperative plural)
    et levez le signe, faites entendre
      RSV : set up a banner and proclaim
      J   : hissez un signal et publiez-le
      TOB : et signalez-le, faites-le entendre
      L   : richtet das Banner auf ! Lasst's erschallen
 [Lacking.Manque] = NEB* (=Brockington)
 Fac.: 1,10
 Transl.: and lift up a banner, make <the people> hear
          (imperative plural)
 Trad.:   et levez le signe, faites entendre

50.3

A נדו הלכו
    they have erred, gone away
    ils ont erré, s'en sont allés
      RSV : shall flee away
      J   : ont fui et disparu
      TOB*: tout a fui... plus rien (en note : "Litt.
            ... ils se sont enfuis, ils s'en sont
            allés...")
      L   : daraus fliehen werden
 [Lacking.Manque] = NEB* (=Brockington)
 Fac.: 1,6
 Transl.: they have erred, gone away
 Trad.:   ils ont erré, s'en sont allés

50.5

B בֹּאוּ
  come (imperative plural)
  venez
    RSV : saying, 'Come
    J   : venez
    L   : kommt
  יָבֹאוּ (=Brockington)
  they come
  ils viennent
    NEB*: and they shall come
    TOB*: ils viennent
  Fac.: 4
  Rem.: See the next case also.
  Rem.: Voir aussi le cas suivant.
  Transl.: come ! (imperative plural)
  Trad.:   venez !

50.5

C וְנִלְווּ
  and they join themselves / and join yourselves
  (imperative plural)
  et ils se joignent / et joignez-vous
    NEB*: (and they shall...) and join themselves
    TOB*: (ils...) et se joignent
  [וְנִלְוָה]
  and let us join ourselves
  et joignons-nous
    RSV : let us join ourselves
    J* : attachons-nous
    L   : wir wollen uns ... zuwenden
  Fac.: 1,4
  Rem.: See the preceding case also.
  Rem.: Voir le cas précédent aussi.
  Transl.: and join yourselves ! (imperative plural) /
           and that they may join themselves
  Trad.:   et joignez-vous ! / et que l'on se joigne

50.9

C מַשְׁכִּיל
  taking away children
  privant d'enfants
  מַשְׂכִּיל
  skilled
  habile

```
        RSV : skilled
        NEB : practised
        J   : habile
        TOB*: victorieux
        L   : (eines) guten (Kriegers)
    Fac.: 12
    Transl.: taking away children
    Trad.:   privant d'enfants
```

50.11

```
C דשה / דשא
        threshing
        battant <le blé> / foulant
        NEB : after threshing
    [בַּדֶּשֶׁא]
        in the grass
        dans l'herbe
        RSV : at grass
        J*  : dans l'herbe
        TOB : dans les prés
        L   : im Grase
    Fac.: 8,4
    Transl.: threshing
    Trad.:   foulant
```

50.14

```
A כי ליהוה חטאה
        for against the LORD she has sinned
        car contre le SEIGNEUR elle a péché
        RSV : for she has sinned against the LORD
        J   : car elle a péché contre Yahvé
        TOB*: car elle est fautive envers le SEIGNEUR
        L   : denn sie hat wider den HERRN gesündigt
    [Lacking.Manque]  = NEB* (=Brockington)
    Fac.: 1,4
    Transl.: for she has sinned against the LORD
    Trad.:   car contre le SEIGNEUR elle a péché
```

50.15

A סביב
    around
    autour
      RSV : round about
      J   : de tous côtés
      TOB : tout autour d'elle
      L   : ringsum
 [Lacking.Manque] =NEB* (=Brockington)
 Fac.: 1,4
 Transl.: around
 Trad.:   autour

50.17

A נבוכדראצר
    Nebuchadrezzar
    Nabuchodonosor
      RSV : Nebuchadrezzar
      J   : Nabuchodonosor
      TOB : Nabuchodonosor
      L   : Nebukadnezar
 [Lacking.Manque] = NEB* (=Brockington)
 Fac.: 1,4,6
 Rem.: See a similar textual problem in 49.30 above.
 Rem.: Voir un problème textuel semblable en 49.30
   ci-dessus.
 Transl.: Nebuchadrezzar
 Trad.:   Nabuchodonosor

50.21

B והחרם אחריהם
    and put a ban, after them (imperative singular)
    et voue à l'anathème, après eux
      RSV : and utterly destroy after them
 [והחרימם]
    and put a ban on them
    et voue-les à l'anathème
      NEB*: and destroy them
 Fac.: 1,4
 [והחרם אחריתם]
    and put a ban on their last rest
    et voue à l'anathème leur dernier reste
      J* : extermine-les jusqu'au dernier
      TOB*: et offre-moi ceux qui y restent (en note :
          "Litt. voue à l'interdit...")

```
    L    : und vollziehe den Bann an ihren Nachkom-
           men
Fac.: 1,4
Transl.: and put a ban (imperative singular) upon
         what they leave (literally : behind them)
Trad.:   et voue à l'anathème ce qu'ils laissent
         (littéralement : derrière eux)
```

50.26

C באו-לה מקץ

```
    come to her from the end (imperative plural)
    venez à elle de l'extrémité
      RSV : come against her from every quarter
      J*  : venez-y de partout
      TOB*: venez vers elle du bout du monde (en note :
            "Litt. de la fin...")
      L    : kommt her gegen dies Land von allen Enden
[בא לה הקציר] (=Brockington)
    the harvest-time has come for her
    la moisson est venue pour elle
      NEB*: her harvest-time has come
Fac.: 14
Transl.: from every part
Trad.:   de partout
```

50.28

A נקמת היכלו

```
    the vengeance of his temple
    la vengeance de son temple
      RSV : vengeance for his temple
      J   : la vengeance de son Temple
      TOB*: la vengeance du ciel (en note : "Litt.
            la vengeance de son palais...")
      L    : die Vergeltung für seinen Tempel
[Lacking.Manque] = NEB* (=Brockington)
Fac.: 1,4
Transl.: the vengeance of his temple
Trad.:   la vengeance de son temple
```

50.32

B בעריו
   in his cities
   dans ses villes
     RSV : in his cities
     J   : à ses villes
     TOB : dans ses villes
     L   : an seine Städte
[ביערו] (=Brockington)
   in his wood
   dans sa forêt
     NEB*: in the heath around her
  Fac.: 5
  Transl.: in his cities
  Trad.:   dans ses villes

50.38

C חֹרֶב
   a drought
   une sécheresse
     RSV : a drought
     J   : sécheresse
     L   : Dürre
  חרב =[חֶרֶב] (=Brockington)
   a sword
   une épée
     NEB : a sword
     TOB : épée
  Fac.: 1,4
  Transl.: a drought (drouth)
  Trad.:   une sécheresse

50.38

C יִתְהֹלָלוּ
   they are mad
   ils délirent
     RSV : (and) they are mad
     J   : ils se passionnent
     TOB*: les font délirer
     L   : sind sie toll geworden
  יתהללו =[יִתְהַלָּלוּ] (=Brockington)
   they glory
   ils se vantent
     NEB : (a land... that) glories in...

Fac.: 4,5
Transl.: they are mad
Trad.:   ils délirent

50.44

B וּמִי יוֹעֲדֶ֫נִּי
and who will summon me
et qui me fera comparaître
   RSV : who will summon me
   J   : qui pourrait m'assigner en justice
   TOB : qui pourrait m'assigner en justice
   L   : wer will mich meistern
[וּמִי יְעוֹדֶ֫נִּי] (=Brockington)
and who will be my equal (?)
et qui sera mon égal (?)
   NEB : who is my equal
Fac.: 14
Rem.: See the same textual problem above in 49.19.
Rem.: Voir le même problème textuel ci-dessus en
   49.19.
Transl.: and who will summon me
Trad.:   et qui me fera comparaître

51.1

B לב קמי
of Leb Qamai / of 'Heart of my adversaries'
de Leb Qamay / de 'Coeur de mes adversaires'
   J*   : de Leb Qamaï
   TOB*: du "coeur de mes adversaires"
   L   : die sich gegen mich erhoben haben
[כשדים]
of the Chaldeans
des Chaldéens
   RSV*: of Chaldea
Fac.: 6
[קמבול] (=Brockington)
of Kambul
de Qambûl
   NEB*: in Kambul
Fac.: 14
Rem.: This expression is an esoteric expression,
   known as athbash, which refers to the Chaldeans.
Rem.: Cette expression est une espression ésotérique,
   appelée atbash, pour désigner les Chaldéens.
Transl.: of "the Heart of my adversaries"
Trad.:   du "Coeur de mes adversaires"

51.2

C זָרִים וְזֵרוּהָ
    foreigners, and they winnow her
    des étrangers, et ils la vannent
       TOB*: des étrangers qui vannent
  [זֹרִים...] = זרים וזרוה (=Brockington)
    winnowers, and they winnow her
    des vanneurs, et ils la vannent
      RSV : winnowers, and they shall winnow her
      NEB : winnowers..., who shall winnow her
      J* : des vanneurs pour la vanner
      L : Worfler..., die sie worfeln sollen
  Fac.: 6
  Transl.: foreigners, and they winnow her
  Trad.:   des étrangers, et ils la vannent

51.3

D אֶל ... וְאֶל
    towards <him who> ... and towards <him who>
    vers <celui qui> ... vers <celui qui>
      TOB*: (n'épargnez ni l'archer qui bande ...
           ni celui qui)
D וְאֶל [אֶל ... וְאֶל] ... אֶל
    towards <him who> ... and (do) not (boast)
    vers <celui qui> ... et ne (te vante) pas
  אֶל ... וְאַל (=Brockington)
    not ... and not
    ne ... ni ... ni
      RSV : let not ... and let ... not
      NEB : how shall ... or
      J* : qu'aucun (archer) ne ... (qu'on cesse)
      L : sollen nicht ... nicht
  Fac.: 4,8
  Rem.: In this case the Committee was equally divided.
  One half of the Committee preferred the MT following
  the KETIV reading, i.e. with the second יִדְרֹךְ, "that
  he may bend (his bow)". The rating was D. The translation is the following : "to <the archer who>
  bends : he should bend (his bow), and to <him who>
  boasts in his coat of mail, i.e. coat of armour ".
  The other half of the Committee proeferred the
  following reading : וְאֶל ... יִדְרֹךְ אֶל-יִדְרֹךְ, also
  with a D rating. The translation is the following :
  "to <the archer who> bends : he should bend (his
  bow), and he may not (boast in his coat of mail,
  i.e. coat of armour)".

Rem.: Dans ce cas le Comité était divisé en deux
moitiés égales. La première préféra le TM, avec
la leçon du KETIV יִדְרֹךְ, "qu'il tende (son arc)".
La note donnée est D. La traduction du TM est la
suivante : "vers ⟨l'archer qui⟩ tend : qu'il
tende (son arc), et vers ⟨celui qui⟩ se rengorge dans sa cuirasse ." L'autre moitié du
Comité préféra la leçon suivante :
אֶל-יִדְרֹךְ יִדְרֹךְ ... וְאַל, également avec la note D.
La traduction est la suivante : "vers ⟨l'archer
qui⟩ tend : qu'il tende (son arc), et qu'il ne
(se rengorge) pas (dans sa cuirasse)."
Transl.: See Remark
Trad.:   Voir Remarque

51.3

B יִתְעַל
   boasts
   se rengorge
      RSV : (and) let him (not) stand up
      J   : (qu'on cesse) de se pavaner
      TOB*: celui qui se pavane
      L   : sollen sich (nicht) wehren können
   יתעל =[יִתְעַל] (=Brockington)
   he dresses
   il revêt
      NEB : (how shall...) or put on
   Fac.: 14
   Transl.: boasts
   Trad.:   se rengorge

51.7

B גוים (2°)
   nations
   des nations
      RSV : the nations
      L   : die Völker
   [Lacking. Manque] = NEB, J*, TOB
   Fac.: 6
   Transl.: nations
   Trad.:   des nations

51.11

B מלכי
   of the kings of
   des rois de
     RSV : of the kings of
     J   : des rois des (Mèdes)
     TOB : des rois des (Mèdes)
     L   : der Könige von
[מלך] (=Brockington)
   of the king of
   du roi de
     NEB*: of the king of
  Fac.: 4
  Rem.: See a similar textual problem at 51.28 below.
  Rem.: Voir un problème textuel semblable en 51.28
    ci-dessous.
  Transl.: of the kings of
  Trad.:   des rois de

51.13

B אַמַּת
   the measure of / the cubit of
   la mesure de / la coudée de
אמת =[אֶמֶת] (=Brockington)
   the truth of
   la vérité de
     NEB : (your destiny) is certain
  Fac.: 4
[ותם]
   and is accomplished
   et est accompli
     RSV : (the thread of your life) is cut (?)
     J* : le terme
     TOB : tu as touché (tous tes gains) (?)
     L   : (dein Lebensfaden) wird abgeschnitten (?)
  Fac.: 14
  Rem.: The whole expression may be translated as
    follows : "your end has come, the cubit's ⟨length⟩
    ⟨where⟩ your ⟨cloth⟩ will be cut off".
  Rem.: Toute l'expression peut être traduite ainsi:
    "ta fin est venue, la coudée ⟨où⟩ ton ⟨étoffe⟩ sera
    coupée".
  Transl.: See Remark
  Trad.:   Voir Remarque

51.16

B לקול תתו המון מים
    for the voice, when he poures forth much water
    pour la voix, quand il donne une multitude d'eaux
      RSV : when he utters his voice there is a
            tumult of waters
      J   : quand il donne de la voix, c'est un mugis-
            sement d'eaux
      TOB : du fait qu'il accumule des eaux torrentiel-
            les (?)
      L   : wenn er donnert, so ist Wasser die Menge
[לקולו יתמהון מים] (=Brockington)
    at his voice the waters are amazed
    à sa voix, les eaux sont ébahies
      NEB*: at the thunder of his voice the waters...
            are amazed
Fac.: 14
Rem.: See a similar textual problem in 10.13 above.
Rem.: Voir un problème textuel semblable en 10.13
  ci-dessus.
Transl.: at the sound of his gathering much water
         (in the heavens)
Trad.:   au bruit ⟨qu'il fait⟩ en chargeant d'eau
         (les cieux)

51.19

B ושבט
    and the rod of / and the tribe of
    et le bâton de / et la tribu de
וישראל שבט (=Brockington)
    and Israel the tribe of
    et Israël la tribu de
     RSV : and Israel is the tribe of
     NEB*: Israel is the people (he claims as his own)
     J* : et Israël est la tribu de
     TOB*: et Israël est la tribu de
     L   : und Israel ist (sein Erbteil)
Fac.: 4,5
Transl.: and the rod of (his inheritance)
Trad.:   et le bâton de (son héritage)

51.20

A כְּלִי
      the tools of
      les instruments de
   כלי =[כְּלִי] (=Brockington)
      the tool of / my tool of
      l'instrument de / mon instrument de
         RSV : weapon of (war)
         NEB : my weapon of (war)
         J   : une arme de (guerre)
         TOB : une arme de (guerre)
         L   : meine (Kriegs)waffe
      Fac.: 14
      Transl.: the weapons of (war)
      Trad.:   les armes de (guerre)

51.25

A נאם יהוה
      word of the LORD
      oracle du SEIGNEUR
         RSV : says the LORD
         J   : - oracle de Yahvé -
         TOB : - oracle du SEIGNEUR -
         L   : spricht der HERR
   [Lacking. Manque] = NEB* (=Brockington)
    Fac.: 5,6
    Transl.: word of the LORD / the LORD says
    Trad.:   oracle du SEIGNEUR

51.28

B מלכי
      the kings of
      les rois de
         RSV : the kings of
         J   : les rois de
         TOB : les rois de (Mèdes)
         L   : die Könige von
   [מלך] (=Brockington)
      the king of
      le roi de
         NEB*: the king of
      Fac.: 4
      Rem.: See a similar textual problem in 51.11 above.
      Rem.: Voir un problème textuel semblable en 51.11
        ci-dessus.

Transl.: the kings of
Trad.:   les rois de

51.29

A מחשבות
    the thoughts of
    les pensées de
        RSV : the (LORD's) purposes
        NEB : the (LORD's) designs
        TOB : les projets du (SEIGNEUR)
        L   : die Gedanken des (HERRN)
מחשבת
    the thought of
    la pensée de
        J   : le plan de (Yahvé)
Fac.: 4,6
Rem.: It is probable that J translated the MT without
    any intention of changing it.
Rem.: Il est probable que J entend traduire le TM
    sans l'intention de le changer.
Transl.: the thoughts of
Trad.:   les pensées de

51.39

B למען יעלזו
    in order that they may rejoice
    afin qu'ils jubilent
        NEB : that they will writhe and toss
        J   : afin qu'ils soient en joie
        TOB*: (ivres) morts (en note : "Litt. jusqu'à
              ce qu'ils soient exubérants...")
[למען יעלפו]
    in order that they may swoon away
    afin qu'ils perdent leurs sens
        RSV*: till they swoon away
        L   : dass sie matt werden
Fac.: 6
Rem.: The rejoicing is to be taken in an ironical
    sense. Or the verb has here another meaning :
    namely, "that the abound (in agony)".
Rem.: La réjouissance dont il est question ici est
    à comprendre dans un sens ironique. Ou le verbe
    à une autre signification ici : "sursauter",
    dit d'un agonisant.

Transl.: in order that they rejoice/that they abound
⟨in agony⟩.
Trad.:   afin qu'ils jubilent / afin qu'ils sursautent
⟨en agonie⟩

51.49

A חללי (1°)
the slain of
les transpercés de
     J   : ô vous, tués d'(Israël)
[לחללי] (=Brockington)
for the slain of
pour les transpercés de
     RSV : for the slain of
     NEB*: for the sake of (Israel's) slain
     TOB*: pour les victimes d'(Israel)
     L   : für die Erschlagenen (Israels)
Fac.: 14
Rem.: Two translations are possible : (1) "Babylon
also will fall. ⟨O you⟩ slain ⟨men⟩ of Israel",
(2) "in Babylon slain ⟨men⟩ of Israel will also
fall".
Rem.: Deux traductions sont possibles : (1) "Babylone
va tomber à son tour, ⟨ô vous⟩ tués d'Israël",
(2) "à Babylone tomberont aussi des tués d'Israël."
Transl.: See Remark
Trad.:   Voir Remarque

51.58

B ולאמים בדי-אֵשׁ ויעפו
and the nations, for fire, and they weary themselves out
et les nations, pour le feu, et elles s'épuisent
[ולאמים בדי-אֵשׁ ייעפו]
and the nations, for fire they weary themselves out
et les nations, pour le feu elles s'épuisent
     RSV : and the nations weary themselves only for
           fire
     J   : les nations se sont épuisées pour du feu
     TOB : les nations s'éreintent pour du feu
     L   : und dem Feuer verfalle, was die Völker
           mit Mühe erbaut haben
Fac.: 1
[ולאמים בדי-אֹשׁ ויעפו] (=Brockington)
and the nations, for nothing, and they weary themselves out

et les nations, pour rien, et elles s'épuisent
   NEB : the peoples wore themselves out for a
         mere nothing
Fac.: 14
Transl.: and the nations ⟨are destined⟩ for the fire;
         they weary themselves out
Trad.:   et les nations ⟨sont destinées⟩ pour le feu;
         elles s'éreintent

51.64

A וייעפו
   and they weary themselves
   et ils s'épuisent
     TOB*: elles s'éreintent
     L : (so soll Babel...) sondern soll vergehen
 [Lacking. Manque] = RSV*, NEB, J*
 Fac.: 4
 Rem.: The expression here is a gloss out of place.
   Translators may put it into brackets.
 Rem.: L'expression ici est une glose en dehors de son
   contexte. Les traducteurs peuvent la placer entre
   parenthèses.
 Transl.: (And they weary themselves.)
 Trad.:   (Et ils s'éreintent.)

52.7

A העיר (1°)
   the city
   la ville
     RSV : in the city
     TOB : dans la ville
     L : in die Stadt
 [העיר והמלך]
   the city. And the king
   la ville. Et le roi
     J* : au rempart de la ville. Alors le roi
 Fac.: 14
[העיר ויהי כאשר ראה צדקיהו מלך יהודה] (=Brockington)
   the city. And it happened, when Zedekiah king of
   Judah saw it
   la ville. Et il arriva, aussitôt que Sédécias, roi
   de Juda, s'en aperçut,
     NEB*: the city... When Zedekiah king of Judah saw
           this, he and
 Fac.: 14

Transl.: the city
Trad.:   la ville

52.13

ואת-כָּל-בֵּית הגדול שרף באש B
   and every house of the aristocrat(s) he burnt down
   with fire
   et toute maison d'aristocrate il l'incendia par le
   feu
      TOB : (il mit le feu... à toutes les maisons de
            Jérusalem,) du moins à celles des personnes
            haut placées
[ואת-כָּל-בַּית גדול שרף באש]
   and every large house he burnt down with fire
   et toute grande maison, il l'incendia par le feu
      RSV : every great house he burned down
      L   : alle grossen Häuser verbrannte er mit Feuer
  Fac.: 4
[ואת-בֵּית גדליהו שרף באש] (=Brockington, partially)
   and the house of Gedaliah he burnt down with fire
   et la maison de Guedalya, il l'incendia par le feu
      NEB*: (all the houses in the city,) including
            the mansion of Gedaliah, were burnt down
  Fac.: 14
[Lacking.Manque] = J*
  Fac.: 14
  Transl.: and he burnt down every house of the aristo-
        crates with fire
  Trad.:   et toute maison d'aristocrate il l'incendia
        par le feu

52.14

כל-חֵיל A
   the whole army of
   toute l'armée de
     RSV : all the army of
     L   : das ganze Heer der (Chaldäer)
[חֵיל]
   the army of
   l'armée de
     NEB : the (Chaldean) forces
     J   : les troupes (chaldéennes)
     TOB : par les troupes (chaldéennes)
  Fac.: 6

Transl.: the whole army of
Trad.:   toute l'armée de

52.15

ומדלות העם B
    some of the poorest of the people
    quelques-uns des plus misérables du peuple
        RSV : some of the poorest of the people
        J* : (une partie des pauvres du peuple et)
        L   : aber das nicdere Volk
 [Lacking.Manque] = NEB*, TOB* (=Brockington)
 Fac.: 10 or/ou 4
 Transl.: some of the poorest of the people
 Trad.:   quelques-uns des plus misérables du peuple

52.20

תחת המכנות B
    under the stands
    sous les supports
      TOB : (qui) supportaient les bases roulantes
[תחת הים והמכנות]
    under the sea, and the stands
    sous la mer, et les supports
      RSV*: under the sea, and the stands
      J* : (quant...) sous la Mer et aux bases
            roulantes
 Fac.: 14
[תחתיו והמכנות]
    under it, and the stands
    sous lui, et les supports
      L   : darunter und die Gestelle
 Fac.: 14
[תחתיו] (=Brockington)
    under it
    sous lui
      NEB*: supporting it
 Fac.: 14
 Transl.: under the stands
 Trad.:   sous les supports

52.22

C ורמונים (2°)
    and pomegranates
    et des grenades
      RSV : with pomegranates
      NEB : with its pomegranates
      TOB : et mêmes grenades
      L   : die Granatäpfel auch
 [Lacking.Manque] = J*
 Fac.: 10 or/ou 4
 Transl.: and pomegranates
 Trad.:   et des grenades

52.25

B ואת ספר שר הצבא
    and the secretary, commander of the army / and
    the secretary of the commander of the army
    et le secrétaire, commandant de l'armée / et le
    secrétaire du commandant de l'armée
      RSV : and the secretary of the commander of
           the army
      J   : le secrétaire du chef de l'armée
      TOB : ainsi que le secrétaire du chef de l'armée
      L   : dazu den Schreiber des Feldhauptmanns
 [ואת הספר] (=Brockington)
    and the secretary/adjutant
    et le secrétaire/adjudant
      NEB*: the adjutant-general
 Fac.: 14
 Rem.: Two translations may be proposed : (1) "and the
    secretary, commander of the army", (2) "and the
    secretary of the commander of the army".
 Rem.: On peut traduire de deux façons : (1) "et le
    secrétaire, commandant de l'armée", (2) "et le
    secrétaire du commandant de l'armée".
 Transl.: See Remark
 Trad.:   Voir Remarque

52.28

B בשנת-שבע יהודים
    in the seventh year : Judaeans/Jews
    dans la septième année : Judéens/Juifs
      RSV : in the seventh year : ... Jews
      J*   : la septième année : ... Judéens
      TOB*: en l'an sept : ... Judéens
      L   : im siebenten Jahr ... Judäer
[בשנת שבע עשרה יהודים] (=Brockington)
    in the seventeenth year : Judaeans/Jews
    dans la dix-septième année : Judéens/Juifs
      NEB*: in the seventeenth year : ... Judaeans
Fac.: 14
Transl.: in the seventh year : Judaeans/Jews
Trad.:   dans la septième année : Judéens/Juifs

LAMENTATIONS

============

J   = La Sainte Bible, traduite en français
          sous la direction de l'Ecole Biblique
          de Jérusalem, nouvelle édition, Paris
          1973.

L   = Die Bibel oder die ganze Heilige
          Schrift des Alten und Neuen Testaments
          nach der Uebersetzung Martin Luthers,
          3. Aufl., Stuttgart 1971.

NEB   = The New English Bible, The Old Testa-
          ment, Oxford 1970.

RSV   = The Holy Bible, Revised Standard Ver-
          sion, New York 1952.

TOB   = Traduction Oecuménique de la Bible,
          Edition intégrale, Ancien Testament,
          Paris 1975.

1.4

B נוגות
   are afflicted
   sont affligées
      NEB : are cruelly treated
      J   : se désolent
      TOB*: sont affligées
      L   : sehen jammervoll drein
   [נהוגות]
   are led away
   sont emmenées
      RSV*: have been dragged away
   Fac.: 8,6
   Transl.: are afflicted
   Trad.:   sont affligées

1.7

A ומרודיה
   and of her wandering
   et de ses errances
      NEB : her (days of...) and of wandering
      J   : de ses (jours de...) et de détresse
      TOB : en ses (jours d'errance) et d'humiliation
      L   : (in dieser Zeit, da sie elend) und verlas-
            sen
   [ומרוריה]
   and of her bitterness
   et de son amertume
      RSV*: (of her affliction) and bitterness
   Fac.: 14
   Rem.: See a similar difficulty with the same expres-
      sion in 3.19 below.
   Rem.: Voir une difficulté semblable avec cette même
      expression en 3.19 ci-dessous.
   Transl.: and of her wandering
   Trad.:   et de ses errances

1.9

B את-עניי
   my affliction / humiliation
   mon affliction / humiliation
      RSV : my affliction
      J   : ma misère
      TOB : mon humiliation
      L   : mein Elend

[אֶת-עׇנְיָה] (=Brockington)
   her affliction / humiliation
   son affliction / humiliation
     NEB*: her misery
Fac.: 1,4
Transl.: my affliction / humiliation
Trad.:   mon affliction / humiliation

1.12

B לוֹא אליכם
   not to you
   non pas à vous
     RSV*: is it nothing to you
     NEB : is it of no concern to you
     TOB : rien de tel pour vous tous
[לוּא אתם]
   o you
   ô vous
     J* : vous tous
Fac.: 4
[לוּא אליכם]
   o to you
   ô à vous
     L   : euch allen ... sage ich
Fac.: 14
Transl.: ⟨it is⟩ not your concern
Trad.:   ⟨ce⟩ n'⟨est⟩ pas pour vous

1.13

B בעצמתי וַיִּרְדֶּנָּה
   in my bones, and he mastered them
   dans mes os, et il les maîtrisa
     NEB : it ran through my bones (?)
     TOB*: dans mes os; il en est le maître
     L   : in meine Gebeine..., und lässt es wüten
בעצמתי יְרָדֶנָּה
   in my bones he brought it down
   dans mes os, il le fit descendre
     RSV*: into my bones he made it descend
     J   : qu'il a fait descendre dans mes os
Fac.: 4,12
Transl.: in my bones, and it mastered them
Trad.:   dans mes os, et il les maîtrisa

1.14

B נִשְׂקַד
   is tied
   est attaché
[נִשְׁקַד]
   is controled
   est surveillé
     J* : il a guetté (?)
 Fac.: 8
[נִקְשַׁר] (=Brockington)
   is bound
   est lié
     RSV*: were bound into (a yoke)
     NEB*: were bound
     TOB : le voilà lié
 Fac.: 14
[נִקְשָׁה]
   is hard
   est dur
     L   : schwer ist
 Fac.: 8
 Rem.: See also the four following cases.
 Rem.: Voir aussi les quatre cas qui suivent.
 Trad.: is tied
 Trad.: est attaché

1.14

B עֹל
   the yoke
   le joug
     RSV : into a yoke
     TOB : le joug
     L   : das Joch
עֹל   =[עַל]
   upon / against
   sur / contre
     J* : (il a guetté mes crimes)
 Fac.: 8,4
[עָלַי] (=Brockington)
   upon me
   sur moi
     NEB*: upon me
 Fac.: 1
 Rem.: See the preceding case and the three following
    cases also.
 Rem.: Voir aussi le cas qui précède et les trois qui
    suivent.

Transl.: the yoke
Trad.:   le joug

1.14

B ישׁתרגו
     they were fastened / knotted
     ils se sont noués
       RSV : they were fastened together
       NEB : (his own hand) knotted them round me (?)
       TOB : elles se sont nouées
       L   : sind sie zusammengeknüpft
[ישׂרגני]
     he knots me
     il me noue
       J* : il m'enlace
     Fac.: 1
     Rem.: 1. NEB may possible follow the variant reading,
       but neither Brockington nor a note indicates the
       textual basis.
       2. See the two preceding and the two following
       cases too.
     Rem.: 1. NEB a peut-être traduit la variante, mais ni
       Brockington ni aucune note n'indiquent explicite-
       ment la base textuelle.
       2. Voir aussi les deux cas précédents et suivants.
     Transl.: they were knotted
     Trad.:   ils se sont noués

1.14

B עֹלי
     they came up
     ils montèrent
       RSV : they were set upon
       TOB : elles sont hissées
       L   : sie sind mir auf (den Hals) gekommen
עלו =[עָלֹו]   (=Brockington)
     his yoke
     son joug
       NEB : his yoke was lifted
       J* : son joug est
     Fac.: 1
     Rem.: See the three preceding cases and the case which follows.
     Rem.: Voir les trois cas qui précèdent et le cas qui suit.
     Transl.: they came up / they were set upon
     Trad.:   ils montèrent / ils furent imposés

1.14

B בידי
   into the hands of ⟨those whom⟩
   entre les mains de ⟨ceux que⟩
      RSV : into the hands of
      TOB : en de telles mains que
      L   : in die Gewalt derer..., (gegen die)
[בידם]
   into their hand
   dans leur main
      J* : à leur merci
 Fac.: 14
[בידו] (=Brockington)
   into his hand / into its hand
   dans sa main
      NEB*: to its hold
 Fac.: 14
 Rem.: See the four preceding cases also.
 Rem.: Voir aussi les quatre cas qui précèdent.
 Transl.: into the hands of ⟨those whom⟩
 Trad.:   entre les mains de ⟨ceux que⟩

1.16

B עֵינִי עֵינִי
   my eye, my eye
   mon oeil, mon oeil
      J* : mes yeux (en note : "Litt. 'mon oeil,
            mon oeil...'...")
עֵינִי
   my eye
   mon oeil
      L   : und mein Auge
 Fac.: 4,6
[עֵינַי]= עיני
   my eyes
   mes yeux
      RSV : my eyes
      TOB : mes deux yeux (?)
 Fac.: 4,6
[עָנְיִי] (=Brockington)
   my misery
   ma misère
      NEB*: over my plight
 Fac.: 14
 Rem.: TOB possibly translates the MT in a free manner.
 Rem.: TOB traduit peut-être le TM d'une manière libre.

Transl.: my eye, my eye
Trad.:   mon oeil, mon oeil

1.19

B גוער
    have died
    sont morts
      RSV : perished
      J   : expiraient
      TOB : ont expiré
      L   : sind ... verschmachtet
[גוער ולא מצאו] (=Brockington)
    went hungry and did not find
    étaient affamés et ne trouvaient pas
      NEB*: went hungry and could find nothing
    Fac.: 14
    Transl.: they died
    Trad.:   ils sont morts

1.21

C שָׁמְעוּ
    they heard
    ils entendirent
      TOB : ils (m')entendaient
      L   : man hört's wohl
[שָׁמְעוּ]= שמעו
    listen ! (imperative plural)
    écoutez !
      RSV*: hear
    Fac.: 4,5
[שמע] (=Brockington)
    listen ! (imperative singular)
    écoute !
      NEB*: hear me
      J* : entends-moi
    Fac.: 1,4
    Transl.: they heard
    Trad.:   ils entendirent

1.21

B הבאת
   you have brought
   tu as amené
     TOB*: tu as fait venir
[הבא (את-)] / [והבאת] (=Brockington)
   bring ! (imperative singular)
   apporte !
     RSV*: bring thou
     NEB*: but hasten
     J*   : fais venir
     L   : so lass doch ... kommen
  Fac.: 1,6
  Transl.: you have brought
  Trad.:   tu as amené

2.6

B כגן
   like a garden
   comme un jardin
     RSV : like that of a garden
     J* : comme un jardin
     TOB : et le jardin
     L   : wie einen Garten
[כגפן] (=Brockington)
   like a vine
   comme une vigne
     NEB*: as a vine
  Fac.: 13,6
  Rem.: Two translations are possible : (1) "he has
   broken down its walls, which are like those of
   a garden", (2) "he has broken down his hut, which
   is like one in a garden".
  Rem.: Deux traductions sont possibles : (1) "il a
   violé, comme celle d'un jardin, sa clôture",
   (2) "il a démoli, comme celle d'un jardin, sa gué-
   rite".
  Transl.: See Remark
  Trad.:   Voir Remarque

2.12

A וְיַיִן
    and wine
    et le vin
        RSV : and wine
        NEB : and wine
        TOB*: et le vin
        L   : und Wein
  [Lacking.Manque] = J*
  Fac.: 14
  Transl.: and wine
  Trad.:   et le vin

2.13

C מָה-אֲעִידֵךְ QERE
    what can I witness to you ?
    que puis-je témoigner pour toi ?
        RSV : what can I say for you ?
        TOB : quel témoignage te citer
        L   : und wie soll ich dir zureden ?
    Fac.8
C מָה-אֲעוֹדֵךְ KETIV
    to what can I compare you ?
    à quoi puis-je te comparer ?
    Fac.: 8
[מָה-אֶעֱרָךְ]/[מָה-אֶעֶרְכֵךְ]
    to what can I compare you ?
    à quoi puis-je te comparer ?
        J* : à quoi te comparer ?
    Fac.: 6
[מָה-אֲעִדֵךְ]   (=Brockington)
    how can I cheer you ?
    comment puis-je te réjouir ?
        NEB : how can I cheer you ?
    Fac.: 14
    Rem.: 1. L seems to have inverted the order of the
    words in the sentence. 2. The Committee was equally
    divided in this case. One half of the Committee voted
    for the QERE reading of the MT with a C rating. Three
    interpretations are possible : (1) "what witness can
    I cite for you ?", (2) "to what can I compare you ?",
    (3) "what can I assure you of ?". The other half voted
    for the KETIV reading, also with a C rating. The
    interpretation is the following : "to what can I com-
    pare you ?".
    Rem.: 1. L semble avoir inverti l'ordre des mots de
    la phrase. 2. Le Comité était divisé, dans ce cas,

en deux moitiés. Une moitié préféra le QERE du TM,
en lui donnant la note C, et en l'interprétant
selon les trois façons suivantes : (1) "quel
témoignage puis-je citer pour toi ?", (2) "à quoi
puis-je te comparer ?", (3) "que puis-je t'attes-
ter ?".
La deuxième moitié préféra la leçon du KETIV du TM,
en lui donnant également la note C, et en l'interprétant : "à quoi puis-je te comparer ?".
Transl.: See Remark 2
Trad.:   Voir Remarque 2

2.13

A מה אשוה-לך ואנחמך
    to what can I compare you, in order that I may
    comfort you
    à quoi puis-je t'assimiler pour te consoler ?
      RSV : what can I liken to you, that I may
            comfort you
      NEB : to what can I compare you for your com-
            fort
      TOB : qu'égalerai-je à toi afin de te consoler
      L   : wem soll ich dich vergleichen, damit ich
            dich tröste
   [מי יושיע לך וינחמך]
    who will save you and comfort you
    qui te sauvera et te consolera
      J* : qui pourra te sauver et te consoler
    Fac.: 1,12
    Transl.: to what can I compare you, in order that
             I may comfort you
    Trad.:   à quoi puis-je t'assimiler pour te consoler

2.16

B בִּלָּעְנוּ
    we swallow / we destroy
    nous engloutissons / nous démolissons
      TOB : "Nous engloutissons
   [בִּלַּעֲנוּהָ]
    we swallow her
    nous l'engloutissons
      RSV : "We have destroyed her
      J   : "Nous l'avons engloutie
      L   : Ha ! Wir haben sie vertilgt
    Fac.: 4

בלעני =[בִּלָּעָנוּ] (=Brockington)
  we swallov
  nous engloutissons
    NEB : 'Here we are
Fac.: 14
Transl.: we destroy / we have destroyed
Trad.:   nous démolissons / nous avons démoli

2.18

A צעק לבם
  their heart cried
  leur coeur a crié
    TOB*: leur coeur crie
[צעקי קולך]
  cry ⟨with⟩ your voice
  crie ⟨avec⟩ ta voix
    RSV*: cry aloud
    L   : schreie laut
  Fac.: 14
[צעקי לך]
  cry for you
  crie pour toi
    J* : crie donc
  Fac.: 14
[צעקי לב מלא] (=Brockington)
  cry with a full heart
  crie d'un coeur plein
    NEB*: cry with a full heart
Fac.: 14
Transl.: their heart cried
Trad.:   leur coeur a crié

2.18

חוֹמַת בת-ציון
  wall of the daughter of Zion
  rempart de la fille de Sion
    NEB : O wall of the daughter of Zion
    J   : rempart de la fille de Sion
    TOB*: Rempart de la Belle Sion
  Fac.: 5
[בת-ציון]
  daughter of Zion
  fille de Sion
    RSV*: O daughter of Zion
    L   : du Tochter Zion
  Fac.: 14

C[חוֹמֹת צִיוֹן]
    walls of Zion
    remparts de Sion
  Transl.: walls of Zion
  Trad.:   remparts de Sion

2.21

B נפלו בחרב
    they fell by the sword
    ils tombèrent par l'épée
      RSV : have fallen by the sword
      J   : sont tombés sous l'épée
      TOB : tombent par l'épée
      L   : sind durchs Schwert gefallen
  [נפלו בחרב וברעב]
    they fell by the sword and by the famine
    ils tombèrent par l'épée et par la faim
      NEB*: have fallen by sword and by famine
  Fac.: 14
  Transl.: they fell by the sword
  Trad.:   ils tombèrent par l'épée

3.5

B ראש ותלאה
    bitterness and torment
    absinthe et tourment
      RSV : with bitterness and tribulation
      NEB : behind and before (?)
      TOB*: poison et difficulté
      L   : mit Bitternis und Mühsal
  [ראשי תלאה]
    my head with torment
    ma tête de tourment
      J* : cerné ma tête de tourment
  Fac.: 14
  Transl.: bitterness and torment
  Trad.:   absinthe et tourment

3.11

C ‏ויפשחני‎
    and he tore me to pieces
    et il m'a déchiré
        RSV : (he...) and tore me to pieces
        J   : il m'a déchiré
        TOB : il me laisse en friche
        L   : er hat mich zerfleischt
    ‏ויפשחני‎ [‏ויפשחני‎] (=Brockington)
    and he lamed me
    et il m'a fait boiter
        NEB : (he...) and lamed me
    Fac.: 1,6,4
    Transl.: and he has beaten me to pieces
    Trad.:   et il m'a battu en brèche

3.14

B ‏לכל-עמי‎
    for my whole nation
    pour tout mon peuple
        J* : de tout mon peuple
        TOB*: de tout mon peuple
        L   : für mein ganzes Volk
    ‏לכל-עמים‎ (=Brockington)
    for all peoples
    pour tous les peuples
        RSV : of all peoples
        NEB*: to all nations
    Fac.: 5
    Rem.: The MT may be rendered : "for my whole nation".
      The translation of the variant reading, which is
      attested by an old tradition, is : "for all peoples".
    Rem.: La traduction du TM est la suivante : "pour
      tout mon peuple". La traduction de la variante,
      qui est attestée par une antique tradition, est :
      "pour tous les peuples".
    Transl.: See Remark
    Trad.:   Voir Remarque

3.16

A הכפישני
   he made me cower
   il m'a fait accroupir
     RSV : (he...) and made me cower
     TOB : il m'enfouit
     L   : er drückte mich nieder
[הכסיפני / הכשיפני]
   he fed me
   il m'a nourri
     NEB : fed (on ashes)
     J*   : il m'a nourri
  Fac.: 6
  Transl.: he laid me (in the dust)
  Trad.:   il m'a plongé (dans la poussière)

3.17

B וַתִּזְנַח
   and you have rejected / and she has been rejected
   et tu as repoussé / et elle est repoussée
     TOB : tu ... rejettes
[וַתִּזְנַח]= ותזנח (=Brockington)
   and has been rejected
   et a été repoussée
     RSV : is bereft
     NEB : has gone out of
     J*   : est exclue
     L   : ist ... vertrieben
  Fac.: 6
  Transl.: and you have rejected / and she has been
          rejected
  Trad.:   et tu as repoussé / et elle est repoussée

3.19

B ומרודי
   and my wandering
   et mon errance
     NEB : (of my distress) and my wanderings
     J   : et de mon angoisse
     TOB : et de mon errance
     L   : (gedenke doch, wie) ich (so elend) und
          verlassen

[ומרורי]
   and my bitterness
   et mon amertume
      RSV*: (remember...) and my bitterness
  Fac.: 1,5
  Rem.: See a similar difficulty with this same
    expression in 1.7 above.
  Rem.: Voir une difficulté semblable avec cette même
    expression en 1.7 ci-dessus.
  Transl.: and my wandering
  Trad.:   et mon errance

3.20

C וְתָשׁוֹחַ עלי נפשי   = QERE
   and my soul is bowed down within me
   et mon âme se replie sur moi
      RSV : my soul ... and is bowed down within me
      J   : mon âme, et elle s'effondre en moi
      TOB : (je...) et je suis miné par mon propre cas
  וְתָשִׁיחַ עלי נפשי   = KETIV
   and my soul meditates upon me
   et mon âme réfléchit sur moi
      L   : denn meine Seele sagt mir's
  Fac.: 12
[ותשרח עלי נפשך] (=Brockington)
   and your soul is bowed down within me
   et ton âme se replie sur moi
      NEB*: and stoop down to me
  Fac.: 13
  Transl.: and my soul is bowed down within me
  Trad.:   et mon âme se replie sur moi

3.22

B לא-תמנו
   we have not come to an end
   nous ne sommes pas finis
      L   : dass wir nicht gar aus sind
  לא-תמו (=Brockington)
   they have not come to an end
   ils ne sont pas finis
      RSV*: (the steadfast love...) never ceases
      NEB*: (the...love) is surely not spent
      J   : (les faveurs...) ne sont pas finies
      TOB*: c'est qu'elles ne sont pas finies
  Fac.: 6

Transl.: we have not come to an end
Trad.:   nous ne sommes pas finis

3.27

B בנעוריו
     in his youth
     dans sa jeunesse
        RSV : in his youth
        NEB : in his youth
        TOB : dans sa jeunesse
        L   : <u>in seiner Jugend</u>
     מנעוריו
     from his youth
     depuis sa jeunesse
        J   : dès sa jeunesse
     Fac.: 5
     Transl.: in his youth
     Trad.:   dans sa jeunesse

3.31

C אדני
     the Lord
     le Seigneur
        RSV : the Lord
        TOB : le Seigneur
        L   : <u>der Herr</u>
  [אדני עבדו   or/ou   אדני עבדיו]   (=Brockington)
     the Lord his servant (or : his servants)
     le Seigneur son serviteur (ou : ses serviteurs)
        NEB*: the Lord ... his servants
     Fac.: 14
  [אדני אדם]
     the Lord the man
     le Seigneur l'homme
        J   : le Seigneur ... les humains
     Fac.: 14
     Transl.: the Lord
     Trad.:   le Seigneur

3.51

A עֵינִי
   my eye
   mon oeil
     L   : mein Auge
  [עֵינַי=] עֵינִי
   my eyes
   mes yeux
     RSV : my eyes
     J   : mes yeux
     TOB : mes yeux
  Fac.: 1,6
 [עָנְיִי] (=Brockington)
   my misery
   ma misère
     NEB*: my affliction (transposed to V. 50)
  Fac.: 14
  Transl.: my eye
  Trad.:   mon oeil

3.51

B עוֹלְלָה
   she torments / causes grief
   elle afflige / fait mal
     RSV : (my eyes) cause (me) grief
     J   : (mes yeux me) font mal
     TOB : (mes yeux me) font mal
     L   : (mein Auge) macht (mir) Schmerz
 [עוֹלֵל יהוה] (=Brockington)
   the LORD torments
   le SEIGNEUR tourmente
     NEB*: the LORD torments (me)
  Fac.: 14
  Transl.: (my eye) torments / causes grief
  Trad.:   (mon oeil) afflige / fait mal

3.56

B לְרַוְחָתִי
   to my breathing / to my relief
   à mon halètement / à mon soulagement
     NEB : 'Come to my relief.' (in note : "... lit.
           to my relief, ...")
     TOB : à mon halètement
 [to my prayer / à ma prière] = LXX (?)

```
        RSV*: to my cry (for help) (?)
        J*  : à ma prière
 Fac.: 4,6
[a singultu meo] = Vulg.
    from my groaning
    de mon gémissement
        L  : vor meinem Seufzen
 Fac.: 6
 Transl.: (do not close your ear) to my breathing
 Trad.:   (ne ferme pas ton oreille) à mon halètement
```

3.59

```
B שָׁפְטָה
     judge ! (imperative singular)
     juge !
        RSV : judge thou
        J   : rends-moi  justice)
        TOB : fais drcit
        L   : hilf mir (zu meinem Recht)
 שפטה =[שָׁפַטְתָּ] (=Brockington)
    you have judged
    tu as jugé
        NEB : and gavest judgment
 Fac.: 5
 Transl.: judge ! (imperativ singular)
 Trad.:   juge !
```

3.66

```
B מתחת שמי יהוה
    from under the heavens of the LORD
    de dessous les cieux du SEIGNEUR
        TOB : de dessous les cieux du SEIGNEUR
        L   : unter dem Himmel des HERRN
[מתחת שמיך יהוה]
    from under your heavens, O LORD
    de dessous tes cieux, oh SEIGNEUR
        RSV*: from under thy heavens, O LORD
        NEB : from beneath thy heavens, O LORD
 Fac.: 4
[מתחת שמיך]
    from under your heavens
    de dessous tes cieux
        J*  : de dessous tes cieux
 Fac.: 14
 Transl.: from under the heavens of the LORD
 Trad.:   de dessous les cieux du SEIGNEUR
```

4.3

A גם-תנים = QERE
   even the jackals / even the monster of the sea
   même les chacals / même le monstre de la mer
     RSV : even the jackals
     J   : même les chacals
     TOB : même les chacals
     L   : auch Schakale
   גם-תנין = KETIV
   even the monster of the sea / the jackals
   même le monstre marin / les chacals
   [גם-תנינים] (=Brockington)
     even the whales
     même les baleines
       NEB*: even whales
   Fac.: 8
   Rem.: The QERE and the KETIV readings have the same
     meaning : "jackals" or "dragon", see Ez 29.3
     Rem.2.
   Rem.: Les leçons du QERE et du KETIV ont la même
     signification : "chacals" ou "dragon", voir en
     Ez 29.3 Rem. 2.
   Transl.: even the jackals
   Trad.:   même les chacals

4.7

B אדמו עצם מפנינים
     they were more red, ‹as to their› body (lit. bones),
     than coral
     ils étaient plus rouges, ‹quant à leur› corps (litt.
     os) que le corail
       RSV : their bodies were more ruddy than coral
       J   : plus vermeil que le corail était leur corps
       TOB : plus roses de corps que le corail (en note
             sur "corps" : "Litt. os.")
       L   : ihr Leib war rötlicher als Korallen
   [אדמו מעצם פנינים] (=Brockington)
     they were more red than bones of coral
     ils étaient plus rouges que des os de corail
       NEB*: they were ruddier than bronching coral
   Fac.: 14
   Transl.: they were more red ‹as to their› body than
            coral / their bodies were redder than coral
   Trad.:   ils étaient plus rouges ‹quant à leur› corps
            que le corail / leurs corps étaient plus
            rouges que le corail

4.15

אמרו B
    they said / it was said
    ils disaient / on disait
        RSV : men said
        TOB : mais on dit
        L   : so sagte man
  [Lacking.Manque] = NEB*, J* (=Brockington)
  Fac.: 14
  Transl.: they said / it was said
  Trad.:   on disait

4.18

צָדוּ צעדינו B
    they tracked our footsteps
    ils ont poursuivi nos traces
        RSV : men dogged our steps
        J   : on observait nos pas
        TOB : on nous fait la chasse à la trace
        L   : man jagte uns
    צדו צעדינו =[...צָדוּ] (=Brockington)
    they turned their footsteps
    ils ont tourné leurs traces
        NEB : when we go out, we take to by-ways
  Fac.: 14
  Rem.: NEB's translation and Brockington's note do
    not completely correspond.
  Rem.: La traduction de NEB et la note de Brockington
    ne sont pas parfaitement en accord.
  Transl.: the have tracked our footsteps
  Trad.:   ils ont épié nos traces

353

APPENDIX / APPENDICE
========================

Neh

2.13

C התנין
    of the monster of the sea / of the dragon
    du monstre marin / du dragon
        NEB : (towards) the Dragon (Spring)
        J   : (devant la fontaine) du Dragon
        TOB : (vers la source) du Dragon
        L   : (am) Drachenquell (vorbei)
  [התנים]
    of the jackals
    des chacals
        RSV : (to the) Jackal's (Well)
    Fac.: 14
    Transl.: of the dragon
    Trad.:   du dragon

Jer/Jr

10.13

A לקול תתו המון מים
    for the voice, when he poures forth so much water
    pour la voix, quand il donne une multitude d'eaux
        RSV : when he utters his voice there is a tumult
              of waters
        J   : quand il donne de la voix, c'est un mugis-
              sement d'eaux
        TOB : du fait qu'il accumule des eaux torrentielles
        L   : wenn er donnert, so ist Wasser die Menge
  [לקולו יתמהון מים] (=Brockington)
    at his voice the waters are amazed
    à sa voix, les eaux sont ébahies
        NEB*: at the thunder of his voice the waters...
              are amazed
    Fac.: 14
    Rem.: See a similar textual problem at 51.16.
    Rem.: Voir un problème textuel semblable en 51.16.
    Transl.: at the sound of his gathering so much wa-
             ter (in the heavens)
    Trad.:   au bruit ⟨qu'il fait⟩ en chargeant d'eau
             (les cieux)

Is 37.25

C מים
    water(s)
    de l'eau / des eaux
      RSV : waters
      TOB*: des eaux
מים זרים   (=Brockington)
    foreign waters
    des eaux étrangères
      NEB*: the waters of a foreign land
      J*   : des eaux étrangères
      L   : fremde Wasser
Fac.: 5
Rem.: See the parallel passage of 2 Kings 19.24
  where the vote of the Committee was for MT
  מים זרים with a rating of A.
Rem.: Voir le passage parallèle de 2 R 19.24, où
  le vote du Comité était pour le TM מים זרים
  avec la note A.
Transl.: waters
Trad.: des eaux

* * * * *